昆明都市驱动型乡村振兴实验研究
系列丛书/丛书主编 李小云

Urban yet Rural
The Case of 12 New Villages of Kunming
Metropolitan Area

徐 进 李小云 曾 艳 等 著

昆明都市圈『新乡村』调查

大城大村

中国农业出版社
北 京

图书在版编目（CIP）数据

大城大村：昆明都市圈"新乡村"调查 / 徐进等著
. —北京：中国农业出版社，2022.4
（昆明都市驱动型乡村振兴实验研究系列丛书）
ISBN 978-7-109-29322-9

Ⅰ.①大… Ⅱ.①徐… Ⅲ.①城乡建设－研究－昆明
Ⅳ.①F299.277.41

中国版本图书馆 CIP 数据核字（2022）第 058566 号

大城大村：昆明都市圈"新乡村"调查
DACHENG DACUN：KUNMING DUSHIQUAN "XINXIANGCUN" DIAOCHA

中国农业出版社出版
地址：北京市朝阳区麦子店街 18 号楼
邮编：100125
责任编辑：闫保荣　文字编辑：陈思羽
版式设计：杜　然　责任校对：沙凯霖
印刷：北京通州皇家印刷厂
版次：2022 年 4 月第 1 版
印次：2022 年 4 月北京第 1 次印刷
发行：新华书店北京发行所
开本：700mm×1000mm　1/16
印张：17.75
字数：270 千字
定价：68.00 元

昆明都市驱动型乡村振兴
实验研究系列丛书

主　　编：李小云

副 主 编：毕　强　　赵鸭桥

参编人员：齐顾波　　唐丽霞　　陆继霞　　董　强
　　　　　王妍蕾　　宋海燕　　廖　兰　　徐　进
　　　　　刘正海　　曾　艳　　刘光耀　　鲍丽红

本书著者：徐　进　　李小云　　曾　艳　　吴一凡
　　　　　陈邦炼　　张　瑶　　杨程雪　　林晓莉
　　　　　王　瑞　　张　悦　　刘奇文　　徐泰辉
　　　　　侯忠林　　王亚茹　　安　杰　　宋海燕

著者单位：中国农业大学人文与发展学院

总序

都市动能的转化——乡村振兴战略实现路径的探索

乡村振兴战略是在快速的城市化和工业化条件下导致城乡差异不断扩大、乡村出现衰落的情况下提出的发展战略,这一战略不仅仅是乡村发展的战略,也是城乡协调发展促进城乡融合、推动高质量发展的国家战略。由于社会经济发展的不平衡、地理区位条件的差异,我国乡村也出现了分化,大致能够分成三种类型,一是与都市的经济社会文化联系紧密的乡村地区,如城市的郊区特别是大中型城市的郊区;二是受都市影响相对较弱的以农业为主的地区;三是经济社会发展相对落后的乡村地区。从过去几十年的社会转型过程看,受都市圈影响大的乡村地区呈现出的转型问题往往更为明显和剧烈,靠近都市的区位是一把双刃剑,一方面,乡村的人力、土地和资源等发展要素更容易被吸引流动到都市,更容易出现"城中村"和"空心村",另一方面,城市的消费、市场、管理、资本等发展要素也更容易流入到乡村,从而将城市动能转化为乡村发展动能,更容易实现一二三产业的融合,培育新业态,出现"旅游特色村"和"网红村"等。实践中,拥有临近都市区位的乡村也并没有全部都走上振兴的道路,这也就意味着城市动能转变为乡村发展动能还需要内在机制的诱发,这一机制是什么?这也就是我和我的团队在昆明开展都市驱动型乡村振兴创新实验所要回答的核心问题。

2019年,中国农业大学和昆明市签订了战略合作协议开始进行乡村振兴创新实验，探索乡村振兴战略实现路径。我们就和昆明的同志一起讨论，这个乡村振兴创新实验应该做什么？解决什么问题？我和团队在云南省西双版纳勐腊县河边村的深度贫困综合实验的实践探索虽然取得了显著的成效，一个远离都市的贫困的瑶族小山村已经发展成了一个以高端会议经济、游学经济和度假经济为核心的明星村，但昆明的乡村和河边村显然不同。考虑到昆明作为云南省的省会，又是一个旅游文化名城，虽然其经济与国内其他一线城市相比还有一定的差距，但是已经具备了区域中心城市的基本特点，因此，我们提出了"都市驱动型的乡村振兴"的概念，在昆明实验如何将都市动能有效转化为乡村振兴的发展动能，重构城乡之间的要素互动关系。

都市驱动型的乡村振兴实验对于村庄的选择还是有一定条件和要求的，于是就以昆明主城区为半径，车程在一个半小时左右为原则，在昆明市的呈贡区、安宁市、富民县、晋宁区、石林县和宜良县各选了一个村，开始了为期三年的都市驱动型乡村振兴的创新实验，实验工作按照中央乡村振兴战略的框架设计，具体到如何能把乡村的利益更多地留在乡村，闲置资产如何盘活，如何培养乡村人才，生态价值化，传统文化保护，村事管理，涉农资金使用等八个方面，即八大机制：第一，产业增值收益留村哺农机制。始终坚持把农民更多分享增值收益作为产业兴旺的基本出发点，培育乡村新产业新业态，打造农村产业融合发展新载体新模式，着力增强农民参与融合能力，推动要素跨界配置和产业有机融合，让农村一二三产业在融合发展中同步升级、同步增值、同步受益。注重小农户和现代农业利益衔接，探索农业保粮农民增收机制。创新收益分享模式，健全联农带农有效激励机制，努力实现产业融合发展的增值收益留在乡村、惠及农民。第二，乡村生态资源价值实现机制。顺应城乡居民消费拓展升级趋势，结合各地资源禀赋，进一步盘活乡村森林、草原、湿地等生态资源，打造全域有机生态乡村。深入发掘农业农村的生态涵养、休闲观光、文化体验、健康养老等多种功能和多重价值，探索政府主导、村民主体、社会参与、市场运作的生态产品价值实现路径。遵循市场规律，推动乡村资源全域化整合、多元化增值，增强地方特色产品时代感和竞争力，形成新的消费热点，增加乡村生态产品和服务供给。第三，乡村特色文化传承保护机制。因村制宜传承保护农耕文化、传统文化、民族文化、红色文化等乡土特色文化，划定乡村建设的历史文化保护线，保护好文物古迹、传统村落、民族村寨、传统建筑、农业遗迹遗产等，大力发展乡村旅游、美丽经济实施农村非物质文化遗产传承发展工程，做好乡村经济社会变迁物证征藏，鼓励乡村修史编志。第四，村政服务体系和乡村善治机制。借鉴市政服务理念，探索建立乡村公共服务综合体，构建专业化、社会化的村政服务体系，让村民生活便利舒服并且成本较低。在现有基础上，推进乡村公共服务提档升级、阔域增项、提标扩面，创新乡村基础设施和公共服务设施决策、投入、建设、运行管护机制，提高公共服务水平，改善公共服务质量，填补空白和短板，实现农村基本公共服务从有到好、从好奔优。第五，闲置宅基地和农房处置盘活机制。坚持"土地公有制性质不改变、耕地红线不突破、农民利益不受损"的底线，积极探索宅基地"三权分置"，落实宅基地集体所有权，保障宅基地农户资格权和农民房屋财产权，适度放活宅基地和农民房屋使用权，推动宅基地和农房通过转让、互换、赠与、继承、出租、入股、有偿退出、集体收购等方式规范流转，积极利用闲置农房发展乡村旅游、民宿，开展农民住房财产权抵押等方式盘活农村房地资源。第六，新农人、新乡贤、新村民培育机制。以回乡创业创新为联结，以大学生、进城务工人员、种养大户等群体为重点，培养心怀农业、情系农村、视野宽阔、理念先进的"新农人"。以乡情乡愁为纽带，多措并举促进市民下乡能人回乡和企业兴乡，培育乡村振兴"新乡贤""新村民"。深入开展新型职业农民培育，选派乡村振兴指导员、乡村振兴驻村工作队，引进、培养具有国际视野的农业科技人才、富有工匠精神的农业技能人才和引领服务群众的农村实干人才，推动各类人才走向乡村、服务"三农"。第七，涉农资金统筹整合机制。建立涉农资金统筹整合长效机制，探索资金统筹集中使用、集中财力办大事的方式方法，形成多渠道引水、一个龙头放水的整合模式。加强涉农资金分配使用与任务清单的衔接匹配，确保资金投入与任务相统一。根据村庄建设规划，在实验村点探索各类涉农资金统一规划布局、统一资金拨付、统一组织实施、统一考核验收，以规划引领到村涉农资金统筹使用和集中投入。第八，发挥农民主体作用的组织动员机制。大力提升农村基层党组织组织力，强化制度建设、政策激励、教育引导，把发动群众、组织群众、服务群众贯穿实验区建设全过程，不断激发和调动农民群众积极性主动性。发挥政府投资的带动作用，通过民办公助、筹资筹劳、以奖代补、以工代赈等形式，引导和支持村集体和农民自主组织实施或参与直接受益的村庄基础设施建设和农村人居环境整治。出台村庄建设项目简易审批办法，规范和缩小招投标适用范围，让农民更多参与并从中获益。

经过近两年的探索与实践，昆明都市驱动型乡村振兴已经初见成效，打造出了万溪梨镇、福安六坊、雁塔花巷、七彩梦乡、康旅石桥、彝青人家等特色乡村振兴品牌，闲置宅基地的盘活利用、乡村CEO的引进培育、以工代赈的村庄建设、传统村落的保护和传承、村庄集体经济的培育和壮大等一系列的政策实验都在六个村庄产生了明显的效果。作为实践者和研究者，除了进行这些实践的探索，我和团队更重要的使命是以乡村振兴实验为路径，开展相应的政策总结和乡村发展研究。因此，在推进各项实践框架的同时，我们也设计了昆明都市驱动型乡村振兴实验系列研究，该系列研究既包括对当前昆明市现有的乡村振兴实践和乡村发展改革的总结，也包括对六个实验村的实验经验的探索和总结，将实验行动和学术研究有效的融合，也一直是中国农业大学的特色和亮点，也一直是我和我的团队秉持的研究路径和方法。我也希望这一系列研究成果的出版能够为乡村振兴战略的全面推进起到一些作用。

　　是为序！

李小云
2021 年 9 月 10 日

前　言

　　2017 年 10 月 18 日，习近平总书记在党的十九大报告中首次提出乡村振兴战略。十九大报告指出，农业农村农民问题是关系国计民生的根本性问题，必须始终把解决好"三农"问题作为全党工作的重中之重，实施乡村振兴战略。2018 年 1 月 2 日，国务院公布了 2018 年中央 1 号文件，即《中共中央　国务院关于实施乡村振兴战略的意见》，标志着乡村振兴战略正式进入到实施阶段。2018 年 3 月 5 日，国务院总理李克强在《政府工作报告》中讲到要大力实施乡村振兴战略。2018 年 5 月 31 日，中共中央政治局召开会议，审议《国家乡村振兴战略规划（2018—2022 年）》。2018 年 9 月，中共中央、国务院印发了《乡村振兴战略规划（2018—2022 年）》，并发出通知，要求各地区各部门结合实际认真贯彻落实。

　　乡村振兴战略是党的十九大作出的重大部署，是决胜全面建成小康社会、建设社会主义现代化国家的重大历史任务。这是党中央在中国的发展进入到新的阶段以后把握中国发展的特点做出的具有全局性的战略决策。在新时代实施乡村振兴战略对于中国未来的发展具有重大意义。

　　第一，经过 40 多年的改革开放，中国的经济社会发生了巨大的变化，中国已经进入到一个新的发展阶段。中国的粮食生产能力跨上新台阶，农业供给侧结构改革迈出了新的步伐，农民收入持续增长，农村的民生全面改善。脱贫攻坚取得了历史性的成果，农村生态文明的建设取得了根本性的突破，广大农民的发展获得感有了明显的提升，农村社会稳定和谐，这都为实施乡村振兴战略提供了坚实的基础。第二，同时也需要看到，中国发展的不平衡在乡村最为突出，农产品的供给与需求仍然存在问题，农民适应现代化市场经济的能力仍然落后，农村在基础设施和民生领域与城市存在巨大差距，农村的环境和生态问题十分突出，农村的基层治理、党建工作依然是薄弱环节。这些问题的解决直接涉及两个一百年目标的实现，也是实现全体人民共同富裕目标的必然要求。第三，在看到农村发展取得巨大进展也存在诸多问题的同时，也需要看到，在经济社会转型的新时代，乡村是一个潜力巨大的经济社会空间，拥有着巨大的发展潜力。党的十八大特别是十九大以来，国家治理现代化的步伐不断加快，党领导经济社会发展的权威和能力不断提升。经济社会发展过程中所积累的财力和物力基础依然十分雄厚，城乡融合发展的动能和潜力巨大。更为重要的是，千万名经历了改革开放洗礼的农民迫切需要实现现代化。这些因素也是实施乡村振兴的有利条件。

《中共中央　国务院关于实施乡村振兴战略的意见》明确提出了乡村振兴的总体目标和要求。这一战略坚持把推进"三农"工作作为全党工作的重中之重，按照产业兴旺、生态宜居、乡风文明、治理有效、生活富裕的要求建立城乡融合发展体制机制和政策体系，统筹推进农村政治建设、文化建设、社会建设、生态文明建设和党的建设，加快推进农业农村现代化，走中国特色社会主义道路。

党中央、国务院要求实施乡村振兴战略需要坚持以下几个方面的基本原则。第一，坚持党管农村工作，为乡村振兴提供强有力的政治保障。第二，坚持农业农村优先发展的原则，加快补齐农业农村工作的短板。第三，坚持农民主体地位，不断提升农民的获得感、幸福感和安全感。第四，坚持乡村全面振兴。第五，坚持城乡融合发展，加快形成功能互促、城乡互补、全面融合、共同繁荣的城乡关系。第六，坚持人与自然和谐共生，以绿色发展引领乡村振兴工作。第七，因地制宜、循序渐进。

党中央、国务院为实施乡村振兴战略制定了详细的战略目标和基本原则，为各地制定乡村振兴战略和乡村振兴工作提供了总体框架。2019 年，昆明市人民政府与中国农业大学签署了实施昆明市都市驱动型乡村振兴实验的战略合作框架。一方面，昆明市地处中国的西南地区，乡村发展、扶贫工作任务繁重，农业和农村经济发展工作是昆明经济社会发展工作的重要内容，也是昆明经济社会发展中的短板。另一方面，昆明也是中国西南地区发展迅速的都市之一，在昆明特有的气候、自然和文化资源的条件下，昆明是中国最具发展潜力的旅游城市之一，蕴藏了巨大的城市发展动能；同时，昆明是中国通向东南亚的桥头堡都市，是中国对外开放的重要地区之一。这两个方面的特点也决定了昆明将会成为中国西南地区乃至全国最有都市发展潜力的城市之一。从某种程度上讲，城乡协调发展是昆明经济社会全面发展的重要特色。

昆明市集都市、农村、山区为一体，辖 14 个县（市、区）、140 个乡（镇、街道）、1 712 个行政村（社区）。全市辖有城区 7 个区和郊区 7 个县（含县级市），常住人口城镇化率自 2015 年开始超过 70%，虽然农业增加值的 GDP 比重近年来已接近 4%（2019 年为 4.3%），但农业从业人员比例 2019 年仍高达 24%。可以说，昆明呈现出村的地域大于城的地域、城镇的人口多于乡村人口的"大城大村"的特点。昆明的农村大致有三个类型。第一种类型是地理上最接近昆明都市的乡村，这类乡村有的已经融合到了城市中成了城市中的社区，有的则处于城市功能的直接覆盖范围，我们将这样的村庄定义为都市圈影响下的乡村。第二种类型也是昆明农村的主导类型，这一类型的乡村并不直接毗邻昆明的都市经济圈，产业以农业为主体，呈现出以农业为主导的特色。第三种类型的村庄是比较远离昆明都市经济圈的山区和曾经的贫困地区。从某种意义上讲，昆明的这三种乡村类型也代表了中国的主要乡村类型。第一种类型的村庄受都市影响很大，除了在某种程度上由于城乡社会公共服务的差异、户籍制度的存在与城市社区略有差距以外，事实上已经是被城市化了的乡村。第二种类型的村庄主要以农业产业为主，但是主要的劳动力大多已经流出，很多地方都呈现出了老人、妇女为主的劳动力特点。第三种类型的村庄则远离都市经济圈，经济社会发展水平落后，以往多呈现出贫困的状态，也是脱贫攻坚的重要实施区域。

由此可见，昆明作为都市，其经济社会发展不能仅体现在城镇，还需要高度关注乡村的振兴工作。昆明的乡村振兴工作的最大特点是能够充分挖掘都市的动能，将城乡融合与城乡要素的有机流动作为重点，这是昆明市与中国农业大学共同建设都市驱动型乡村振兴实验区的重要内容。都市驱动型乡村振兴工作所要关注的重点首先是，在都市功能的强大引力下，乡村的资本、人才纷纷流入城市，乡村的经济结构基本上趋向于满足城市的需求。这样一个趋势在过去几十年中愈演愈烈，这一方面是城镇化进程的客观规律，但同时另一方面也加剧了乡村的衰落。在过去几十年中，昆明郊区劳动力流出数量不断增加，乡村智力资源流失愈发严重。乡村人才匮乏已经成为乡村振兴工作的重要瓶颈。与此同时，乡村文化中富有特色的滇中村落古迹，特别是闻名全国的"滇中一颗印"古民居等富有文化历史价值的遗产逐年消失。在这样的背景下，乡村呈现出日益衰落的景观。乡村人居环境、卫生条件、生态环境等方面的情况都不容乐观。由于人才的流失，乡村的治理也出现了各方面的问题。昆明作为一个特殊的都市，滇池的保护与农民的生计出现了许多的张力。乡村替代性产业的发展也没能取得根本性的突破。昆明的乡村经济社会发展显然已经成了昆明经济社会发展中明显的短板。某种意义上讲，昆明日益繁华的大都市与昆明很多乡村的衰落形成了鲜明的对比，振兴昆明乡村的工作刻不容缓。

　　昆明都市驱动型乡村振兴工作则主要聚焦上述问题，依照着党中央、国务院提出的全面实施乡村振兴工作的战略部署，紧紧围绕着八大机制（产业增值收益留村机制；乡村生态资源经济价值实现机制；乡村特色文化保护机制；村政服务及乡村善治机制；闲置宅基地和农房处置盘活机制；到村涉农资金的整合机制；新农人、新乡贤、新村民培育机制；发挥农民主体作用的组织动员机制）的创新来开展工作。

　　昆明都市驱动型乡村振兴研究团队在昆明市农业农村局的支持下选取了昆明下辖的十二个村作为案例对象，对这些不同类型的村庄的乡村振兴工作进行了初步的调研。调研的目的是把握昆明受都市影响的乡村发展的现状、乡村振兴的机制以及相应的经验，并试图通过这样一个调查，对昆明乡村振兴工作做一个初步的总结，从而为在昆明开展都市驱动型乡村振兴实验提供基础。这一调查工作不是系统性的乡村振兴的总结调查，而是基于对乡村振兴工作的快速评价，总结出关键性的模式、主要的经验以及存在的问题，将这些发现整合到都市驱动型乡村振兴的实验工作中。

　　本书共有十四章。第一章概括了我们所调研的昆明"新乡村"在时代背景下呈现出的新的特征及变化的趋势。第二章至第十三章分别从村庄概况、社会经济的历史变迁以及乡村振兴的模式和特点、经验和挑战等方面对十二个村庄进行了描摹和分析。第十四章基于十二个村庄的情况总结了这些新乡村的发展类型和发展要素，并根据面临的挑战对未来如何从机制和技术层面推进昆明市的乡村振兴提出了针对性的建议。在昆明市农业农村局的组织和协调下，该项快速调查工作由中国农业大学工作团队完成，书稿的编写由中国农业大学与云南农业大学团队完成。中国农业大学李小云老师负责调研及书稿的整体框架设计，中国农业大学徐进和曾艳老师主要负责编辑、统稿及部分写作工作，中国农业大学宋海燕老师对调研和编辑工作提供了支持。中国农业大学人文与发展学院的博士和硕士研究生参加了十二村案例的调研工作，其中陈邦炼和徐泰辉参与了第二章"村庄变城市：季官社区的城市化道路"和第七章"'农业＋旅游'：玉龙社区的都市驱动型乡村发展"的调研与写作工作，林晓莉和王瑞参与了第三章"旅游带动发展：陡坡村的乡村振兴路径"和第十章"回归绿水青山：甸头村的生态保护型乡村振兴实践"的调研与写作工作，吴一凡和安杰参与了第四章"大旅游富村：五棵树村的'以旅哺农'实践"和第九章"宝贵的彝族石头寨：大糯黑村文化特色保护型乡村振兴实践"的调研和写作工作，张瑶和张悦参与了第五章"乡村旅游与产业融合：观音山村的乡村发展"和第十一章"'新村民'的村庄：大墨雨村乡村发展"的调研与写作工作，杨程雪和王亚茹参与了第六章"整村搬迁后的'共同繁荣'：光崀大村的新村振兴之路"和第八章"三产融合发展：鲁黑村打造'滇中美丽乡村'"的调研与写作工作，刘奇文和侯忠林参与了第十二章"'下山'：山后村的易地搬迁"和第十三章"农民进城上楼：对门山的易地扶贫搬迁实践"的调研与写作工作。昆明市农业农村局毕强局长、刘正海副局长等为调研的组织提供了大量支持。在调研过程中，昆明十二村的村干部，以及十二村所属各县（市、区）农业农村局、经管部门、乡镇（街道）的领导干部为研究团队提供了大量一手资料。该研究获得了昆明市农业农村局都市驱动型乡村振兴实验工作、云南省科技人才和平台计划"云南省李小云专家工作站"（项目编号为2019IC011）的经费支持，以及昆明市农业农村局昆明乡村振兴新模式研究项目、中央高校基本科研业务费专项资金（项目编号2021TC121）以及中国农业大学2115人才工程的资助。在此一并表示感谢！

　　由于调查及统稿过程较短，对于数据信息的核对难免有不准确之处，同时限于作者能力，书中也难免有疏漏贻误之处，在此敬请广大读者批评指正。

著　者

2021年9月10日

目 录

第一章　昆明的"新乡村"

第二章　村庄变城市：季官社区的城市化道路

第三章　旅游带动发展：陡坡村的乡村振兴路径

第一章

昆明的"新乡村"

　　云南省昆明市市辖 7 个城区和 7 个郊县（含县级市），全市城镇化率超过 70%，是典型的"大城大村"，也就是说乡村的地域面积大于城镇，但是城镇的人口多于乡村。昆明市的"大城大村"特点是中国过去 40 多年工业化和城镇化过程的一个典型案例。未来在新型城镇化的推动下全国也会有更多的不同大小的城镇、城市呈现出昆明的特点。不同于北京、上海、广州等超级城市，昆明是二线城市，但由于是云南省的省会，其城市人口规模接近 1 000 万，在处理城乡关系以及如何推进新型城镇化和乡村振兴方面具有典型性。与欧洲、日韩城镇化模式不同的是，中国的城镇化过程一方面是第二产业和第三产业不断向城市集中的过程，同时又是第二产业和第三产业从城市中心地区不断向城市郊区扩张的过程。在这样一个扩张的过程中，以城市居住为特点的房地产又是这一过程中的特殊力量，所以出现了城镇化过程与人口变动之间的不协调关系。不仅如此，在过去国家推动工业化和城市化的过程中，城镇化率又某种程度上成了考核地方政府的指标之一，这也造成了学术界、政策界和社会普遍关注的"伪城市化"问题，这就造成了城市实际上也包含大量农村地区的现状。昆明的"大城大村"恰恰是这种城乡不协调发展的典型代表，城市里包含着乡村，而乡村则还是真正的乡村。

　　从全国的情况看，乡村振兴面对的地区大致可分为大都市的郊区乡村地区、以农业为主的欠发达乡村地区和曾经的贫困地区三种类型。

　　第一种类型是工业化和城市化水平比较高的大都市的郊区乡村地区，主要分布在长三角、京津冀、珠三角等大都市圈周边。这些地区的农村从

20世纪80年代开始即被认为是在中国率先实现农业现代化的地区。经过40多年的发展，这些地区的大部分郊区农村都在不同程度上进入了比较发达的状态，这主要表现在以下几个方面。第一，乡村居住的农业人口已经大大地减少，这在长三角地区的大城市甚至中等城市的郊区表现得非常明显。京津冀大城市周边也呈现出同样的特点。第二，农地种植基本上呈现出非粮化的特点。过去，北京郊区县市是我国玉米和小麦的重要产区，长三角地区的乡村是我国水稻的主要产区；现在，这些地区城市周边的郊区农村产业已经发生了根本性的转变。粮食种植已经被高产值的经济作物甚至观光农业所取代，呈现出了所谓城市农业的特点。第三，这些地区农村经济的结构正在发生根本性的变化。农业特别是粮食生产的比例正在减少，同时，高产值现代化农业的比重以及加工业和服务业的比重正在增加。第四，这些地区农村的基础设施和社会公共服务与城市的差距正在快速缩小。长三角地区、京津冀地区大城市郊区的农村社会保障（如农村低保）都与城市相衔接，教育和其他社会公共服务也已基本与城市相衔接。虽然不能说这样的地区已经完全实现了现代化和乡村振兴，但很显然，这些地区已经成了中国乡村振兴的领头羊和先行区域。近年来全国对浙江乡村旅游、民宿发展以及乡村建设等方面经验的高度关注即说明了这一点。这些地区乡村振兴的经验实际上对于昆明这样的地区有着重要的借鉴意义。

除了在很大程度上受到都市经济圈直接影响的发达地区以外，全国大部分以农业为主的乡村地区均属于第二种类型。这些地区的经济社会特点主要表现在以下几个方面。第一，农村经济主要以粮食生产、水果蔬菜种植和畜牧业为主，呈现出典型的农业主导型的产业结构，这一特点主要体现在大部分的中部地区和比较发达的西部地区。第二，在工业化和城市化的推动下，很多受过教育的青年人纷纷流向发达地区和城市，这些地区劳动人口的老龄化和留守现象非常明显，与此同时也呈现出了替代劳动技术不断发展的特点。华北地区、东北地区大面积粮食种植70%以上已经机械化就是一个典型的案例。与此同时，这些地区农业土地规模化的趋势也越来越明显。这些地区正在成为中国下一步农业现代化的重点地区，同时也是难点地区。第三，这些地区农村的基础设施、社会公共服务与发达地区城市存在着较大的差别。在过去几十年中，农民工问题、留守人口问题以及城乡二元化、户口等问题，在这一地区显得更为突出。这类地区涉及的范围很大，涉的人口也比较多，从某种意义上讲也是乡村振兴的难点地区。

乡村振兴面对的第三种类型地区，就是我们过去所说的贫困地区。经过了近10年的精准扶贫和脱贫攻坚战，这些地区在基础设施、农民收入、农村产业以及社会公共服务等方面都发生了巨大的变化。从经济社会整体发展的角度讲，脱贫攻坚战极大地缩小了曾经的贫困地区农村与全国平均水平乃至与发达地区农村的经济社会发展水平的差距。但是，由于这些地区多处于西部地区、边远山区和少数民族地区，自然条件恶劣、基础设施落后、社会经济发展水平低，而且这一落后的格局是长期历史积累形成，再加上差异性的发展战略，导致了这些地区与全国平均水平和发达地区的巨大差异。这一差异虽然在脱贫攻坚战的推动下得到了极大的缓解，但是这些地区仍然是中国区域发展的难点，而这些地区的农村也实际上成了乡村振兴的重点地区。所以从战略的角度讲，将脱贫攻坚与乡村振兴有机衔接的实际意义也在于如何推动这些地区的乡村振兴。这也在某种程度上暗示了国家乡村振兴的战略问题实际上也将在很大程度上聚焦于这些地区。这些地区的社会经济发展的特点是：第一，大多为小规模农业，地处山地、坡地，没有灌溉条件，靠天吃饭。农业依然是这些地区的主要产业，而且很多地区在过去经济结构调整政策的推动下农业的产业逐渐转向了经济作物，如苹果、猕猴桃、板栗、核桃、大枣以及蔬菜。这一方面改变了自给自足的状态，但同时也将这些小规模的农户置于市场波动的风险之下。由于大量的坡地、山地被经济作物所取代，这些地区反而面临了粮食安全的挑战。这在西北地区、西南地区的山区尤为明显。第二，这些地区仍然存在着农村剩余劳动力的问题。由于很多这样的地区属于少数民族地区，存在语言文化等方面的障碍，大规模和持久性的劳动力转移不容易发生。同时当地又没有能够吸纳就业的新兴产业，从而造成了这些地区农业劳动生产力低下、农民收入低而不稳的局面。第三，这些地区也是我国农村基础设施和农村社会公共服务短板最为严重的地区。农村学前教育、义务教育的质量、师资水平等都远远低于全国平均水平。依托乡村振兴的战略来稳固和拓展脱贫攻坚成果的政策含义即在于如何在脱贫攻坚结束以后继续推进这些地区的乡村发展。从这个角度讲，中央关于脱贫攻坚与乡村振兴有效衔接的战略决策对于这些地区的发展有着十分重要的意义。

虽然云南省昆明市地处我国的西南边疆，但其在过去10多年中呈现出了快速的城市化发展态势，尤其是在旅游业的推动下昆明的第三产业发展迅速，不断吸纳农村剩余劳动力，因此呈现出了明显的都市型经济的特点；同时由于昆明市都市经济能量较小，随着都市圈的不断外延，都市经济影响力逐渐减弱，乡村性特点逐渐增强，这就是本书所说的"大城大村"。在这样一个背景下，昆明的乡村振兴实际上就如同一个全国乡村振兴的"缩写版"，也就是说昆明的乡村振兴同样存在着三种类型：一是深受都市经济影响的乡村，二是都市经济影响减弱、农业为主要经济结构的乡村，三是一部分远离都市经济影响的曾经的贫困乡村。这也意味着昆明的乡村振兴工作需要考虑不同的类型。

在过去持续的城镇化以及农村经济社会发展各项政策的推动下，昆明市的乡村发展出现了一系列的新变化，也呈现出了不同类型乡村振兴的模式。这些模式一方面是在城乡互动的条件下形成的，另一方面也是在各种农村经济社会发展政策的推动下形成的。这些不同的模式往往体现在不同类型村庄的建设与发展方面。乡村振兴当然不是一个简单的乡村建设工作，而是一个涉及国家发展的宏观战略以及微观社会经济发展结构的大问题，与此同时，乡村的建设又体现了城乡在微观和宏观层面的互动。因此，从村庄入手来了解乡村振兴的现状以及存在的问题仍然具有重要的参考意义。

基于上述理由，我们对昆明12个村庄的发展进行了调查。这12个村庄分布在12个区县，都被认为是乡村振兴取得一定成效的村庄。总体上来讲，无论是已经被融入城市中的村庄还是相对远离昆明的村庄，都不同程度地呈现出了受城镇化影响的村庄多功能化、乡村产业的复合化和高产值化、乡村生态化等诸多特征。

村庄的多功能化是这些村庄的一个共同特点。其中，以各种形式发展乡村旅游又是这些村庄多功能化的一个显著特点。昆明蓬勃发展的城市化以及城市人口收入的增加为昆明郊区乡村多功能化提供了巨大的市场。围绕着昆明,以周边村庄的山水、人文景观,发展多种形式的乡村旅游,拓展乡村功能,这不仅成了乡村振兴的一个重要推动力,也正在完善昆明本已发达的旅游业体系。昆明周边村庄功能的多元化表现在,20世纪90年代开始从以传统农业为主逐渐转向花卉蔬菜等高产值农业,村庄的功能开始由农业生产逐渐拓展为乡村农旅,并继而开始出现"新村民"的休闲居住和养老,出现了所谓的"新流动现象"。这与其他发达地区乡村的多功能化一样,同时也与很多发达国家所出现的人口开始流向乡村的趋势类似。乡村的多功能化并非由乡村自身的经济社会动能所驱动,而是很大程度上依靠来自城市化发展的动力。

与乡村功能的多功能化一致的是,乡村产业的复合化和高产值化。昆明郊区原本是以农业为主的乡村地区,其中粮食生产也是这些地区的主要产业。在工业化和城市化的推动下,粮食生产的比较利益越来越低,土地和劳动力成本越来越高。因此,花卉产业在昆明郊区迅速发展。与此同时,蔬菜、瓜果以及各种坚果的种植面积逐年扩大,使昆明的农业产业趋向复合化,并且产值不断提升。最近几年,观光采摘等与旅游相结合的新业态也开始发展,昆明正在形成复合化、高产值的多元产业体系,这里有农旅结合、文创产业,也有三产融合。产业的复合化和高产值化同样与城市化和工业化的发展密切相关,因为这样一个复合型的产业完全摆脱了自给自足的特点,达到了与市场需求完整的结合,与城市的产业体系融合成了一个整体。

乡村生态化是昆明乡村的又一特点。昆明保护滇池的生态环境治理导致大量环滇池的乡村必须进行生计的转型。这不仅改变了这些村庄原本以种植、养殖为主的生计结构,同时也改变了这些村庄的居住模式。村民利用生态保护的机会将原有的村庄发展成观光旅游村庄,同时也拓展了村民非农的就业方向。生态环境保护的压力倒逼很多乡村按照生态友好的原则进行建设,使得很多村庄开始回归绿水青山。

除了乡村在上述方面出现的变化以外,与乡村功能多元化直接相关的一个新的趋势就是"新村民"村庄的不断出现。"新村民"多来自城市中经济条件比较好的群体,他们向往乡村的生活,利用乡村闲置的宅基地,通过与村庄达成不同类型的租赁协议,在假期甚至更长的时间里在村庄居住。这些群体不是村民，但他们一般居住在村庄，就与村民成了邻居，成了村里的新成员。他们给村里带来了新的观念，他们本身也在村里修缮租赁的房间，改善了村庄的基础设施，同时也保护了大批的古民居，因此从经济和社会文化角度讲具有非常积极的意义。但同时他们有着与村民不同的文化价值、不同的生活习惯，不可避免地会与村民存在某种程度的社会文化张力。更为重要的是，在现有农村宅基地、产权制度的约束下，他们也不可避免地带来很多的风险。特别重要的是，这些新村民的到来也提升了乡村房屋和土地的价格。这些都为农村宅基地以及城乡土地市场的统筹等方面制度的改革提供了很多实践经验。"新村民"现象虽然在昆明的郊区并不普遍，但却与闲置资产的盘活紧密相关，成了社会各界高度关注的议题。

昆明市乡村振兴的实践不仅仅表现在基础设施、产业发展等方面，同时也表现在乡村治理方面。很多乡村在城市化的推动下完全融入了城市，管理模式也与城市社区的管理模式相对接，实现了乡村治理在城乡之间的融合。乡村的治理不仅仅涉及乡村组织管理体系，而且也涉及乡村公共服务的提供。很多农村社区在公共服务提供方面也与城市相接轨。

虽然说昆明市的乡村振兴与发达地区的乡村振兴还存在着比较大的差距，但是从产业兴旺、生态宜居、乡风文明、生活富裕、治理有效这几个方面衡量，昆明乡村振兴的实践已经步入了快速发展的轨道，已经涌现出了本书中所展示的各个方面的先行模式。从总的特点看，昆明乡村振兴的实践所呈现的总体趋势与昆明新型城镇化工作的进展直接相关。也就是说，如果没有昆明作为一个都市的动能驱动，乡村振兴是很难得到有效推进的。调查显示，昆明的乡村振兴实践出现了五个新的特点：一是新功能。乡村功能出现了多元化，乡村不再单纯是一个农业生产的空间，而是出现了许多新的功能。二是新流动。过去人才、资本、资源都是流出乡村，现在出现了回流，形成了新流动的特点。三是新动能。过去乡村的资源和要素不断流出乡村，保持乡村基本运作的动能只能靠政府提供。而现在市场的资本、社会的资源都开始流向乡村，形成了新的乡村发展的动能。四是新村民。过去乡村的人口都是农民，现在很多市民变成了新村民，乡村的社会构成开始发生变化。这既为乡村的治理提供了新的动能，也为乡村的治理提出了新的课题。五是新治理。在上述四个方面的条件下，乡村治理的模式所涉及的内容以及机制都在发生变化。这些新的机制既不同于纯粹的乡村治理，也不同于城市的治理，正在发育出一种新型的治理结构。

调查中发现的这些新的乡村现象恰恰是落实乡村振兴战略所需要的实践创新。这些实践既有全国性的共性特点，也有昆明特殊的经济社会发展的特点。我们的总印象是，乡村的振兴是与新型城镇化的不断推进和经济发展水平的不断提升紧密联系的。离开了经济的健康发展和城镇化的有效推进，乡村的振兴很难实现。同时，我们也看到，如果没有对乡村振兴重要性的充分认识，即便有较高的经济发展水平和城镇化水平，乡村振兴也很难实现。昆明的乡村振兴实践同样也存在着诸多的挑战。这些挑战涉及了农村土地制度改革的问题、农村人才培养的问题、农业现代化水平低的问题、生态补偿和生态资源价值化等诸多方面的问题。这些也正是推进昆明特色乡村振兴战略过程中正在探索和解决的问题。

第二章

村庄变城市：
季官社区的城市化道路①

　　城市化是不可抵挡的时代趋势，城市向周边农村扩张的过程中，面临着土地征用、农民上楼、就业安置等种种挑战，昆明市官渡区季官社区的"村改居"实践是乡村城市化转型的成功案例。季官村借助"一村一策"的政策东风，自主完成改造建设，利用征地补偿款首先建设回迁房安置村民，改善居住环境，再建商品房、商业街、产业园等作为集体资产向外销售出租，创造集体收入，将农村集体资产的价值收益留在村民手中，一步实现城市化。同时，村集体为"上楼"的村民提供就业保障，20岁至50岁的村民均由社区安排就业。更为重要的是，季官社区进行集体资产股权量化改革，使村民变股东、资产变资金，每年实现人均分红万元以上，集体资产不断增加，农民过上了衣食无忧、安居乐业的好日子。季官社区的乡村振兴是典型的城市化扩张的结果，其关键在于城市化过程中把握好保

---

　　① 本章参考资料包括：季官社区网站 www.ynjiguan.cn；《官渡文史资料选辑》第十九辑；季官社区提供的社区介绍材料，如社区简介、发展历程、工作总结等。

朱静辉，林磊. 村社理性中的国家与农户互动逻辑：基于苏南与温州"村改居"过程比较的考察[J]. 南京农业大学学报（社会科学版），2020，20（2）：93-102.

崔宝琛，彭华民. 空间重构视角下"村改居"社区治理[J]. 甘肃社会科学，2020（3）：76-83.

杜明英. 供给侧改革背景下以"三变"改革推动集体经济发展研究[J]. 中国商论，2020（22）：176-178.

刘潇，袁俊雄，白志群. 村改居社区以党建引领基层治理创新的"呈贡"实践[J]. 实践与跨越，2019（2）：72-77.

障农民权益的原则，并设计了从资产、就业到基本公共服务等一系列的城市生产生活所必需的支撑体系，为"村改居"这一城市化型的乡村振兴实践提供了典型的范本。

一、季官社区概况

季官社区位于滇池北岸，隶属昆明市四大主城区之一的官渡区，距离昆明市中心约 10 公里，地处广福路以西，东至官渡古镇，南至云秀路，北至世纪城。社区辖区面积 3 平方公里，下辖 3 个居民小组，系原官渡镇季官村、小路村、王家庄三个自然村。季官社区第二、第三居民小组（即小路村、季官村）于 2010 年前后通过"村改居"政策已完成村庄"一步城市化"改造，第一居民小组（王家庄）地处官渡古镇第三期开发的普洱茶自贸区暨普洱茶博物馆项目辐射范围，2020 年开始进行拆迁改造。第二、第三小组两个城市小区共有居民户 2 000 余户，常住居民 6 280 余人（其中原村民约 1 500 人），流动人口 35 000 余人；进行拆迁改造前的第一小组（王家庄）有原居民约 150 户，共 500 人。社区党委下设 6 个党支部，原社区成员中党员 167 名（含预备党员 1 名），加上外来落户人员，季官社区居民党员总数超过 300 名。

2009 年以前，季官社区属于官渡街道的落后社区，产业以农业种植为主，人多地少，村民大部分学历较低，生活来源以种植和销售蔬菜、在官渡街道打工为主，人均年收入不足 2 000 元，集体经济年收入不足 100 万元。以第三居民小组（季官村）为例，2009 年村内仅有 7 间砖瓦房，其余均为农户自建的土坯房，道路狭窄，卫生环境恶劣。在逐步城市化的官渡街道的映衬下，季官村的贫困、拥挤、落后格外扎眼。由于不少群众靠收购废旧纸箱、纸板、赶小马车挣外快为生，季官村被戏称为"破烂村"和"马车村"。

2009 年，官渡区政府率先在季官社区实施城中村改造项目，第三居民小组在以居委会主任陈雁（现为季官社区党委书记）为核心的领导班子带领下创新拆迁模式，自主开发，先建后拆，分片区实施老村改造工程。2010 年底，第二居民小组小路村则通过政府"招拍挂"政策引进开发商——昆明银海房地产开发有限公司，启动"樱花语"项目，进行拆迁改造。

图 2-1 拆迁前的"城中村"——季官村小组

（季官社区供图）

两个村小组的村民不仅获得拆迁补偿款，还获得每户 1 套 150 平方米大户型、2 套 75 平方米小户型的回迁安置房。大户型适于村民自家居住，小户型则主要用于出租，每年 1 套小户型房能为村民带来 12 000 元至 25 000 元不等的租金收入，为上楼的农民提供了基本的生活保障。与此同时，季官社区目前能提供的就业岗位超过 4 000 个，包括保洁员、绿化员、安保员、社区管理人员等，优先聘用原村民，完全能满足村民的就业需求。而一组村民近 10 年虽保留了城中村的形态，却在官渡街道和官渡古镇的城市效应辐射下，家家户户盖起了四层以上的楼房，自己家住一两层，其余用于出租，每户出租的平均年收入在 10 万元以上，几乎"家家有车，户户有楼"。

季官社区在住房改造基本完成后，启动了沿街商铺、写字楼、产业园区以及其他配套的城市化基础设施建设，成立了物业公司进行管理，每年为集体创造十分可观的收入。自 2012 年以来，季官社区集体收入逐年递增，2012 年社区总收入已经超过 4 000 万元，其中第三小组集体收入 3 000 多万元。2013 年至 2017 年集体收入保持在 4 000 万元以上，2018 年突破 5 000 万元，2019 年维持在 5 000 万元以上。调研时集体账户资金已超过 2 亿元；原村民人均年收入超过 50 000 元，其中第三小组年人均集体收入分红约 2 万元，第一、第二小组每年人均分红 8 000 多元。当地流传着"昆明经济看官渡，官渡经济看季官"的说法，季官社区已经成为昆明市的标杆社区。

二、季官社区的历史变迁

(一)"季官"的由来

季官村,旧称季官营,位于官渡古镇以西 1 公里内,其历史由来虽暂无史志可考,但根据其区位可判断,季官营古时应系官渡古县城属地,"营"指古代军营,意为军队驻地。根据可考资料,"官渡"二字系指官渡古镇,曾为滇池古渡口。战国时期,楚将入滇在滇池沿岸建立"滇国"。公元前 109 年,西汉在西南地区设益州郡,置谷昌县,为官渡县前身。"至元十二年(1275),鄯阐府改善州,领昆明、官渡二县,后废州,置中庆路,并官渡县入昆明县,为路治,于蜗洞置通往高峣之渡口","官渡"由此得名。当地居民传说:季官村原为古城周边村落,宋元年间驻守于此地的军官将领姓"季",故得名"季官营"。

此后,"季官营"在历史的缝隙中延续千年,安居于滇池一隅,以农业耕作为生。中华人民共和国成立以来,季官曾两次以撕掉"贫穷"标签为契机进入历史舞台,一次是在中华人民共和国成立初期由阮自云带领的先锋人民公社成为集体经济时代的模范,一次是由陈雁主导的自主城市化改造,成为全国"村改居"的标杆。

(二)中华人民共和国成立初期的先锋旗帜

20 世纪 50 年代,在清匪反霸、减租退押和土地改革之后,农民阮自云于 1952 年 3 月成立了季官村阮自云互助组,成为第一批大班互助组的先锋领袖。当时的季官村属武定专区昆明县下辖的后所乡,1952 年村内14 户参加互助组,包括贫农 8 户,中农 6 户,人口 61 人,共 40 个劳动力。互助组全部家当仅有水田 83 亩*,水牛 3 头,马 6 匹,镰刀 28 把,锄头 31 把。组长阮自云原为宜良县人,外出谋生,1939 年入赘巫家坝,后随妻子搬至官渡镇季官村。1952 年,阮自云与季官村民陈明、李美、陈真三户贫农积极响应号召,成立阮自云互助组,第一年阮自云破除祭虫迷信,带领组员科学扑灭螟虫,获得当年水稻大丰收,比单干时增收 25%。阮自云互助组被评为昆明县(现昆明市)一等模范

＊ 亩为非法定计量单位,15 亩＝1 公顷,全书同。——编者注

互助组和云南省三等模范互助组，阮自云被评为昆明县（现昆明市）劳动模范。

1953年春，云南省委决定逐步进行公有化改造，阮自云互助组成为全省9个转入初级农业合作社的互助组之一。由于生产效益良好，农民纷纷加入互助组，当时互助组成员已达到49户。互助组转为初级社后，设立以阮自云为社长的社委会，并将合作社16名共青团员组建为季官村团支部。阮自云初级社得到政府、农业专家的技术支持后更是节节丰收，到1954年人均口粮已有600斤*，农闲副业收入524.5万元（旧币），蔬菜种植收入1 948.52万元（旧币）。1954年，波兰政府代表团访问阮自云初级社；1955年，阮自云作为农民代表被选派到苏联参观。

随着条件逐渐成熟，中共昆明市委批准将后所乡的小路村、王家庄等22个初级农业合作社合并为全市第一个高级农业生产合作社，命名为先锋农业高级社，阮自云任高级社社长。高级社一切归集体所有，按劳分配，同工同酬，多劳多得，大牲畜大农具全部折价归集体。

1958年至1961年，官渡区根据省市要求，将46个下辖的高级社合并为4个人民公社，其中包括先锋高级社在内的9个管理区合并成立"先锋人民公社"，第一任社长仍为阮自云。"大跃进"时期先锋公社流传一首关于阮自云的民歌《我们社长阮自云》，歌里唱道："我们月亮出来月亮清，我们社长阮自云，带领社员搞生产，坐上飞机飞北京。"

先锋公社的建制一直延续到1984年官渡区农业机构改革才结束。随后，现季官社区所辖的季官村、小路村、王家庄恢复以家庭为单位的生产模式，成为支援城市、服务城市的蔬菜种植生产队。生产队的马车每日往返于昆明市区与农村之间，却把城乡差距越走越远了，先锋公社和阮自云成了村庄的荣光记忆。此后历届村干部均试图让季官再度荣光，办起乡镇企业、村内造纸厂等，却因经营不善、环境污染等问题停产，季官村村民多以种菜为业，部分人在改革开放初期外出谋生、挣扎、创业，村庄逐渐破败衰落，与周围的城市化环境相比显得格格不入。

---

* 斤为非法定计量单位，1斤＝500克，全书同。——编者注

图 2 - 2　改造为"人民公社大食堂"的
先锋公社旧址

图 2 - 3　先锋公社的印记

（三）改革开放中的蔬菜生产队

1984 年土地下放以后，现季官社区下辖的季官村、小路村、王家庄 3 个村小组在政府的鼓励下，加入围绕昆明市区、为市民服务的蔬菜生产基地之列。一直到 21 世纪伊始"村改居"的浪潮涌来之前，蔬菜种植与销售都作为农民的主要生计，也维系着这些城中村的存在之义。以季官村小组为例，蔬菜产业曾以逐步进阶的态势自发优化，其产业升级过程尤其体现在菜贩的运输方式与销售规模上。

20 世纪 80 年代集体分田到户初期，农户家庭生产资料十分简陋，负责卖菜的家庭成员每日挑着一担蔬菜往昆明市区去，在市场上销售完再返回村里，一天的大部分时间花在往返路上。80 年代末，有所积蓄的村民纷纷购买"英雄牌"自行车，不仅速度上加快了，也减少了人工挑菜的身体损耗，村里形成了一支菜贩车队。到了 90 年代中期，蔬菜产业日益成熟，积蓄增加的季官村民中出现了不少销量较大的菜贩子，自家的产量远不能满足每日销售，他们便从村里人手中收购、到官渡农贸市场收购，再卖到昆明去。显然自行车无法适应日益增长的业务量，村民便开启了"小马车"时代。一般花费 4 000 元就可以配置一匹不错的成年马和一个铁质车斗组装的简易"敞篷"马车，其运输量是自行车的 3 倍以上，再一次减轻人力的损耗，每日卖完菜还可以顺路"捎带几个人"成为客运马车，赚点外快。高峰期季官村（现第三小组）几乎家家户户都有马车，被称为"马车村"，小路村和王家庄也有半数人家拥有小马车。

21世纪伊始，随着官渡镇的全面改造、公共道路硬化、汽车的逐步增多，马车也渐渐退出历史舞台，取而代之的是性价比更高的面包车，菜农的运输量和销量因此又上了一个新台阶。面包车不仅容量更大、速度更快，而且可以遮风挡雨。"到了农贸市场没有摊位，直接在街上掀起后备厢门就可以支起一个临时摊位，货卖完了还可以快速返回补充。"显然，并非所有农户都能沿着这一上升路径进阶，仅限于少数成功的菜贩，其他人大部分选择了只种植，将卖菜的事交给菜贩，当地蔬菜产业产生了明显的"种"与"卖"的分工。

2004年以后，随着官渡区人民政府和官渡区第一中学迁址官渡街道、世纪城开发、官渡古镇修缮开发……城市扩张的脚步逼近季官社区，"村改居"行动箭在弦上。季官社区3个小组逐步地被纳入城市化改造进程，首当其冲的就是农田的征用导致蔬菜产业的萎缩，此前不断进阶的蔬菜产业，在征地、拆迁、农民上楼的浪潮中戛然而止。

三、从乡村到城市：季官社区的城市化发展之路

（一）顺应时代趋势，积极响应城市化改造

2006年，官渡区政府迁回官渡街道，季官社区成为官渡区政府所在地，城中村改造升级已是大势所趋。2009年，官渡区政府率先在季官社区实施城中村改造项目，季官村作为"第一个吃螃蟹"的村小组，乘着"新农村"改造政策的东风，抓住"一村一策、一片一策"的政策精神，与街道政府进行多次商讨、谈判、申请，最后争取到"云秀小巷"自筹自建的机会。于是，季官社区的城市化之路便从第三小组自主实施"村改居"开始。

1. 自主改造，打造自主经营的"云秀小巷"

2007年11月15日，季官社区居委会选举产生了新一届领导班子。30岁出头的陈雁被选举进入居委会，就任居委会主任。陈雁是原季官村小组村民，年少外出创业，20岁就赚取了人生第一个1 000万元，在村民眼里是个"干什么都能成功"的奇人。为了摆脱"破烂村"的命运，他们联名邀请陈雁返乡带领季官社区发展致富。借着政府城中村改造的政策东风，陈雁上任2年后，便实现了村民脱贫致富的愿望。2009年，季官社区成

立昆明季官投资有限公司，负责回迁安置房一期建设（云秀小巷项目），通过"创新模式、自主开发、原地回迁、先建后拆、分片实施"的老村改造工程，实现让村民先回迁安置后拆除旧房的保障机制。

云秀小巷总用地 290 亩，分三期实施。第一期和第二期工程由季官社区成立的昆明季官投资有限公司和云南官南城房地产开发有限公司按要求自主开发建设。第一期是在上级审批的约 140 亩新住宅用地上，建成了迁村并点的安置房。第一期建成的住宅区称为官南城小区，村民每户分得 150 平方米自住房和 2 套约 75 平方米的小户型出租房，解决了失地农民的后顾之忧。小区设计时考虑到了每一户住户的采光、通风以及居住的舒适度，相比原来一下雨就怕塌怕漏的土坯房，村民们对新房都给予了高度好评。第二期为商业街和社区公共设施的建设，季官社区打造了集购物、餐饮、休闲、娱乐等功能为一体的综合商业区，自建成投产以来，每年商务中心、沿街商铺出租等为集体创收 3 000 万元以上，并且逐年递增。云秀小巷内的人民公社大食堂、栖息地 1980 花园餐厅、弥勒风味食府等都是当地的网红餐厅，尤其是保留了集体化时代特色的人民公社大食堂，备受旅客喜爱。第三期工程为拆建区，通过土地的"招拍挂"将集体土地转变为国有建设用地，引进企业投资建设，配合官渡区政府等企事业单位的行政功能，深度开发季官社区的城市化价值。

云秀小巷第三期工程建设在季官三组村民的老村址上，拆迁时给予村民一次性货币补偿：拆迁补偿款（元）＝占地面积（平方米）×4（层数均按 4 层计算）×［2 300（土坯房）/2 600（砖瓦房）］（元/平方米）。季官村当时 80％以上为 1～2 层的土坯房，村内仅有 7 所砖瓦房，这样的货币补偿政策可以说是超额补偿。除此之外，回迁房建设完成后，给予每户 1 套 150 平方米的大户型（可作为住房）和 2 套 75 平方米的小户型（可作为出租房），共计 300 平方米的房屋产权。回迁安置房的分配方式是村民抓阄来选择自己住房的位置。2010 年底，云秀小巷回迁房竣工，共建成 150 平方米大户型住房 313 套，75 平方米小户型房 900 套。季官村采用并户分配的方式，将 342 户村民以一户 4 人的户型合并为 257 户，确保全村每一个人口分到的房产面积相等。抓阄当天设置两个透明箱，第一个箱子放着标有大户型房子位置的纸签，第二个箱子是小户型纸签（一张签写相邻 2 套房的位置)。每一户派代表在全村人的注目下同时将两手放入两箱，抓出来 2 张纸签，直接公布抓阄的结果，没有例外。不管对社区有多大的贡献，不管有多大的地位，都一视同仁，连社区书记陈雁也不能例外。

在启动云秀小巷项目建设前，社区干部和党员深入每户居民家中，宣传项目规划和拆迁政策，听取群众的意见建议，自主制定拆迁方案。在签订拆迁协议时，党员干部带头先拆自家旧房，进而发动村干部家属积极参与。征地拆迁过程中，第三居民小组 342 户居民没有一户加层违建，8 天内完成签字搬迁，创造了从动员群众到拆迁完毕只用 23 天的奇迹。现在社区内立着一块"网红"碑，上书"全心为民，有福民享，有难官当"，反映的就是季官干部们勇于担当的心态。

这一改造方案既保障了政府的土地收益，又实现了居民、企业、政府多方利益的共赢。

2. 政府主导，社区参与，打造"樱花语"小区

第二小组原为小路村小组，与第三小组同期进行改造，改造模式并非第三小组的自主改造，而主要是由官渡区政府通过"招拍挂"引进开发商——昆明银海房地产开发有限公司，以"樱花语"为主题，进行统一开发。樱花语小区分为春天里、阳光里和幸福里三个系列居住片区，以及配套的"银海幸福广场"、写字楼、小公园等商务休闲片区，其中春天里是二组原住村民回迁安置小区。由于开发商有严格的工期进度，无法实施"先建回迁房，后拆村民旧屋"的保障机制，所以社区领导班子与开发商谈判，明确了"原地回迁"的拆迁原则。2010 年，二组居民在樱花语小区建设过程中，领取了政府的过渡安置费每户 4 000 元/月，在周边租房暂住；2011 年"春天里"建设完成后，村民获得回迁房，自主装修，于2012 年基本完成全组居民的回迁入住。

季官二组在拆迁过程中也获得了令村民满意的补偿。官渡区政府曾征用第二小组的部分土地作为银海畅园项目的建设用地，并重新审批划拨了一块新的宅基地给村里，每一户获得了 80～100 平方米的新宅基地。当时获得补偿款的村民们纷纷在新批的宅基地上建起楼房，同时保留原来旧区的土坯房。2010 年"村改居"全面拆迁时，不少人家有 2 套房子，有的房子刚刚盖起来，还未曾入住就被拆了。当时旧区的房子也按照"一赔四"的拆迁规则："占地面积（平方米）×4（层数均按 4 层计算）×[2 300（土坯房）/2 600（砖瓦房）]（元/平方米）"赔偿给村民，新区的房子则扣除 300 平方米回迁房置换面积后，按照 2 600 元/平方米给予补偿。二组居民得到的拆迁补偿条件较之第三小组更加优越，居民昌大哥表示："整个官渡街道可能只有我们小组在 2004 年征地时获得了一块新宅基地，我们很幸运。"

第二小组居民得到的回迁房同样是 3 套，一大两小，面积基本与三组相同。唯一不同的是，三组的大户型在一栋单元楼里，出租的小户型在另外的单元楼；二组的 3 套回迁房不仅同单元且在同一层，十分方便村民对两套小户型租客的管理。与此同时，二组村民现居住的春天里小区是老牌地产公司银海集团开发的产物，在小区景观和公共设施方面更具城市化风味，相比三组自主开发的官南城小区（云秀小巷）在功能上更加成熟。例如，官南城小区没有电梯，限制了高楼层出租房的租金收入；而春天里小区景观优美，设施齐全，楼房限高 8 层且带电梯，成为昆明市出名的理想居住地。

3. 第一小组融入普洱茶自贸区开发规划

由于所处区位优势不同，季官社区三个小组的改造模式也有所不同。第三、第二两个小组于 2009 年启动"一步城市化"的改造，第一小组（王家庄）则直到 2019 年才被纳入昆明市旅游局对官渡古镇第三期的改造项目——国际普洱茶交易中心。在过去 10 年里，第一小组虽然保留城中村的样貌，但由于受到其他两个小组的城市化影响，居民在生产和生活上也基本呈现城市特征。他们将土坯房推倒，在自家的宅基地上建起了五六层的砖混结构房屋，沿街的村民开起餐馆、小商店，家家户户都将自己闲置的房屋出租给外来务工人员，每户每年租金收入均在 10 万元以上。2020 年，第一小组正式启动拆迁改造项目，政府按照《昆明市集体土地上房屋拆迁补偿安置指导意见》给予房屋产权调换与货币补偿两方面的补偿，同时在回迁房建设完成之前，政府同样给予每户每月 4 000 元的过渡安置费，村民陆续搬离城中村，在周边购房或者租房，等待回迁新房。

（二）进行股权量化改革，壮大集体经济

季官社区能成为全国"村改居"城市化的成功案例，除了在第三小组的拆迁改造中进行大胆的自主开发、自主改造，更重要的是通过股份制改革和公司化运营使农民的资产得到保值、增值。与此同时，季官社区通过"集体资产股份化""经营管理企业化""收益分配股红化"带动社区产业重组与经济结构调整，防止农民上楼即失业，防止村庄网络结构被城市化所消解，让农民变股民，以新的组织形式强化社群关系和原有结构。

1. 股份制改革层层推进

季官社区的股份制改革雏形在"云秀小巷"一期工程的融资中已经呈现，随后不断完善规划，并逐步将第一、第二小组也纳入股权量化机制中，实现整个社区的股份制改革。

2009 年，第三小组利用被征收集体土地（老村旧房所在地）的赔偿款约 5 000 万元作为启动基金，成立股份合作社，将全村 1 006 位村民纳入合作社，每人占有 5 股，每股 1 万元。同时鼓励入股，每人最多再认购 5 股，96.2% 的村民利用拆迁补偿款入股。整合了村民股金和集体资产资金以后，第三小组进一步建设了汉唐莲花酒店主体建筑、沿街商铺等一系列营利性的集体资产，并且在 2012 年实现了收益，第一次兑现分红。2013 年底一个持 10 股的村民能够分到 2 万元钱，而且集体账上的资金开始不断积累。2014 年虽然每人也能分到 2 万多元钱，但是小组决定只分配 40% 的营业收入，其余用于投资新项目，平均每位村民大约分到 1 万元。2015 年和 2016 年合作社则是将收益股权化，愿意的村民可以将当年的 2 万元收入折合成股份，在原来 10 股的基础上进行"扩股"，几乎所有的农民都选择了扩股，增持到 14 股，而非把 2 万元提取出来，这是基于对社区集体经济组织的充分信任。但这一模式会削弱集体经济在整个股份中的占比，不利于以后集体经济的发展扩大。于是 2017 年至 2019 年合作社的分红模式便取消了"扩股"形式，重新进行现金分红，大约保持人均 2 万元/年的股份收入。2019 年底第三小组账上的现金资产就已经超过 2 亿元，而且由于集体资产运营有方，稳中求利，在每年分红之后，集体资金也在稳步增加。

2018 年，第一、第二小组集体资产达到了 1 000 万元以上，具备了股权量化的条件，所以在社区的支持下，两小组对自己小组的集体资产进行资本量化，按每股 1 万元，折算出第二小组基本股约 1 500 股，二组人口接近 500 人，因此每人分得 3 股的基本股，折合人民币约 3 万元，社区再向小组居民提供每人 7 股现金股的认购机会。二组村民对于股权化改革非常认同，98% 以上的居民第一时间投入资金认购集体股份，凑满 10 股。居民表示："反正也不需要用，放在银行生不了多少利息，还不如给社区去投资，收益更高。"第二小组在股权量化一年后开始分红，2019 年底现金股每股分得 1 000 元的集体投资红利，在小组上运营的 3 股基础股分红 1 400 元。即二组一个持有 10 股股份的居民年底分红达到 1 400 元＋7×1 000元＝8 400 元。第一小组采取同样的折算方式，每个人同样获得 3 股基础股和 7 股现金认购额度，2019 年底分红为 8 200 元。

　　股权量化完成后，季官社区实现村民变股东，无论日后村民是否继续居住在季官社区，都能以股东身份持续享受分红。村民的持股可自愿转让或赠与本社区其他居民，受让者或受赠者可享有与原成员相等的权利。为了防止恶意并购股权，季官社区目前规定农户股权只能在本社区内流转，以确保资产权益仍保留在原来的村庄结构内。而对于求稳的老百姓来说，这是一项相当稳健的投资，加上有陈雁这个投资能手亲自操盘，变为股东的村民们信心十足，没有人愿意将股份让渡他人。

图 2-4　云南官南城企业集团总部

2. 产业类型不断拓宽

　　通过股份制改革和向村民融资以后，季官社区拥有了雄厚的集体资金，因此其以在 2009 年成立的云南官南城企业管理有限公司集体经济股份合作社为核心，首先成立昆明季官投资有限公司、云南官南城企业管理有限公司、云南官南城房地产开发有限公司等 3 个与房地产开发相关的公司，以确保"村改居"的自主改造顺利进行，随后成立物业管理、餐饮文化、玩物拍卖等公司开发后续产业，2020 年又成立修真茶道茶叶公司等开始向生态产品进军。目前季官社区已拥有 14 家集体股份制公司。

　　自 2012 年以来，季官社区集体收入逐年递增，2012 年社区总收入超

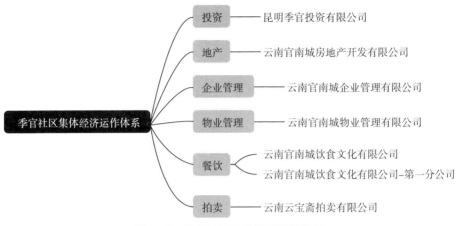

图 2-5　季官社区集体经济运作体系

过 4 000 万元，其中第三小组集体收入 3 000 多万元。2013 至 2017 年社区总收入保持在 4 000 万元以上，2018 年突破 5 000 万元，2019 年维持在 5 000 万元以上，2020 年已经突破 7 000 万元。目前季官社区的产业已经远远超出社区的地理范围，他们在云南省迪庆州香格里拉市中标开发了一块土地，预计建成商业住宅区，作为集体经济新的增长点。除此之外，还有更多的项目在有序开展，例如开创建设"云南滇创季官产业园""云南官渡村史文化产业园""云南新经济产业园"等，打造新经济小微企业孵化园基地，进一步带动区域发展，为"双创"开门铺路。产业园预计吸引新经济项目入驻 200 个以上，其中高成长型企业占比 50%，企业总部占比 10%；高层次创业者超过 200 名，投资机构 10 家，创业融资达到 10 亿元，资产规模达到 100 亿元，成为实体经济强有力的新增长极。

（三）全面优化社区综合治理

1. 坚持党建引领治理社区

2016 年 7 月，季官社区党总支升格为季官社区党委，下设 7 个党支部，分别为第一、第二、第三居民小组党支部，樱花语党支部，官南城党支部，保全保安党支部和社区中心党支部。季官社区被评为"全国先进基层党组织"，在党建工作方面，季官社区沿袭当年"先锋人民公社"的先进性，审时度势，许多党建工作都做在全市乃至全国的前头。

首先，季官社区实行"社区＋公司治理"双向一体的运行机制，社区两委班子与集体经济股份制公司班子成员交叉任职，"一套班子、两块牌子"的管理模式使季官社区在贯彻行政命令、执行政治任务的同时，仍保有高度的经济发展活力和市场应对能力。在公司投资决策、股红分配、社会管理等社区内大事情决议时，季官社区采取党支部首先提议、党员代表和股东代表审议等流程。社区协调各类组织，社区党委领导着社区居委会、群团组织和公司内部各类自治组织，确保党组织的向心力。

其次，季官社区充分发挥党员带头作用。在拆迁改造阶段，社区"两委"划片包干，逐家逐户讲解拆迁政策，对补偿标准、拆迁协议、安置分配选房次序等细节反复解说，确保群众接受理解。季官三组党员干部率先拆除自家旧房，带动全村在8天内完成拆迁工作。改造完成后，党员服务社区成为常态化机制。季官社区设置了"为民服务站"与"党群活动服务站"两个综合办公室，除社区两委班子外，聘用4～5名返乡大学生作为全职工作人员，协助处理社区日常事务。社区内还设置了党员活动室，活动室内包括展览室、小会议室、党员大会场等。季官社区创新性地提出"党员双报制"，即居住在季官社区的党员不仅要在其党组织关系所在地报到，也要在社区进行报到和报告，参与社区党员活动，主要是志愿活动。社区成立了10支以党员为核心的志愿者团队，有7 000余名志愿者，每年所有党员都要进行一定时长的公益服务。为了更有效地管理流动党员，社区采用"互联网＋党建"的模式，开启"智慧社区党员管理""官渡智慧云平台""云岭先锋"、社区网站和公众号等云管理系统，有效强化党组织职能。

图 2-6　社区便民服务中心　　　　图 2-7　社区党群活动中心

2. 强化物业能力维护社区环境

在物业管理方面，社区通过云南官南城企业管理有限公司，负责社区的安保、卫生、水电、绿化、活动中心管理等多方面的服务工作。公司对每一个工作组都制定了详细的工作制度，贴在第三居民小组的办公室内。如保洁组就制定了按时到岗、片区负责、工具保管、考核与奖惩等十条具体的管理制度。社区服务人员虽然许多是原来的村里人，但是公司化管理没有特权，要求每个人端正态度，按照规则行事，否则就劝退或开除。官南城企业管理有限公司不仅对官南城小区负责，也负责樱花语园区的外围环境卫生及治安（小区内由银海集团旗下的物业公司管理），同时还将第一小组城中村内安排的安保人员、保洁人员也纳入管理。据估算，每年针对社区物业管理，公司支付的人员工资即超过 300 万元。

初次进入季官社区，已经无法识别哪些是原来的村民，哪些是后来购房、租房的外来人员。经历了 10 年的城市化改造，季官社区原村民在衣食住行各个方面都褪去了"乡村"的感觉。农民并非"上了楼"卫生习惯就改变，而是需要一个过程。如今的季官社区显然已经完成了这一蜕变，社区居民穿着时尚，干净整洁，居住环境优美，不少家庭装修采用了欧式或美式风格，所有食物和用品都要到商店、市场购买，家家户户至少都有一辆汽车作为代步工具。社区内卫生环境极好，即使是经常有人走动的楼道或是不经常使用的公共厕所也不见一块纸屑垃圾。且最重要的是，对保洁人员的工作要求保障了村民督促失效的情况下社区仍能保持长久的干净整洁。"保洁员有负责楼内卫生和负责外围卫生的，我是负责楼内的，基

图 2-8　干净整洁的小区楼道

图 2-9　保洁员阿姨的家居环境

本上每三天能将自己所负责的单元清洁一遍，就连楼梯扶手也要擦一遍。我领工资，搞的是自己家门口的卫生，当然要弄干净了，邻居都是认识的人，搞不干净人家都知道是你。……我可从来没被人说过。"通过原有的熟人社会关系加强对社区工作人员的约束，季官社区在物业管理方面实现了"绩效"和"道德"两方面的激励效应，确保了各项工作的有效开展。

3. 打造共治共享型社区

季官社区将社区服务触角从曾经的 3 000 位村民向如今的 35 000 位居民延伸，实现"自治自享"向"共治共享"转变，使社区发展服务、就业服务、其他各类服务覆盖新进入社区的居民。

一是社区资源共享。免费开放场所资源，社区党群活动服务站、综合文化服务中心、干部教育基地等活动场所均免费向所有居民群众开放共享。便捷为民服务资源，设立 200 平方米的一站式为民服务站提供便民服务，创办"季官社区"专题网站，推进"互联网＋服务"，让辖区群众办事"只跑一次"。共享商业信息资源，面向进驻社区的外来企业及个体工商户，提供包括企业管理、商务信息咨询和国内贸易、物资供销等服务，增强外来人员对社区的归属感和认同感。

二是文化教育共享。共享优质教育资源，借助辖区中小学众多的优势，社区党组织牵头协调，通过企业与学校签订合作协议，加强与学校的联系互动共建共享，居民都能全面享受社区辖区内的优质教育资源。共享优质文化，充分利用辖区内云南省博物馆、云南省大剧院等多家优质文化典型单位不定期开展独具特色的民族文化活动的优势，向居民提供全民参与、共驻共建共享的文化平台。

三是物业管理共享。在市政公用设施、绿化、卫生、治安、交通和环境容貌等的维护、修缮和整洁上提供均等化服务。共享停车位，社区管辖范围内、小区周边等 300 余个停车位对外开放，公益性收取停车费，解决抢车位、停车难等问题。关爱特殊群体，设立"互助基金"，开展医疗互助活动，给予老年人、未成年人、残疾人等特殊困难群体关爱，逢年过节入户送温暖。

四是社会治理共享。依托综治服务站化解基层矛盾纠纷，建立综治维稳中心和信息共享平台，把社区主要路段、人员密集场所、重点区域的视频监控，公安、城管、交警等的视频监控，以及政法委综治信息平台、纪检监察五级联动平台、信访网上接访平台、市级四级联动平台、官渡区政务网等网络平台合并，建成社区信息共享平台。发挥社区治安巡逻队、街道和社区城管队作用，整合派出所、司法所、市场监督管理所职能，使群众诉求能及时办结反馈，营造平安、稳定、和谐的社会环境，让群众共享社会治理成果。

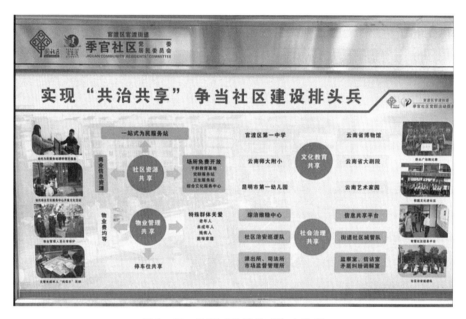

图 2-10　社区"共治共享"宣传栏

（四）丰富文化生活，维持村社人际网络

季官社区"城改居"的变迁在中老年人身上体现得较为明显，他们是从农民一步变市民的，许多生活方式需要适应从"村"到"城"的转变。但是对于青年人而言，2009 年以前他们已经跟随外界城市化的步伐，进入第二、第三产业，"上楼"更多是意味着居住环境的转变，对其职业和人生规划的影响并不明显。青少年儿童大部分是在新社区出生、成长的，他们从小就按照一个城市人完成自己的社会化，对于农村没有过多的记忆和感知。季官社区为了让居民更好地融入城市生活，不断丰富社区的文化活动，包括兴建村史馆、开展佛教文化和当地习俗传承活动等。

　　季官社区有一座造型奇特的建筑，土坯墙体上承载着一个钢架的屋顶和成片的落地玻璃墙，半米多高的门槛前垫了块不规整的花岗岩石段作为台阶，大门是四开的玻璃门，透过玻璃能看见里面有亭阁、木雕、石雕、工艺品、花草、书法、中西画作……一切有关艺术的意象和乡村元素被收纳、浓缩、杂糅在这一间被现代化大楼包围的异形土坯楼里。踏入其间，一股混乱的历史秩序涌进眼帘，所有的布置并不意在梳理过去，而是以一种存在过并且尚存在着还将存在下去的姿态堆叠在你眼前。当然过道还是过道，桌台还是桌台，楼梯还是楼梯，摆件还是摆件，或许理不清顺序，也悟不到个中理念，但不能不说，设计者为每一个物件都用心谋划了位置和未来。

图 2-11　季官村史博物馆内景

　　这便是被誉为"全国最大的村庄博物馆"的季官村史博物馆。博物馆于 2019 年修建完成，占地 5 000 平方米，保留传统"滇中一颗印"的民居风格，又加盖了钢架玻璃保护罩。馆内设置 11 个陈列室，全面展示古滇文化、滇越铁路、红色影院以及与百姓生活息息相关的各类展品 10 余万件。博物馆虽是 2019 年落成，但建设博物馆的计划早在落成 10 年前就开始了。2009 年季官村拆迁时，村干部鼓励村民将传统旧物保存起来，如果无法自行保存，可交由集体代管，以便将来陈列于博物馆。当时参与旧物保存的村干部陈伟说："当时我们在周边租了一个铺面做仓库，面积有 2 000 多平（方米），把村民送来的旧物品存在里面，满满的一屋，把能保留的都保留下来了。等小区建成，我们又留出专门的房间来放置，为的就是村史馆建成的这一天。"

村史馆作为一个具象的容器将村庄的文化和生活记忆封存起来，对于经历过的人而言，每一个物件都在讲述历史，但对于年轻一代而言，现代化的城市景象占据了他们大部分的生命体验，博物馆并不足以唤起他们与过去的共鸣。于是，季官社区自 2020 年初开启了季官村史的编撰，邀请专家每周一次到村史馆与 3 个居民小组的老人们一起"抢收"过去的记忆。社区向每一位愿意来口述历史的老人发放 50 元/次的补贴，"有人听你老头子讲故事，还有辛苦费拿"——不少老人家每周五如约而至。在强大的集体经济支持下，季官社区表现出高度的文化自觉与自信，社区的老人也受到充分的尊敬。在这种对过去的肯定与认同、对自身文化的珍惜和保留中，实际上蕴藏着社区的文化主体性。村民很认可社区编撰村史一事，因为他们觉得："我们对过去的很多事情都不清楚，更不用说小孩子了，老人们又慢慢老去、越来越少，所以修村史这件事情很有必要，得尽快提上（日程）来。"

不仅是传承过去，季官社区还很重视今天的各类文化活动。咸宁寺是清光绪年间建造的古寺，位于原季官村中部，是季官社区佛教文化的重要标地，每逢初一、十五，佛教信徒都会到咸宁寺祈福还愿。在"文革"期间，咸宁寺曾一度被拆毁神像，将寺庙大院用于办季官纸箱厂，纸箱厂关闭后闲置无人问津。2009 年季官村小组进行城中村改造时，将咸宁古寺也纳入规划，并于 2011 年启动修缮还原，重现当年风采。2012 年农历九月十九日，咸宁寺举行开光大典，游人如织，约有 4 万人前来观礼。社区选调 5 名中老年妇女负责咸宁寺平日的管理，每月提供补贴，对于上楼后闲暇无事的中老年信众而言，这是个既能遵从信仰，还能为家庭增加收入的美差。季官三组的王阿姨自从孙子孙女上学后，就进入寺庙帮忙，每天过得"安详而自在"。她和其他几位管理员每逢初一、十五及庙会，就会为香客准备一顿免费的斋饭，并与四方信众交流，为社区服务让她的老年生活更有活力。咸宁寺背后的厢房设有老年人茶室、娱乐室，老人家可以在其间玩棋牌、打麻将，还可以到前院的凉风亭看民间艺人唱云南花灯，与同辈老者聊过往。

除了建设村史馆和重修咸宁寺，季官社区还不断挖掘传统习俗和文化，把日子过得更具有仪式感。季官社区将一些重要的传统节日搞成社区的大型活动，如端午节在咸宁寺举办"包粽子活动"，农历六月廿四举办火把节大型歌舞晚会，重阳节向全体 60 岁老人送上节日的慰问，中秋节给村民送去月饼，等等。这样的节日往往与党建活动或与社区教育宣传活动结合起来，一方面展现了季官的经济实力和文化生活，另一方面利用难得的集会对社区居民进行了宣传教育。社区活动中心管理员陈大爷告诉我们："以前火把节我们都到山上去跑马，那时候季官村自己没有这样的活动，都是官渡街道弄的，现在我们这里搞得更热闹。"住上楼房、生活水平提高后，人们的传统节日过得"像城里人了"，主要是参加社区一些活动，自己家人团聚。婚丧嫁娶等大事则去社区的大客堂办，怀念去世的先人就去公募祭拜，日常的信仰活动是初一十五到咸宁寺上香、吃斋饭；少部分信奉耶稣的居民则选择周末去昆明的教堂做礼拜。

此外，为了加强村民的交流和休闲体验，社区在许多角落都设置供居民休憩和交往的设施。每天最热闹的地方是午后两三点的树荫底下，有的在停车场附近，有的在咸宁寺周边，有的在村史博物馆内。这些树荫底下都有石桌石墩，石桌上往往还刻画了中国象棋棋盘，老人们三三两两，不约而至，或掏出扑克牌，或拿出象棋盒，一个下午就在技艺切磋中愉快地度过。樱花语的小公园和凉亭走廊常常聚集了中老年妇女们开展歌舞活动，社区活动中心则常常传出学龄前儿童和放假学生们的欢声笑语。

四、季官社区乡村振兴的经验与启示

"村改居"是我国农村社区在城市化进程中，实现从传统迈向现代的过渡阶段。"村改居"社区不但在空间形态上发生了巨变，更重要的是社区公共秩序与基层治理发生了根本性转变，对社区"两委"的治理能力提出了极高的要求。从"破烂村"到标杆城市社区，季官社区的乡村振兴之路可以总结为：保障农民权益，农民在自主城市化过程中充分体现了发展的主体性地位；培育能人治村，培养后备干部，保障人才不断代；灵活运作资源，推进乡村"三变"；完善基层党建，采用城市的社区治理模式，同时保存乡土的社会联结，打造现代化、智能化、亲民化的共治共享型社区。

（一）保障农民权益，农民自主城市化

季官社区"村改居"的实践是在城市空间扩张过程中，将农村土地划入城市范围，将失地农民进行回迁安置形成新的城市社区。农村被动地被纳入城区，农民必然面临生存空间转型、生产方式转变、土地权益转出的多重变革，政府与市场作为强势的开发主体，往往难以权衡土地效益最大化与村民利益最大化两者的矛盾。季官社区的自主改造却很好地平衡了这一矛盾。当地政府在政策允许的范围内，敢于充分发挥农民的主体性和能动性，给予季官三组自主完成城市化改造的"特权"，才创造出8天完成整村拆迁的奇迹。

首先，在空间规划上，"村改居"社区在空间上由原来松散的农村社区空间布局，改造为密集型的城市单元楼空间分布。季官社区在筹建之前广泛征求村民意见和建议，自主设计回迁安置房，尽可能保留承载乡土文化的社区公共空间与活动场所，例如保留土坯房结构的村史馆、原址重修咸宁寺与随处可休憩的活动空间，让上楼农民能更好地融入和适应城市化的空间环境。

其次，为失地农民谋出路。土地是中国农民的"命根子"，尤其是对于世代以农业耕作为生的农民，失去土地意味着失去生活来源。季官社区通过补偿房屋和提供就业解决了村民的后顾之忧。农民在拆迁补偿中获得1套大户型住房用于居住，2套小户型商品房用于出租，每年可获得3万～5万元的租金。同时社区鼓励就业，充分提供就业岗位和技能培训，甚至对20～50周岁不参与就业的村民进行分红扣减的惩罚，农民上楼后仍能获得稳定的收入和分红，生活质量不断提高。

最后，土地经营权仍然由原来的农村集体成员所共有。通过成立房地产开发公司与资产投资公司，季官社区成为"自己的开发商"，在云南官南城企业管理有限公司集体经济股份合作社的统筹下，社区内各种产业经济均由社区集体来运营，通过招商入驻产业园，向其收取租金和物业管理费用，社区集体经济不断壮大。社区将集体产业创造的收入又回馈于公共事业，为原村民全面购买养老保险和医疗保险，奖励升学与扶持创业，等等。

（二）培育能人治村，乡村振兴人才是关键

在十年巨变中，季官社区的成功离不开"人"的创造性和能动性。在

季官社区的街道上，一块引人注目的石碑上刻着"雁过留痕"，简短四字承载了村民对社区书记陈雁的高度赞誉。陈雁早年离家创业，在社会上已经是一位小有名气的商人，基于对他能力的肯定，村民联名请他回乡领导。地方政府也同意季官村自主改造的申请，将季官社区作为官渡"村改居"的试点，谁知一试就试活了。陈雁返乡后，便积极组建团队，寻回李松、陈伟等青年人才返乡成立建房指挥部，开启了这场轰轰烈烈的村庄改革。建设完成后，陈雁又利用自身的经营管理能力和社会资源，为社区打造了一套全产业链发展的集体经济模式，并实现了社区"两委"班子成员与集体的多家公司领导班子交叉任职，稳固集体产业和合作社成员权益。

当前我国乡村振兴面临的最大难题就是村庄缺乏内生性人才，无法产生内部治理主体。2020 年是脱贫攻坚的收官之年，政府和社会各界扶贫驻村人员逐步撤离贫困村，许多扶贫产业面临交接之际无人能接、无人敢接的现象。如果季官社区没有一批敢于创新、具有现代化经营管理能力的年轻人返乡改革，便很难想象"自主改造、自主经营"的季官模式能出现，村民的各项权益也必然无法得到如此全面的保障。因此，乡村振兴人才是关键。

为了应对社区人才出现"断代"现象，社区领导班子在三个方面做了准备：其一，培养后备干部，鼓励年轻人求学，提高学历，社区进一步给予其阅历和其他知识储备上的培养。其二，在体制上做规划，制定社区的"五年计划"，确保"（无论）陈雁在不在，任何一届领导都能按照既定计划把事情办好"。其三，将"季官模式"打造成为一种制度性的存在，向社会输出经验，成为一个有价值的符号。

（三）灵活运作资源，促进乡村"三变"改革

乡村"三变"是新常态下增强经济发展活力的有力举措，是通过资源变资产、资金变股金、农民变股东，把闲置、低效的资源、资金有效利用起来，给农民创造财富的经济发展形式，有助于盘活资源，形成规模化经营。

一是资源变资产。季官社区有效整合政策、土地、人力、资金等多种社区内外资源，自主实施城市化改造，将原来破旧的农村建设成为住房、娱乐、餐饮、酒店、医疗、教育、写字楼等功能齐全的现代化小区，形成巨大的集体资产，并且随着社区的发展，资产会不断增值。

二是资金变股金。季官社区成立集体股份合作社，实施集体资产股权量化改革，运用现代化的资金管理手段，带动合作社成员积极追加投资。通过构建"社区成员＋集体合作社＋商业公司"的融资投资体系，资金变股金，既保证商业公司的资金链，又能灵活而且规模化运营集体资金，获得最大化投资收益。

三是农民变股东。股权量化改革后，原村民作为合作社成员均等分配股权，成为集体运营的商业公司的股东，每年享有分红。季官社区第三居民小组最早实现股权量化，每年分红均在万元以上，其余两个小组也陆续通过股权量化，使农民（居民）变股东，享受分红。

（四）完善基层党建，创建共治共享型社区

党的十九大报告提出要打造共建共治共享的社会治理格局，"完善党委领导、政府负责、社会协同、公众参与、法治保障的社会治理体制"。昆明市 2019 年召开全市城市基层党建示范城市建设暨社会建设推进会，积极探索创新"基层党建＋基层治理"的有效路径。"村改居"社区由于征地拆迁、农民失地、城乡互融等过渡性特征，容易成为城市基层治理的真空地带。季官社区通过党建引领社区治理，创建共治共享型社区的经验，对我国"村改居"社区治理模式探索提供了有益的借鉴。

在由村社文化转变为城市公共秩序的过渡期，季官社区基层党组织相较于其他类型的组织更具有人员稳定性和先进性，村庄党员能迅速形成工作队伍，动员群众参与到村庄改革的各个事项中。在完成由村到城的体制转型中，基层党组织始终保持其对公共事务进行决策的核心地位，确保其他组织围绕基层党组织制定的目标共同合作。在社区实现城市化后，基层党组织以"为人民服务"为宗旨，发挥对社区治理的引领、服务、监督等重要职能，将城市新居民（非原村民的居民）中的党员纳入社区基层党组织，实行"双报到制"，有利于扩大基层党组织服务能力，实现从 3 000 村民到 35 000 居民的党群共同体，不断优化社区共治共享。

第三章

旅游带动发展：
陡坡村的乡村振兴路径

依托优越的区位优势和旅游资源，陡坡村已经逐渐形成以西游洞景区为依托、以乡村旅游为主导的旅游产业带动乡村振兴模式。在旅游产业带动下，村民年均收入明显提升，村集体收入显著增加，村容村貌有了极大改善，被评为云南省"2019 年度美丽乡村"。陡坡村旅游带动发展的主要经验在于，在乡村旅游发展过程中引入专业化的市场经营，同时在村集体和企业等市场主体之间构建合理的分配机制，并且依托政府配套的基础设施建设项目，推动乡村旅游的进一步发展，从而真正实现村民收入的提升与村庄的发展。

一、陡坡村概况

陡坡社区隶属于云南省昆明市五华区西翥街道，东临普吉街道，南邻团结街道，西邻永靖居委会，北邻龙庆居委会，社区总面积为 22 平方公里，辖区内共有耕地 799 亩，林地 11 515 亩，森林覆盖率 80%。社区下辖陡坡、香杆箐、西尖、柏枝园、梨花箐 5 个居民小组，社区居委会的行政中心位于陡坡小组（即陡坡村）。2019 年底，社区共有居民 406 户 1 502人，劳动力人口 962 人，从事第一产业 417 人，长期外出务工劳动力 545人，外出务工人口主要集中在乡外县内，占比高达 73%。2018 年底，居民人均收入就已经达到 19 430 元。

陡坡村小组（下文简称陡坡村）共有 177 户 628 人，白族人口占比高达 90％以上，是一个典型的少数民族聚居的村庄，也是目前陡坡社区建设成效最为显著的一个居民小组。作为昆明北部近郊旅游区昆禄线上出昆明城区的"第一村"，陡坡村毗邻普吉立交和乌龟山立交，距市中心 9 公里，距西北三环 1.5 公里，交通便利，地理位置优越，是昆明"半小时生态旅游经济圈"的重要组成部分。陡坡村具有丰富的自然文化旅游资源，整个村庄被天然森林绿圈包围，拥有西游洞溶洞群、黑松林、迎龙河、迎龙峡谷、小石林等自然生态景观，还拥有迎龙寺、清福寺、本主庙等众多人文旅游资源。村庄西北部有华山松覆盖的森林 6 000 余亩，林内有山茶花、马樱花、杜鹃等植物，被当地村民称为黑松林，是五华区内保护最好的一片原始松林，也是一座天然的大氧吧；社区东北部有一片约 1 000 亩的天然石林，林立着造型各异的奇石，被村民称为小石林，小石林北边有一条 5.5 公里的自行车骑行道，是村民与游客散步观光的休闲道，这一自行车道也曾作为山地自行车骑行赛的赛道；社区西南部与西尖小组接壤处有 800 余亩的樱花林，目前已经成功举办了 3 届樱花节，每逢樱花节都有大批游客前往樱花谷赏花、拍照，樱花谷西边还有库容量 330 万平方米的红坡水库。除此之外，陡坡村内的天然溶洞，目前已开发成了云南省内知名的旅游景区——西游洞，每年都能吸引大量的游客前来游玩，陡坡村内也已经开办了多家颇具特色的农家乐。依托于优越的区位优势和旅游资源，陡坡村已经逐渐形成以西游洞景区为依托、以乡村旅游为主导的旅游带动发展乡村振兴模式。在旅游产业带动下，村民年均收入显著提升，人均年收入即将突破 2 万元；村集体收入也大大增加，2019 年村集体收入达到 920 余万元；村容村貌有了极大改善，被评为云南省"2019 年度美丽乡村"。

二、陡坡村的历史变迁

（一）陡坡村的由来

陡坡村白族先民始于滇池地区，唐代西迁大理、洱海地区，元、明时期又从大理、洱海迁来，村里老村医从他的长辈口中听说："大理的白族是被派来收复滇池地区的，但是其在滇池战败之后逃亡到了仙桥洞里（现在的西游洞），取名为盘龙村。最初只有杨、李两大家人在洞里生活，后来逐渐繁衍人口，清朝后期开始迁下山，改名为迎龙村。村里这条河就叫作迎龙河，西北边小坡上去还有一个迎龙寺。"村里的老书记说："在旧社会，迎龙寺非常出名，与昆明筇竹寺齐名，规模相当，香火鼎盛。那时候没有学校，村里的小孩上学都是到迎龙寺去。"

据村史材料记载，清末民初年间，迎龙村是四川、元谋、禄劝等地区到昆明的必经之路，久而久之就形成了一条与四川相连的古驿道。有成群结队的马帮、商队来来往往，通过这条古道运送布匹、盐巴、茶叶等物品，村里有供人歇脚的马店，还有"三神爷""大转弯""三转弯""卖氿龙""饥喀脖""撑腰石"这六个歇脚处。现在村内仍然保留着三段宽度约五尺、陡立险峻的古驿道，那大大小小、深深浅浅、清晰可见的马蹄印无言地诉说着当年南丝路的繁华与喧嚣。

图 3-1　陡坡古驿道（茶马古道）与马蹄印

民国时期，迎龙村有个大户人家买下了昆明商贸中心——风翥街的整街铺面，按照老书记的说法"民国时期整条风翥街都是我们村的"。当时的风翥街主要由茶馆、饭馆、烤烟馆、骡马店、饼店和各色各样来来往往的行人构成，民国年间常有拉着马运货的人在风翥街交易商品（汪曾祺笔下的马锅头说的就是这群人，"三五七八个人，二三十匹马，由昆明经富民往滇西运日用百货，又从滇西运土产回昆明"）。他们是在风霜里生活的人，沿途食宿皆无保证。但他们有钱，运一趟货能得不少钱，他们的荷包里有钞票，有时还有银圆（滇西有的地方使银圆）甚至印度的"半开"（金币），他们连人带马住在风翥街的马店里，也是饭馆和烤烟店的主顾。

从代代相传的故事里，可推测陡坡村至少已有 700 多年的历史，从最初在山洞里避难的杨、李两户人家，逐渐繁衍，后来由于人口增加而迁下山，才有了现在陡坡村所在的村址。世代务农的村民，在古驿道的带动下，开始有了最原始的"经商"萌芽，逐渐发展成民国时期鼎盛的"凤翥街"，但从商的终究只是少数，先富起来的也是一小波人，大部分陡坡村民仍然过着自给自足的农耕生活。

（二）陡坡村的村名变迁

中华人民共和国成立以后，四清运动时期（20 世纪 60 年代），由于国家倡导"破四旧"，迎龙寺被推倒破坏。后来村民自发筹资重建了迎龙寺，但是由于重建后的审批证件不全，迎龙寺不再对外开放，名气也大不如前，除了当地年长的村民以外，几乎很少有人知道迎龙寺了。据老书记所说："在四清运动时期，每个公社都要有工作队，由县里领导任职，当时到村里的路还没有通，县里的大领导要翻山越岭到村里来，因路上有大大的陡坡，所以大领导就把'迎龙村'改为了'陡坡村'。"村中小亭子里纳鞋垫的那些老奶奶口中还流传着另一个故事："以前有很多土匪从山上下来，山势很陡，所以就把这个地方叫作陡坡。后来大家都传着说这个村是'陡坡那个村'，口口相传就成了'陡坡村'。"总的来说，陡坡村村名的由来与其四周环山、聚于峡底、山势陡峭的特殊地势有着密切的联系。而没有了香火鼎盛的迎龙寺，迎龙村以及曾经的那些村庄历史也渐渐尘封在老一辈的记忆里了。

图 3-2　陡坡村的老牌坊（迎龙）与新牌坊（陡坡）

中华人民共和国成立以后从迎龙村到陡坡村的村名变迁，可以称得上是陡坡村的历史拐点，陡坡村真正从聚居的村落变成一个有"编制"的村庄。人民公社的建立也意味着陡坡村村民自治的开始，从生产大队队长，到后来的村民委员会选举的村民主任，以及指派的村书记，陡坡村的村庄治理逐渐规范起来。此外，这一时期随着生产力的发展，村庄人口也在不断增加，周围的荒地不断被开垦利用，陡坡村的村域范围也随之扩张。随着改革开放与昆禄公路的开通，陡坡村的人口流动越发明显，大量青年劳动力开始外出务工，村里开始有了越来越多其他姓氏、其他民族的村民，这些村民大部分都是在这些年婚嫁过程中人口流动而来。同时，村里的宗族文化逐渐消逝，乡里乡亲之间对于姓氏家族的划分不再明显，村民的主要生计也由传统务农转变为外出务工。但总的来说，村民生活状况有了一定的改善。

（三）陡坡村的区划变迁

陡坡村的发展，也伴随着陡坡村的行政区划改革与不断变迁。在老一辈的记忆里，陡坡村与"沙朗"有着密不可分的关系。沙朗为彝语，意为沙多的坝子，明代至清代属沙浪里，清末为沙浪堡、头村堡辖地，该地因沙多而得名。民国十九年至三十八年间（1930年至1949年）该村曾隶属北新乡，中华人民共和国成立以后，1950年划为昆明县第五区辖区，1953年划为昆明县第八区，1956年该村开始隶属于西山区。1962年该村成立沙朗公社，并成立了陡坡大队，1984年改为沙朗办事处，1988年建立沙朗白族乡，1997年正式改为陡坡行政村，2000年设立了陡坡村委会。2004年昆明市区划改革，该村由西山区划归五华区管辖，2009年将沙朗乡与厂口乡合并设立西翥街道，陡坡村改为陡坡社区。2012年5月农改居，村民在户籍身份上由农业户口改为城镇户口。

可以说，城市的发展与扩张为陡坡村奠定了第一步发展的基础。昆明的主城区五华区原辖区面积很小（大约是现在一环的范围），后来随着城区的发展辖区的面积不断扩大。1998年，昆禄公路开通，正式打通了陡坡村与昆明城区的通道，加速了城乡之间劳动力、资本、信息的流动。在2004年的区划改革中，为了平衡各区的城乡人口，政府将陡坡村从农业人口居多的西山区划至了以城市人口居多的昆明主城区五华区，陡坡村也迎来了新一轮的发展。

三、旅游带动发展的振兴模式

（一）以西游洞景区为依托的乡村旅游发展

1. 西游洞景区的发展

陡坡村产业结构实现从农业产业向乡村旅游业的转型与西游洞景区的发展有着密不可分的关系，昆明城里的人不一定知道陡坡村，但是几乎没有不知道"西游洞"的。西游洞原名"仙桥洞"，是陡坡村辖区范围内的喀斯特地质溶洞，其地势洞上有路、路下有洞、洞中有河，沙朗河穿洞而过，自然形成这盘根交错之势，又名"天生桥洞"。明代散文家、地理学家徐霞客在《徐霞客游记》中称赞此洞"仙洞可观、天下奇洞"。10多年前，这里还是一个名不见经传的溶洞，后因西游记剧组在此地取下《西游记》洞景，一时声名鹊起，借着西游之美名和《西游记》中神奇幻化的故事背景，"西游洞"之名取代了"天生桥洞"，并因其浓厚的神话色彩而成为众人神往之境。陡坡村的先人们最早为了躲避战乱就躲在这些山洞里。据承包了西游洞景区的西游洞公园管理有限公司杨董事长回忆："2003年，在云南省大力宣传旅游、要建设旅游文化大省之际，我从中捕捉到了发展信息，当机立断，立志响应号召发展旅游事业。在寻访了五六个景点后，最终选择了人气最差、游客量最少、知名度最小的景区——西游洞，当时洞内很简陋，几乎没有什么设施，每天来的游客不到10人。后来我借以《西游记》拍摄地的名头，将'仙桥洞'更名为'西游洞'，还专门请策划专家为西游洞策划了广告语：《西游记》拍摄基地、徐霞客笔下的'天下第一奇洞'，离昆明市区最近的溶洞。"陡坡村的老村主任也补充道："我们理解

图3-3　西游洞景区

他们要做这个事情（开发景区）并不容易，刚开始是很艰难的，要把景区建好前期需要有很大的投资。最开始陡坡村把这个景区承包给他们，收的租金很低，他们一张门票5块钱都没什么人来，所以在发展初期，我们也给予了很大的支持。后来慢慢有些起色，我们租金也开始慢慢提起来。对我们村来说，这个景区好了我们才能发展好，这个景区如果垮了，对我们一点好处也没有。"

2. 陡坡村乡村旅游带动就业创业

2010年前后，西游洞就开始不断吸纳陡坡村村民实现本地就业。2015年前后，西游洞景区门口新建了西游美食城，美食城里的商铺只出租给陡坡村村民经营，每年仅收取6 000元租金，美食城的建立为在西游洞门口摆摊的村民提供了一个更加干净、卫生的营业环境，使得他们从小摊贩变身为商铺老板，收入也大大提升。目前，西游洞长期雇佣的60人中，有三分之一来自陡坡村，旅游旺季增加的近60名短期员工中也有一半来自陡坡村，可以说西游洞为陡坡村民提供了新就业岗位，让村民能够实现家门口就业。2017年，西游洞与陡坡村重新签订了70年的承包合作协议，将西游洞景区每年的承包费用提至90万元，以"5年一递增"的形式进行调整，即每5年加10万元租金。这笔承包费用将作为陡坡村的集体收入，用于村庄建设和村民分红，每年村民可以收到300至1 500元不等的分红，这些分红大部分都来自西游洞的景区承包费用。另外，西游洞景区为陡坡村村民发放免费门票，每人每年可以有3张免费门票，村民也可以邀请亲友一起来免费游玩。

3. 陡坡村乡村旅游带动农家乐的发展

西游洞景区的发展，也进一步推动了陡坡村乡村旅游业的发展，陡坡村开始依托其独特的生态资源优势，发展乡村旅游，开发出了800余亩樱花谷、小石林、黑松林等多个旅游观光景点，并计划将其与西游洞景区整合起来，共同申报国家3A级风景区。

乡村旅游的兴起也带动了陡坡村农家乐的快速发展。陡坡村现有绘福园、秫香居、陡坡农庄、白族人家、凤林园鱼庄、乡里人家共6家农家乐。其中，除了凤林园鱼庄由外地人承包以外，其余5家均由陡坡村民自己创办，且每家都各具特色，都有自己的招牌菜，比如秫香居以脆鱼为特色、绘福园以烤鸡为特色、乡里人家主要以羊肉为特色，游客可以根据自己的喜好选择不同的农家乐就餐。

绘福园是村里第一家农家乐，由老村主任创办于 2000 年前后，当时村庄北面的土地土壤贫瘠，不适宜耕种，因而他转换了思路，投资建设了当时辖区内唯一一家农家乐，早些年以休闲娱乐（棋牌、麻将、钓鱼等）为主，且设有住宿部（民宿），后来住宿部效益不佳，就将住宿部改为了餐饮，由于独家经营，其生意十分红火，规模也不断扩大，至今已有长期员工四五十人，最大客容量可以达到三四百人。现在的绘福园在昆明市已经小有名气，很多来自昆明的游客周末专程驾车前来，绘福园的热闹红火也为其他村民起了示范带动效应。

2013 年前后，随着西游洞景区的进一步开发，游客不断增多，陡坡村的农家乐也逐渐多了起来，白族人家、陡坡农庄等都是在这一时期开办的。白族人家位于陡坡村中心小公园北面，是北入村口的必经之路，由村民杨大哥一家人创办，共有 3 个铺面，白族人家餐馆由其儿子和儿媳经营，他的妻子在餐馆旁开了一家早餐店和一家便利店。早年这一家人主要外出务工，收入并不稳定，也借着当地旅游业发展的契机，这一家人开始在村创业。目前白族人家的规模还比较小，大堂只有五六桌，但由于比较平价，生意还算不错，常常有当地村民在这里改善伙食或者宴请朋友。

陡坡农庄位于陡坡村西面的陡坡上，农庄的老板是福建人，原是理发师，后来入赘到村里成了上门女婿，和妻子一起开了这家农庄。这家农庄的规模不太大，主要还是由于地势比较高，较为缺水，位置也不如绘福园、秫香居靠近公路这般方便，在一定程度上限制了它的发展。

秫香居是 2017 年前后开办的，位于南面迎龙牌坊正前方，由村民杜某在自家的宅基地上改建而成。据村民杜某回忆："2013 年前后我陆陆续续建了这些房子，总投资大约七八百万（元），除了两栋住房，还有一个餐厅和一个棋牌室，总共有 40 桌，最大客容量 200 人左右。我们农家乐人均消费 80～100 元，周末热闹一些每天大概有 30 多桌客人，一般每月收入 3 万～4 万（元）。我们的长期雇工就有 8～9 个，雇的是昆明（曾经的）贫困县禄劝县的人，那里的人比较能吃苦耐劳，一个月最低工资也有

3 000 元左右，包吃包住，闲时他们也帮忙打扫客房。厨师的工资比较高，一般 7 000 多元。周末忙时我们会雇一些村里的短工，一天 200 元左右。陡坡村里的人一般都是要做一些有技术含量的、工资比较高、没那么辛苦的活，尤其是我们家还要打扫客房，所以村里人不太愿意干。我们家另外还开了一家民宿，但是住的人不多，间断有一些游客，每年收入 3 万~4 万（元）左右。我们主要的收入还是来源于这家农家乐，平时主要接待游客，也有一些村民请客吃饭会过来，另外还有政府的一些接待工作。"

图 3-4　陡坡村农家乐绘福园与秋香居

（二）乡村旅游带动下的村庄发展

1. 村民收入的提高：从务农、外出务工到创业、本地就业的生计转型

　　陡坡村世代以务农为生，当地人称为"盘地"。"盘地"生活就是靠天吃饭，当地一般种一些水稻、蔬菜、水果，都是自行运到普吉、昆明去卖。从改革开放开始，全国各地工商个体户如雨后春笋般涌现，一些大城市开始兴办工厂，昆明市出现了各类工厂，陡坡村也开始有村民外出务工，一般都是到昆明的工厂去打零工，村民开始有了一些资金的积累。1998 年昆禄公路开通以后，由于离昆明城区较近，走出去的村民更多了，外出务工成了家庭的主要收入来源，这些打零工的村民也慢慢开始看到了城市的发展潜力，有一些比较大胆的村民开始自行创业，承包工程、开工厂、做生意。2010 年前后，已经建设了 10 年左右的西游洞景区开始慢慢发展起来，规模不断扩大，从"家族务工"慢慢开始转为向社会招工，而距离最近的陡坡村成了主要招工地。2012 年，陡坡村通过招商引资引进了一家水厂，水厂也在当地招聘了一些工人，这些年随着水厂规模的不断扩大，招工人数也在不断增加。2015 年前后，西游洞景区开始发展壮大，成了当地的热门景点，游客不断增多，伴随着景区管理公司规模的扩大，其在陡坡社区的招工人数也不断增加。最开始有一些农户自行到景区去摆摊，后来西游洞美食城建起来以后，这些摆摊的村民都搬到了美食城的商铺里。景区的发展使得村民的就业渠道大大增加，更多的村民可以实现就地就业，也有一些外出的村民选择回村创业，在村里开办农家乐、开商铺，村民的生计模式开始多样化，其家庭收入来源从务农、外出务工向本地务工转变，也有越来越多的村民有了资本的积累开始创业，农业经营支出下降，非农经营支出增加。

目前村里的就业和收入情况大致分为下面几种类型：①受雇于昆明市西游洞公园管理有限公司，在西游洞景区工作的有 20～30 人，一般工资 3 000 元左右；在西游洞美食城就业，美食城有商铺约 20～30 家，每家商铺一般 3～4 人，平均每户每月收入约为 5 000 元，在西游洞就业的总人数在 100 人左右。②受雇于水厂（云南山口饮品有限公司）的村民有 20 多人，每月工资 2 500 元左右。③受雇于农家乐的村民大约 20～30 名（6 家农家乐中有 5 家是本地村民自己创业开的，只有 1 家是外地人承包的），每月工资 2 000～3 000 元。④出租车司机约有 18 名，有一些是自己买车开，有一些是租车开，也有一些开滴滴，一般收入在 5 000～10 000 元之间，大部分开出租车的人都是早出晚归，白天去昆明开车，晚上再回到村里来。⑤有约 4～5 位自己创业的"小老板"，有一些是承包工地，有一些是外出做生意（有 1 户在昆明开了鸡蛋厂），收入有高有低。⑥有约 100 名村民自行外出打零工，主要从事餐厅服务员、服装店店员、保安等工作，工资一般也在 3 000～5 000 元左右。⑦有约 400 名村民仍然在务农，而这些农户一般都年纪比较大，也有一些年轻人但只在农忙时回村帮忙，平时的大部分时间都在外打工，老年农业和兼业农业的特点较为明显。由于耕地比较少，种植的水稻、玉米、蔬菜基本只能满足自家的日常生活，而桃子、杨梅这些水果可以用来出售，一般每户每年务农收入是 1 万～2 万元。

村民杜大哥的创业经历就是陡坡村城镇化发展过程的小缩影。据杜大哥回忆："我从18岁开始打工，在汽车运输公司上班，当时村里大部分人还在'盘地'，汽车运输公司在当时是国有企业，我在公司里开大货车专门跑运输。大约是80年代前后，当时昆明的工厂、公司开始多了起来，我们这一行的效益不断下滑。1990年前后，我开始转型个体户，因为以前跑运输对公路这一块熟悉，而且当时昆明在大搞建设，我觉得很有赚头，就开始做一些公路建设工程项目。最开始是给工程拉一些沙子、石子之类的原材料，因为我们村山多，有很多石头，所以我慢慢也开始办工厂，采石加工。后来办石厂的人也多了，竞争更大了，我靠着以前的一些积蓄开始包公路、做工程。大约有20多年的时间，我一直在昆明做各种生意，越做越大。2010年前后，我回到陡坡村开始建房子，最开始就想着自己住着舒服一些，也算是一种投资，后来西游洞景区火了，我就想着开个农家乐，我还专门在房子上头建了一个棋牌室，我现在年纪大了不想出去了，在家里做啥都方便些，一边养养老，一边再赚点钱。"

2. 村庄生活环境的改善：从"老、破、乱"到美丽乡村的变迁

沿着昆禄公路一路向北，远远就能看见一簇依山而建、青瓦白墙又融合了现代玻璃落地窗的"白房子"，村副主任介绍："白族传统住宅建筑多为土木结构，一般以台梁式和穿斗式混合结构组成。在昆禄公路修通之后，陡坡村民与外界的接触日渐增多，外出务工人数越来越多，也带来了村民思想上的转变。近10多年修建的新房，在建筑上，传统的土木结构

图3-5　陡坡村民居与照壁

大多被砖混结构、框架结构所取代，但在外形上仍然保留了'青瓦白墙水墨画，门楼照壁雕花窗'的传统白族风格。住房均为青瓦屋顶，白墙上绘着山川壁画，古朴简约，形成了既有白族特色又与时俱进的陡坡村特色白族风格。"

陡坡村的房子也并不是一开始就建成了现在的样子，初建时它与其他普通村落并无两样，各家各户都将自家房子建成自己想要的样子，有些外墙是红砖，有些刷了水泥，还有一些贴上了瓷砖，而让这些房子变身为"白房子"，还依托了政府的乡村建设工程与项目。据老村主任介绍："2007—2008 年，陡坡村开始进行新农村建设，集中清理乱柴堆、乱石堆，并对全村道路进行硬化，村庄环境有了极大的改善。2012—2013 年，陡坡村依托于'幸福乡村'项目，开始对全村民居进行外立面改造，刷白墙、加青瓦、添水墨画，实现了民居的'穿衣戴帽'，并对全村绿化进行提升。该项目总投资 400 万元，其中政府补助资金 230 万元，社区自筹170 万元左右，由于经费有限仅完成了全村 40% 左右的民居外立面改造。2014 年，依托于市级美丽乡村建设项目（美丽乡村是幸福乡村的升级版），完成了全村剩余 60% 民居的外立面改造，并且将台阶及部分入户道路升级，铺上了青石板，添置大理石围板（栏杆），由此全村的村容村貌有了进一步提升，也就有了现在我们看到的这些整齐的'白房子'，成了名副其实的'白族村'。"

图 3-6 过去的陡坡村与现在的陡坡村全貌

3. 村庄集体收入的提高：从负债到近千万收入的飞跃

社区与居民小组两条治理主线是并行关系，社区主要负责上传下达，将上级的各项通知、各项目拨款传递给各居民小组，居民小组负责组内的集体资产管理以及公共事务的维护。各居民小组的集体资产自行管理运营，集体收入主要来源于土地出租、公房出租、土地征收、占地补偿，集体支出主要用于厕所保洁、绿化维护、水网整修等各项公共服务。

依托于滇中引水项目的占地补偿、西游洞景区的土地承包费以及水厂（云南山口饮品公司）的土地占用及水资源费，陡坡村的村集体收入已经实现了从负债到每年近千万元收入的飞跃。西游洞景区承包费、水厂租金和水资源费等为每年固定收入，一般为 100 万～200 万元，此外其余各类政府项目资金、村民租地租金、用地补偿款等也都将近 100 万元。这些收入主要用于社区的日常管理与经营，除去划拨社区 30 万元左右的管理费以外，每年约有 50 万元用于村内水管维修、打扫卫生务工费、公厕改造与维护、老年中心改造与建设、村内集体电费、各类政府项目规划设计费等各类村庄公共服务。2019 年，陡坡村还有来自滇中引水项目租地补偿款 610 余万元和滇中引水项目青苗补偿款 93 万元的一次性补偿收入。

4. 村庄公共服务水平的提升：从薄弱到优化

在 2012 年的户籍改革中，全体村民的户籍身份已经从农业户口改为城镇户口，但是村里的居民社会福利仍保持不变。在养老方面，陡坡村大多数村民仍然享受新农保待遇，也有部分村民自行购买失地养老保险。在电力水利方面，目前村里供电由国家电网统一负责运营与维护，生活用水则由各个小组负责接管网、引山泉水，陡坡村用水是免费的。在交通方面，村内道路一般由村集体自己负责修建（没有纳入市政范畴），或者依托"一事一议"财政奖补项目的资金补助修建，道路的维护由陡坡村自行负责。目前有一条城乡公交路线（C101 路）经过陡坡村，票价从最开始的 2 元已经涨至 6 元，始发站为西山区眠山车场，终点站为五华区的龙庆贰村，途经陡坡社区、西游洞景区，但由于路线比较长、候车时间太久，所以村里慢慢地就没有人再选择乘坐城乡公交进城了。因此后来也就有了私人运营的面包车（当地人称为微型车），票价 5 元，一般需要买菜、卖菜的村民都会提前约上面包车，减少候车时间。村里大部分人都购买了私家车，私家车的价格一般为七八万元，村民称为"代步车"，主要是为了进城方便，村民之间也相互"搭便车"。目前村内有一条主干道是单行道，经常堵车，到了周末游客比较多，甚至需要交通员引导才能缓解"堵塞"问题。因而陡坡村下一步计划在村庄南边重新修一条400米左右的公路，在迎龙牌坊边空地上修建一个停车场（大约10亩），目前已经修建了一个3A级旅游厕所作为停车场的配套设施。在保洁卫生与环境美化方面，陡坡村建有垃圾房，每个村民需要交纳10元/年的垃圾清理费，由小组统一收齐之后上交给西翥街道，由街道整合市区财政的配套经费，每人再补贴10元/年，返给社区再划拨给居民小组，最后以政府购买服务的形式由云南省北控环境服务有限公司统一负责垃圾清运与卫生维护。陡坡村居住较为集中，共建有3个垃圾房，保洁公司每周清运一次。陡坡村的5个公共厕所中也有2个是由保洁公司负责清理维护，其余3个目前是由村小组自行负责运营与维护。目前，村里有2个保洁员，也是以政府购买服务的形式，由保洁公司统一聘请村民负责村里主干道的保洁工作。

四、陡坡村乡村振兴的经验与启示

在改革开放的浪潮和城市不断的扩张之下，陡坡村这个世代靠"盘地"为生的村庄，随着道路交通条件的改善，开始逐渐融入城市化发展，走出去的村民不断增多，这些走出去的村民从务工到自主创业、办工厂、做生意，在城市有了原始资本的积累，实现了劳动力进城与城市资本进村的双向流通。除此之外，这些进城的劳动力人口还为村庄带来了城市中新的发展理念与技术，为村庄注入了新活力。

进入21世纪以来，陡坡村依靠政府的资源与力量，在乡村建设项目的扶持下，实现了村容村貌的极大改善；在社会资本（西游洞公园管理有限公司）的撬动下，陡坡村已经逐渐形成以西游洞景区为依托、以乡村旅游为主导的旅游带动发展乡村振兴模式，进一步推动了陡坡村村民生计的转型。村庄的支柱产业也从传统农业转变为乡村旅游业，村里的农家乐、旅游商铺不断涌现，一些村民开始从农民变成"小老板"，收入较过去也有了很大的提升。除此之外，陡坡村的村集体收入大大增加，为村庄社会公共服务的优化奠定了良好的基础。

（一）乡村旅游资源的市场化经营

陡坡村乡村旅游的发展与其他乡村旅游模式最大的区别就在于引入了

专业化的市场运营。西游洞景区由西游洞公园管理有限公司负责具体的管理与运营，该公司向陡坡村承包了其村域内的自然溶洞，在后续的发展中，该公司与时俱进地推出新景点，大范围地铺设广告，聘请专人设计"《西游记》拍摄基地——徐霞客笔下的'天下第一奇洞'"等广告词，将西游文化注入景区的各个元素里，从而吸引了大量城市游客。而传统村庄的乡村旅游由村集体主导，短期内难以真正实现专业化的市场经营，因而常常出现"昙花一现"的情形，以旅游节或美食节等噱头吸引一波游客，但无法形成长久持续的吸引力。专业化的市场运营通过其对市场敏锐地捕捉以及现代化、市场化的经营方式，能够不断挖掘乡村旅游资源，激活乡村旅游要素，注入乡村旅游文化，从而为乡村旅游提供源源不断的市场动力。

（二）乡村社区与市场运营者之间相对公平的分配机制

陡坡村乡村旅游带动发展模式能带动村民收入提高与村庄整体发展的关键在于乡村社区与市场运营者之间相对公平且合理的分配机制。以外包的形式发展乡村旅游常常会出现乡村旅游资源收益外流的情形，外包的企业攫取了乡村旅游资源开发过程中的大部分收益，而村集体和村民只能享受一小部分收益。西游洞景区管理公司与陡坡村集体之间关于承包的具体协议规定了承包经营费用并非一成不变，而是要根据运营情况进行五年一次的调整，这一契约形式为村集体带来了稳定的集体收入来源。同时，西游洞景区对外招工优先聘用陡坡村村民，不管是否占用了该村民的土地，只要其是陡坡村民都将享有优先的聘用权，这也在一定程度上提高了陡坡村民的当地就业率。此外，西游洞景区筹建的美食城不对外招租，只以低价转租给曾经在景区门口摆摊以及想要从事餐饮业的陡坡村民，这样的优惠租金从某种意义上看也是一种利益的转移。合理的分配机制将村庄、村民与景区运营公司联结在了一起，实现利益共享，这也成了景区的旅游发展能够带动村庄及村民发展的核心机制。

（三）乡村发展仍需政府配套的公共基础设施改善

政府资金和项目配套改善了乡村公共基础设施，为乡村旅游发展奠定了良好的基础。单纯依靠景区发展带动村庄发展及村民收入的提高仍有一定的局限性，虽然村民能够获得村集体收入增加带来的分红以及一些新的就业机会，但是这并不能直接带动所有村民"致富"。陡坡村的经验表明，要使村庄发展起来，不仅要有外部的推动，自身的发展与建设也尤为关键。在陡坡村发展过程中，政府的各类项目支持显得尤为关键，尤其是在2007—2015年间以乡村旅游发展为主导的各类乡村环境改善提升项目，对陡坡村村容村貌的改善发挥了极大的作用。这一过程中，除了政府很难再有一个主体能够为村庄的基础设施提供这样大的资金支持，而基础设施和村庄环境的改善从另一方面促进了陡坡村乡村旅游的快速发展，也为后续樱花谷、黑松林等旅游新项目的开发奠定了基础。

第四章

大旅游富村：
五棵树村的"以旅哺农"实践

旅游业曾在促进贫困地区脱贫致富、提升农业竞争力、调整农村产业结构以及促进农村地区非农化和城镇化方面都发挥了积极作用。云南省昆明市石林彝族自治县五棵树村，位于石林世界自然遗产地核心保护区的特级保护区范围内，依托石林风景区发展旅游，带动了本村的非农化和城镇化进程。在国家乡村振兴战略背景下，五棵树村通过"村企合一"来发展"以旅哺农"的路子，坚持"保护第一"的适度旅游开发，最大程度上平衡当地政府、石林景区和村寨村民的诉求，尤其重视村寨村民在发展中受到的影响，最终实现政府、景区和村寨村民的三方共赢，做大做强乡村旅游经济，让旅游业成为当地的支柱性产业。目前，五棵树村人均年收入4万元左右，是石林彝族自治县名副其实的"彝族第一村"。

一、五棵树村概况

五棵树村位于昆明市的东北部，平均海拔1 728米，属于亚热带季风气候，距离昆明长水机场约80公里，高速公路傍村而过，交通便利。它隶属于石林彝族自治县，坐落于有世界自然遗产、世界地质公园等称誉的石林国家5A级旅游风景区西北侧。五棵树村有老村与新村，老村位于石林风景区内，后因景区发展需要村民搬迁至新村，新村也紧临石林景区，距离风景区大门仅1公里。

五棵树老村位于石林风景区核心保护区域内，与石林主景区的主干道隔湖相望，与景区道路首尾相连，地理位置十分特殊。随着石林景区旅游业的不断发展，石林景区建设用地、绿化用地、生态建设用地不断增加，五棵树老村的集体土地面积呈现出下降趋势，人均耕地面积不足一分（约66.7平方米），形成了人多地少的局面。过去，老村内缺乏统一的规划设计，建筑设计杂乱，缺乏特色，环境卫生条件差，影响了石林风景区的景观风貌。为了更好地对景区开发做出统一规划与管理，五棵树村在2010年进行了整体搬迁。从此，搬迁后的五棵树村有了一个更为响亮的名号——中国"彝族第一村"。

五棵树新村位于石林旅游服务区南区小菁村南面，距石林景区大门1公里，距石林县城9公里，其建设用地375亩，预留发展用地109亩，总建筑面积达120 000平方米，村民住宅面积达81 880平方米，商业店铺19 400平方米，公共建筑面积6 800平方米，农工商公司建筑面积5 000平方米，民族工艺品交易中心2 600平方米。村内目前有49户开办农家乐共计4 320平方米，建筑密度为28.3%，容积率为0.48，绿化率为50.2%，道路广场率为21.5%，景观水体7 000平方米。新村搬迁总投资约2.5亿元，安置村民400余户。

图4-1 五棵树新村街景

五棵树村坚持走"以旅哺农"的道路，依托石林国家级风景名胜区的庞大客源市场，大力发展乡村旅游与少数民族体验，打造石林景区的新景观，以集体经济带动个体经济，实现了五棵树村经济的可持续发展、村民收入的稳定增加。在文化上以彝族撒尼文化为主线，兼收并蓄彝族其他分支的文化，让游客能够一站式体验彝族的整体文化。按照以人为本、可持续发展原则，科学规划"第一村"空间，建设成一个休闲度假与观光旅游一体的撒尼民族新村。整个村的建设错落有致，分为居民住宅区、公共活动区、商业经济区、文化展示区、旅游购物区、休闲娱乐区、商住开发区七个功能区，集居住、旅游、休闲、娱乐、购物功能为一体。新村规划构思以彝族乐器"月琴"为灵感，通过入口广场、民俗风情商业街、葫芦广场、斗牛场、农家乐这一主线让游客感受到原汁原味的民族文化。

五棵树村现有 423 户共 1 183 人，其中彝族撒尼人占到总人口的94%，保留了浓厚的彝族撒尼文化气息。五棵树村先后被省、市、县各级政府评为"民族团结示范村""美丽乡村示范村""平安家庭示范社区（村）""巾帼示范社区（村）""农村创业示范村"等。近年来，五棵树村以打造全域旅游村寨为目标，以党建为引领，全面加强基层党组织、基础设施、旅游配套等方面的建设，致力于产业转型、民族文化氛围营造，发展文化旅游、生态农业旅游等，带领村民谋求发展、增收致富。2018 年五棵树村民年均收入已达 34 000 元，是石林县远近闻名的富裕村。

二、五棵树村的历史沿革

五棵树村是一个彝族聚集的少数民族村落，它最早的历史可以追溯到清末时期，作为彝族的一个分支——撒尼支系，撒尼人在这里经历了数代人的繁衍与发展。该村一开始的选址是在现石林风景区管理局职工住宅一带，村名为"富五村"，但是那时村里的小孩多半于幼年夭折，成年人也多身体有恙，在撒尼神灵使者毕摩①指导下，他们认为该地四面环山、地处低洼、风水不好，出于对神灵自然的崇拜和信仰，500 多年前举村搬迁至现在的石林景区内，选择了居住于山坡，围绕石林湖建村。附近的货郎往来，常在该地停留、歇脚，以路上五棵百年参天大树作为标志，并将此地称为五棵树，后来"富五村"也正式更名为"五棵树村"。

曾经，彝族社会是一个以奴隶制为基础的等级森严的阶级社会，撒尼

---

① 毕摩是彝族从事原始宗教和文化活动的人，是彝族传统文化的传承者，被彝族视为神灵的使者。

在彝族里是一个末等的支系，处于彝族社会的底层，不能和高血统的氏族支系通婚。较低的社会地位，往往意味着社会的边缘化，以及在资源获取过程中的弱势。在当时以血缘为联系的自然村落中，撒尼人被紧紧地禁锢在五棵树村，生于斯、长于斯、逝于斯，形成了独特的地缘政治。土司制度、毕摩制度在当时的社会治理过程中发挥着重要的作用。土司作为当地的行政长官，负责当地社会的治理；而毕摩则是彝族与神沟通的代表，负责了祭祀、诵经等重要的宗教活动。土司和毕摩文化共同维系了古老的撒尼村寨里的社会秩序与道德秩序，形成了独特的撒尼文化。五棵树的撒尼人，在石林里艰难地谋生，以耕种为生，产出来的粮食勉强维持一家温饱，很少能有余粮进行交换，更谈不上贸易。

在解放战争时期，五棵树村虽没有成为主要的战争地点，但是边纵战役的第二次会谈在五棵树村召开。边纵战役的第二次会谈是一次关乎昆明解放事业的重要会议，1949年8月，经过中共中央的介绍，边纵司令朱家璧等人在五棵树村举行会谈。这次会谈主要分析了当时的解放战争形势，深刻地认识到国民党部队的必败趋势，明确了共产党的执政方针，坚定了向人民靠拢的决心，并且着重讨论了卢汉起义、云南保安部队以及边纵情报问题，为"边纵"在组织、军事上争取了主动，为解放云南创造了有利条件，也促成了卢汉将军的和平起义，使得昆明完整地回到了人民手中。

中华人民共和国成立以后，虽然土司制度和毕摩制度被取消，但是，五棵树村依然延续了传统的社会结构，以血缘为基础的氏族林立。氏族间的矛盾在五棵树村中凸显出来，据当地村民回忆，"当时不同家族之间矛盾很深，互相都在防着"。家族间的矛盾，多是因为资源的分配。喀斯特地貌给予了五棵树独特的石林风景，却也给了他们贫瘠的土地，五棵树村位于石林风景区的核心地带，地表多山石，地下则是溶洞，水分无法储存在土地里，而是顺着石缝下渗到地下溶洞，形成地下河

图4-2　五棵树村"长了"很多石头的土地

流。在以农业为主要收入来源的当时，五棵树村民虽然在石林中艰难地开垦出土地，努力干活，却常常流于温饱边缘。20世纪70年代，周围十里八乡都流传着一句话，"有女千万不要嫁到五棵树村"。同周围乡村相比，五棵树村的经济相对落后。

三、五棵树村"以旅哺农"的乡村振兴之路

石林的旅游业由来已久，东汉时期就有了记载，李子菁石林的石壁上有狩猎图，用以记载当时出游打猎的场景；元代时，石林有了石门的记载；明清时期，"多有迁客骚人，会聚于此"；到民国年间，时任云南省政府主席的龙云来到石林，并且题下了"石林"二字，石林风景区从此活跃在众人面前；中华人民共和国成立后，石林更是作为独特的自然景观，吸引了来自国内外的目光。旅游的持续稳健发展，也为石林带来了众多的头衔和称号。1982年，石林景区被国家建设部评定为全国首批重点风景名胜区；1998年，石林风景区所在的路南县更名为石林县，知名度得到进一步的提高；2004年，石林被联合国教科文组织评为首批世界地质公园；2007年，石林与武隆、荔波一起组成"中国南方喀斯特"，被联合国教科文组织列入《世界遗产名录》。至此，石林名声大噪，石林县的产业结构也随之发生了调整和变化，旅游业逐渐被作为支柱产业加以培育和发展。

石林风景区自1931年建园以来，景区建设和旅游发展共经历了四个阶段：第一阶段是1950年至1977年，是石林风景区的建设开发初期，这一阶段的旅游主要是外事接待型；第二阶段为1977年4月卖出第一张门票至1992年6月石林管理局和旅游局成立，这是石林旅游产业的初始阶段；第三阶段是1993年至2007年，是石林景区旅游支柱产业建设时期，石林景区成为世界遗产，全县旅游实现了跨越式的发展；第四阶段是2010年五棵树村搬迁之后，石林景区开始创建世界一流景区、打造国际旅游胜地。随着石林景区在不同阶段的发展，五棵树村作为石林景区核心区域内的村庄，其发展变迁也受到石林旅游业的深远影响，从一个依靠农业的贫穷落后的村庄转变为一个以旅游作为其支柱产业的现代化社区。

（一）改革开放后五棵树村旅游业的萌芽

改革开放以来，各行各业迸发出了蓬勃的生机。石林县看到了旅游产

业的商业价值，重点打造石林风景区。依托坐落于石林风景区的地缘优势，五棵树村贫穷落后的状态开始发生了改变。在旅游业快速的发展中，村民们看到了旅游业所带来的巨大利益，自觉或者不自觉地投入到了旅游业中，实现了从传统的农业生产向非农业生产转移的过程，走上了不同于传统农民的道路。

村民们最早在景区内售卖民族刺绣等手工艺品、出租彝族服饰、做导游等。凭借着得天独厚的地理位置优势，以及对于石林景区的熟悉程度，五棵树村民将"靠山吃山"做到了极致。也正是从那时起，五棵树村搭上了石林旅游业的快车，村庄经济大大改善，成为石林风景保护区旅游开发程度

图4-3　五棵树老村旁的石林湖

最高、也是自旅游开发以来变化最明显的村寨。越来越多的五棵树村民进入旅游服务业，曾经以耕种为生的农民，今天都投身于商品经济市场。

20世纪80年代至90年代，五棵树村旅游产品以民族特色刺绣和工艺品为主。撒尼女性擅长刺绣，她们将自己制作的绣品带到景区门口进行出售，购买者主要是海外游客、公务游客。这类生产经营模式下的产品材料天然、工艺精湛，传统特色十分鲜明突出，售价也较高。这是原生态绣品商品化的鼎盛时期，但局限于当时的条件，村民无法形成有效的专业化分工和批量生产，设计、生产和销售等环节往往由同一主体来完成，产量较小，造成产品市场占有率小，无法形成规模效应，是一种非常初级的商品经济形态。1995年前后，一些有远见的人开始率先变革，采用现代化技术设备进行工业化大规模专业生产，但多以外地人进村办厂为主。来自四川、湖南等地的外地人来到村里租房搭建小厂，用机器设备来代替手工制作，机绣因其产量高、价格低等优势逐渐取代了传统的手工刺绣，村子里到处可见外地人开办的机绣作坊，而且外地人的销售网络远远超出村民

过去的传统渠道。五棵树村妇女们的刺绣事业面临极大的冲击，也开始逐渐转向。

随着旅游经济的发展，外地手工业者和商贩也陆续进驻到五棵树村，外来人口的流入使五棵树村不可避免地出现了租房和建房需求。从20世纪90年代初开始，30余幢房屋开始兴建，多为2层以上的砖混结构房屋，明显区别于村民传统的撒尼住宅。一位过去开旅馆的村民告诉我们，在顶峰时期，他家的客栈有60余间客房，其中40间都为导游和外来打工人员长租，剩余20余间为团客短期租住。这一时期，村中发展餐饮、住宿的村民增多，收入也大大增加。但这也让临时性搭建现象在五棵树村弥散开来，五棵树村呈现出无序发展的态势，缺乏统一的规划引导。村中新建房屋五花八门，私搭乱建现象较为普遍，公共设施严重匮乏，与民俗旅游生态村落的发展要求渐行渐远。

图4-4　拥有60个房间的旅馆如今已经废弃

从改革开放到20世纪90年代初期，可以认作是五棵树村旅游业的萌芽阶段，其主要特征为：第一，村民生计模式产生了较为明显的变化，村民自发进入到旅游业态中，逐渐从农业生产转变为刺绣和工艺品零售、导游、餐饮和住宿等旅游相关生产。第二，旅游业的兴起提高了村民的收益，同时村民面临着来自外部市场的挤压，无法有效应对和缓解这种压力。越来越多的外来人进入到村庄，与村民形成了合作和竞争，村民们的传统技能如刺绣等越来越不能满足市场化的生产需要。第三，旅游业的发展加剧了村庄生态环境的恶化，对环境承载力也提出了更高的要求。在管理缺失的情况下，人流量的急剧加大使得生态环境日益恶劣，对村落及石林景区的自然景观造成了破坏，也威胁着整个景区生态环境的保护和发展。如何把五棵树村的经济发展与景区的旅游发展和保护相结合，如何在发展石林旅游的基础上，更多地保护村民的收益，成了亟待解决的问题。

（二）申遗过程中五棵树村农工商总公司的规范管理

根据相关资料显示，石林的申遗之路并不顺利。1991 年，石林风景区在云南最早提出申报世界自然遗产，但由于技术准备不充分，石林主动撤回了申报申请。从 1992 年起，石林历届县委、县政府和广大人民群众在中央、省、市各级各部门的关心、支持、帮助下，为申报世界自然遗产进行了长达 15 年的努力。2004 年，联合国教科文组织"世界地质公园"专家评审会投票表决，通过石林等中国八大景观入选首批 25 个"世界地质公园"名录。2005 年 9 月，建设部决定，以云南石林、贵州荔波和重庆武隆为代表的"中国南方喀斯特"，将捆绑申报世界自然遗产。为顺利申报世界遗产，石林景区累计投入整改资金 2.84 亿元，对老景区进行拆迁改造和景观修复，对景区周围、县城、石林镇和公路沿线等片区进行街景风貌改造、村寨改造、建筑物外观包装和生态修复，全面启动景区建园 76 年来投资规模最大的提升改造工程。

为了配合石林县旅游产业的发展，上级政府批示，五棵树村应大力配合景区建设。由于石林景区里面大部分土地资产属于五棵树村，故当时政府建议，五棵树不宜成立村委会、居委会，而应成立农工商集团总公司（以下简称"总公司"）。因此，在五棵树村成立村委会前，先于 1993 年成立了总公司，成为自负盈亏、独立核算、兼顾农业和商业的民营经济实体，这也标志着五棵树村从一个自然村落完成了向现代化的初步过渡。

1993 年，五棵树村成立了石林景区管理局下属的农工商集团总公司，一套班子两块牌子，成了集工农商为一体的经济实体。公司依托石林风景区，大力发展以旅游业为龙头的第三产业，如日用百货、照相、民族刺绣、摄像、餐饮等，拥有临街商业网点、综合服务楼、租衣部、摄像部、彩扩服务中心等集体企业和一部分合资企业。总公司完成了五棵树村的市场化改造，完全遵照市场经济准则开展相关管理工作。领导班子由石林风景区管理局直接任命，一方面要促进五棵树村的经济发展，另一方面也要兼顾风景区的利益。五棵树村村民成为总公司的员工和员工家属。总公司承担着村民的各种提留和统筹，每年按在册人口分派红利。除此之外，公司里干部群众也依托旅游业发展的相关产业就业。经过公司的管理，景区内的导游、照相、服饰出租等服务业日渐规范，为石林景区树立品牌形象奠定了基础，村内的百姓正式成为了在石林景区工作的主要部队，五棵树村民的经济收入有了较大的提升，周围村子的传言逐渐变成了"有女千万得嫁到五棵树村"。

五棵树村的基层治理也在这个过程中得到了发展。1993 年农工商集团总公司成立时，其党组织也就是总支委员会等领导班子，是由石林风景名胜区管理局考核任命，不是由群众选举产生的。直到五棵树村发展越来越大，群众逐渐提出希望恢复自我管理的民主政治权利，自己选举产生代表自己切实利益诉求的领导班子。2011 年，五棵树村进行了第一次村民委员会选举，正式成为行政村。据村干部介绍，1998 年以前五棵树村集体每年的收入也就是 10 万～20 万元，自 1998 年五棵树村接管了集体商铺之后，才有了较为可观的收入，1999 年的收入就突破了 100 万元。很显然，五棵树村并不仅是一个单纯的行政村，而是一个包含了石林风景名胜区管理局、农工商总公司和村委会三方利益的复合体。

伴随着石林长达十几年的申遗过程，五棵树村村民的土地也逐渐随着景区的开发而被征用，每户剩下的土地不足一分（约 66.7 平方米），五棵树村村民逐渐变成"失地农民"，少量的土地难以负担村民的生活，以耕地为主要收入的谋生方式受到了冲击，但村民也迎来了新的契机。为保障村民受益、保证村民的就业市场、吸收更多的村民进入到劳动市场，五棵树村开辟出了"农民变员工"的就业新道路。不同于旅游业萌芽时期散漫的、以家庭为单位的私人经营模式，在申遗过程中，五棵树村依靠总公司和石林风景管理局的双重保障，让大部分村民进入到石林风景区内就业，无论是从就业份额还是受益程度等方面都远远高于其他村庄。他们说，"只要想在景区干，就不愁没有事做"。当地村书记也说，"石林风景区的工作，先保障五棵树村村民，有多的岗位才会拿到外面去，招聘其他村的村民"。这种强有力的就业保障既能够满足村民从农民转向"员工"和"股东"过程中的就业需要，又能够对景区进行统一规划和管理，最大程度保护石林风景区的生态环境，在旅游开发与保护和农民生计保障之间得以平衡。

图 4-5　五棵树村在景区内设立的经营点与在景区就业的村民

另外，得益于农工商总公司的规范管理，五棵树村村民和景区之间的关系也得到了较为妥善的维护。石林景区的发展需要得到五棵树村的支持：一是征地，多年来，景区征用五棵树村的土地高达几百亩，五棵树村人均占有耕地逐年减少，现在几近为零，不解决五棵树村农民的就业问题，征地工作显然就无法顺利进行；二是管理，五棵树村与石林景区地理上相互交融，很难有明确的分界线，农民自带游客入园、荒山绿化受阻等问题，容易导致景区管理部门和五棵树村村委会之间的矛盾，而优先解决五棵树村村民的就业，则是一种双赢且不得不走的路径。在总公司的管理下，过去零散地从事旅游服务业的村民开始了系统的组织化过程，组建了照相队、租衣队等。一方面，纳入景区工作的这些村民每人每年向集体缴纳 500 元的管理费补充集体经费，另一方面，村民的收入则是按劳分配，多劳多得。在这种机制下，大量村民被吸纳到景区旅游服务业中，既保障了弱者的基本收益，也促使村民努力提升自身的竞争力以获得更高报酬。

（三）申遗成功后新村的建设与发展

2006 年 7 月底，国家建设部及申报地联合组成申遗专家组，在石林进行了为期 4 天的实地考察模拟演练，专家组要求加快搬迁核心区内村庄的进度。2 个月之后，联合国教科文组织世界遗产委员会派出专家组，对石林世界自然遗产提名地进行实地考察评估，考察组提出明确要求，为有效保护遗产资源，应逐步外迁核心区内的居民。2007年，在第31届世界遗产大会上，"中国南方喀斯特"顺利通过审议，成为中国的第34处世界遗产，第6项世界自然遗产。中国政府承诺3年内完成核心区居民外迁。

1. 五棵树村的搬迁

根据石林县的公开资料显示，石林遗产地由核心保护区和缓冲保护区两部分组成，总面积达350平方公里，其中核心保护区由特级保护区（44.96平方公里）和一级保护区（62.10平方公里）组成，而五棵树村就处于石林遗产地的核心保护区域内。相关部门严格遵守《石林风景民生区保护条例》，努力践行《世界遗产公约》中"人与自然和谐发展"的准则，贯彻"严格保护、统一管理、合理开发、永续利用"的方针理念，始终将遗产地的保护放在首位。由此，五棵树村的整体搬迁工作成了石林遗产地保护和发展的重点内容。

图 4-6　搬迁前后农户民居对比

为了做好五棵树村的整体搬迁工作，石林彝族自治县政府于2009年印发了《五棵树村整体搬迁补偿安置办法的通知》，通知强调，五棵树村整体搬迁是有效保护石林世界自然遗产资源的迫切需要，是县委、县人民政府深入实施旅游立县战略、创建世界一流景区、打造国际旅游胜地的重大举措之一，是加快五棵树村生产、生活和经济社会又好又快发展，以及提速石林旅游二次创业进程的重大决策。2010年，为响应保护石林喀斯特世界自然遗产地的号召，处于核心保护区的五棵树村正式开始搬迁，集体安置到距离老村和景区不远的新村。为与五棵树村的文化特色和民族特色相呼应，五棵树村正式改名为“彝族第一村”。至 2012 年，绝大部分村民完成搬迁，依据搬迁政策和安置措施住进了 150～250 平方米不等的独栋二层新房，423 户撒尼人家从此居住在新村的别墅社区中。对于村民来说，他们几乎不需要承担额外的费用，就能住进新的房子。村书记说，“没搬迁之前，整村户均资产不到 10 万元，现在户均资产光是房子就高达 70 万元”。尽管村民普遍认为老村更有地理优势，更有利于他们进入到景区或者在景区周围从事旅游业，但他们也还是发自心底地承认，新村的居住条件等硬件设施要大大好于老村。村内现在公共设施一应俱全，有广场、幼儿园、卫生院等，也有了承接村内各种宴会的待客大厅，村民的红白喜事都有公共空间得以开展。可以说，新村在设计和规划上都极大地满足了五棵树村民的生活需求。

2. 五棵树村的建设

新村的规划与建设坚持走“以旅哺农”的道路：经济上依托石林景区庞大的客源市场，大力发展乡村旅游和休闲体验游，打造石林景区的新景观，以集体经济带动个体经济，实现经济的可持续稳定发展，村民收入的稳定增加；文化上以彝族撒尼文化为主线，兼收并蓄其他彝族分支的文化，以村落为展示背景，以生活化、原生态的方式传承和发扬彝族文化精华，给游客完整的彝族文化体验及充足的休闲娱乐空间。整个村的建设错落有致，分为居民住宅区、公共活动区、商业经济区、文化展示区、旅游购物区、休闲娱乐区、商住开发区七个功能区，集居住、旅游、休闲、娱乐、购物为一体。新村规划构思以彝族乐器“月琴”为灵感，通过入口广场、民俗风情商业街、葫芦广场、斗牛场、农家乐这一主线让游客感受到原汁原味的民族文化。700 余名村民在家门口实现了就业。通过配备专职保洁员、完善垃圾清运工作等方式，新村彻底改变了老村

图 4-7 “彝族第一村”综合办公楼

"脏乱差"的面貌。村庄每年投入 20 余万元举办摔跤、斗牛、大三弦等传统民族文化活动，让游客人数从搬迁前的每年 50 万人次增加至目前的每年 300 万人次。

通过"村企合一"的发展模式，五棵树村村民在景区内的旅游服务已经达到了现代化企业运营管理的水平。首先，村民在石林景区的经营行为要遵守企业的运营管理规则。例如，景区内提供民族服装出租和照相服务的人员排班采用了分组轮休的安排方式，从事民族服装出租的被分成不同的小组，以小组为单位经营，工作 3 天休息 1 天；从事照相工作的村民工作 1 周休息 1 周。轮休有利于消除就业拥挤以及由此产生的恶意竞争。轮休规则的确定并不是随意的，而是根据村民共同接受的工资水平来确定。其次，集体经营也确定了较为公平的运作秩序，例如村民工作地点轮换制度。由于景区内不同景点的游客流量大相径庭，生意也随之有好有坏，地点轮换有利于避免村民收入的极化。类似的管理运营制度的推行，一方面有利于村民的合作，避免村民之间的恶意竞争。另一方面，有利于维持景区良好的经营环境，树立景区经营秩序。五棵树村也将提升景区服务质量的细则列入到村规民约当中，要求全体村民必须遵守。这种"村企合一"的发展模式，使石林风景区的企业化经营得以保障，同时使五棵树村失地村民的就业得以保障。

图 4-8　新村用于出租的集体商铺

目前，五棵树村已经成长为一个实力和光环兼具的明星村，在经济上遥遥领先于附近的其他村寨。根据村委会提供的基本资料显示，2018 年五棵树村村民年均可支配收入为 34 000 元，这和国家统计局昆明调查队公布的 2018 年石林县的结果相比，与石林县城镇常住居民人均可支配收入 40 636 元较为接近，远远高于石林县当年农村常住居民人均可支配收入 14 729 元。2019 年，五棵树村人均纯收入达到 20 000 元。经济发展带来的虹吸效应显而易见，五棵树村有不少附近村寨来做小生意、打工的人。"他们光是分红，一年都有大几千！家里多的房子不住的话，随随便便出租一套，就是三五万……"旁人的语气里满是羡慕。在五棵树村，分红来源于土地入股，农民将自己的土地入股到石林风景区农工商集团总公司，每年村民根据土地的面积享受分红。2019 年五棵树村村民每人分红为 4 000 余元，过去几年间最高的一次分红为 2017 年，每人分红达 8 000元。五棵树村有 400 多户近 1 200 人，若按照每人每年 5 000 元的分红来计算，光是村民一年的分红所得总计就为 600 万元。五棵树村主要集体收入来源于围绕景区所产生的一系列经济活动，如景区门票分成、景区内 4 个经营服务网点租金、新村 144 个共计 24 000 平方米的集体商铺租金、果园收入、导游费、景区管理局征用集体土地所付的土地租金等。另外，村庄每年会投入近 100 万元，用于村庄治理，包括卫生整治、园林绿化防护、弱势群体补助、学生奖励等有利于集体发展、村庄团结的公共项目，使得五棵树村依靠集体经济进入经济与社会发展相互促进、相互提升的良性循环中。

3. 五棵树村的挑战

五棵树村的发展是一个乡村依托旅游带来振兴的案例，但在发展的过程中，也出现了产业结构单一所面临的挑战。2020 年，受新冠肺炎疫情影响，五棵树村的客栈全部停业 4 个月，截至 6 月，同期游客量不足往年的三分之一。以当地最大的一家客栈为例，其总经理介绍说："我们客栈从 2015 年建设并投入使用以来，共有客房 70 间，总投资超过 500 万，带动就业岗位 30 个，客栈年营业额一度达到 180 万元，但今年受疫情影响，游客量降至冰点，客栈已经停业 4 个月，就业岗位仅保留了 8 个。"这反映了五棵树村所面临的困境。作为村内最大也是最早建立的民宿，该民宿是村内民宿的领头军。疫情对于领头军都产生了无法抵抗的冲击，对于村内其他民宿的打击更加毋庸置疑。村内几乎所有经营性店铺都反映，为了应对游客的锐减，只能裁减雇工以缩小开支。对于一些贷款经营的店铺来说，收入的急剧减少甚至影响了正常还贷，在心理上造成很大压力。

对于普通的旅游服务业人员来说，他们在疫情冲击下也遭受了不小的压力。五棵树村有超过90%的劳动力围绕石林风景区创业或就业。其中，与石林风景区有关的岗位人数达到700余名（表4-1）。可以看到，占据人数最多的三个职业分别是民族服装出租、摄影拍照服务以及景区讲解工作，这三类工作人数合计已经接近600人。据介绍，他们从2020年初疫情暴发以来就一直无法进入景区工作，直到6月中旬，即景区在正式恢复营业的一个多月之后，他们才开始逐渐恢复工作。也就是说，无论是在村内自我经营店铺还是在景区从事旅游服务业工作，都受到疫情影响，收入相比以往大幅下降。甚至还有少数村民为了生计不得不外出务工，而这种现象在以往很少出现。

表4-1 五棵树村旅游从业人员收入情况（2020年）

单位名称	职 业	人数/人	月均收入/元
石林风景区农工商集团总公司	民族服装出租	154	2 700
	摄影员	246	2 900
	讲解员	179	3 367
	经营秩序管理	9	2 000
	分销员	20	3 000
	村综治联防	9	2 700
	生态果园管理组	18	2 200
石林风景名胜区管理局	园林绿化及资源保护	22	1 500
	综合治理	26	3 200
	清扫保洁	26	1 500

除了新冠肺炎疫情的影响，五棵树村传统的旅游产品结构也逐渐显现出其面对市场风险的脆弱性。随着信息化程度的进一步提高，景区内"电子导游""随身导游"逐步普及，游客也越来越依赖自身携带的手机和照相设备，传统的导游服务和拍照服务的业务量逐渐下行，村民们供给的旅游服务产品如何适用未来市场的发展，引起了五棵树村村集体的思考。村书记认为，现在五棵树村的实际情况已经证实，乡村振兴不能像以前一样单纯依靠石林景观发展旅游业，亦不能仅仅提供简单、单一的传统旅游服

务。过去，村民对于互联网、直播等是不认可的，甚至当上级政府把基层干部带到杭州等互联网发达的地区考察、培训之后，他们都还是坚持认为这些新技术离自己村子的发展很远。但新冠肺炎疫情对旅游业的冲击和旅游消费市场的需求升级，让村内一部分村民的想法有了巨大的转变。目前，村里已经紧锣密鼓地开展系统工作，积极面对市场的挑战。在产业结构调整方面，积极地探索以旅游产业为核心的多产融合途径，包括引进一家物流公司进村，免费为其提供经营场地，促进五棵树村特色农产品、工艺品等向外流动。作为一次新的尝试，在杨梅丰收的季节，五棵树村筹划了一次线上直播销售杨梅的活动，利用抖音平台进行售卖。虽然收益并没有明显提高，但是避免了当年杨梅无人采摘的问题。对于村庄的大部分村民来讲，虽然无法看到转型短期内带来的收益，但是也让他们看到了未来依托旅游来发展多元化产业的趋势。

总之，五棵树得益于独特的地理优势，在经济上领先于周边村寨，充裕的集体经济不仅保障了村民的福利，更是将村民广泛纳入就业市场，保证他们的生活收入，为村庄的发展提供了强有力的支撑。回顾五棵树村的发展，我们很难将其作为一个独立的村落来审视。在过去几十年的城镇化过程中，五棵树村的贫穷与落后、兴起与发展都围绕着石林的建设，其中机遇与挑战并存。而面对五棵树村的未来，村民们也自信满满，用他们自己的话来讲，"每天都在接触全国各地、世界各地的游客，总会学到点什么。"随着村庄的不断发展，五棵树村村民的视野不断拓宽，信心也不断增强，他们相信，通过不断学习，总能够找到最适合当地的发展道路。

四、五棵树村"以旅哺农"乡村振兴的经验与启示

五棵树村依托石林风景区发展乡村旅游业，促进了其自身的非农化和城镇化进程。在国家乡村振兴战略背景下，五棵树村通过"村企合一"来推动"以旅哺农"的发展道路，坚持"保护第一"的适度旅游开发，最大程度上平衡当地政府、石林景区和村寨村民的诉求，尤其重视村中最弱势群体在发展中受到的影响，最终实现政府、景区和村寨村民的三方共赢，做大做强乡村旅游经济，让旅游业成为当地的支柱性产业。2020 年，五

棵树村人均年收入 4 万元左右，是石林彝族自治县名副其实的"彝族第一村"。五棵树村"以旅哺农"的发展之道，具体有以下五点经验。

（一）遗产地保护与经济发展共生共赢

遗产地保护与经济发展的矛盾和冲突并不少见，五棵树村处在石林遗产地核心保护区的特级保护区内，是石林遗产地内唯一一个整体搬迁的村庄，且新村地址仍紧挨石林风景名胜区，无论是搬迁前还是搬迁后，五棵树村的发展都与石林遗产地的保护之间存在着张力。但五棵树村通过秉承"遗产地保护与旅游可持续发展并行"的基本原则，不仅始终坚持"保护第一"的原则，还通过一系列举措"创新开发"，在不破坏遗产地自然地理生态的基础上最大化发挥旅游业的经济效益和带动力，推动了遗产地村寨经济和社会的持续发展。

坚持保护第一。石林成为世界遗产后，《世界遗产公约》和《石林保护条例》对五棵树村的旅游发展起到了限制和推动的双重作用。五棵树村通过整体搬迁，实现了地理上与石林遗产地的"剥离"，有利于石林遗产地实施退耕还林等措施，最大程度上保护了石林喀斯特景观这种不可再生资源，使之对旅游者产生持久的吸引力。在调查访谈中，村民普遍都认可旅游开发必须要坚持保护第一，遍布石林景区的喀斯特景观是祖祖辈辈留下来的财富，不允许有任何形式的破坏。这也说明，对石林景区的保护意识已经深入民心。

创新旅游开发。石林景区必须经过适度的旅游开发，才能发挥最大的经济和社会效益，对周边的村寨形成良性的推动力。过去的石林景区以传统的观光旅游为主，对于大多数游客来说是"一次性消费"，门票收入占了很大的比重，对于周边村民的就业和收入提升作用有限，也无法满足市场上个性化、多样化和复杂化的需求。近年来，五棵树村通过搬迁，依托其区位优势与村寨特色，确立了其石林遗产地的乡村旅游中心和游客接待中心的发展定位，与石林景区形成联动，改变了景区单一的观光模式，将景区"食、住、行、游、购、娱"功能分化、分散，带动了五棵树村以及周边村寨的餐饮、住宿、购物、娱乐及其他旅游配套服务产业的成长，把游客留下来继续消费，改变了以门票为主的旅游收入格局，形成了多功能的乡村休闲旅游经济圈，促进了当地村民的就业和增收。

（二）"村企合一"发展模式壮大农村集体经济

五棵树村采取了"村企合一"的发展模式，开办村集体企业，有效地把土地资产集中起来统筹管理，发挥经济合力，有效盘活农村闲置农房，促进产业结构优化升级，推动资金变股金，让农民变股东，带动了村集体经济的发展和社会的发展。

五棵树村于 1993 年成立的农工商总公司，在成立之初便带领村民依托石林景区发展旅游业。到 2010 年，在推进保护世界自然遗产地和全域旅游战略工作中，五棵树村充分考虑村集体经济发展需求和村民增收致富需求，配合政府将五棵树村从景区迁出。为达到群众"搬得出、稳得住、发展得好"的目标，在距离景区 2 公里的地方，政府规划了 480 余亩土地，建盖住房 423 套用于安置村民，建盖村集体所有商铺 24 000 平方米，用于发展村集体经济。搬迁后，农工商总公司对五棵树村集体资产、资源进行规范经营和管理，充分利用五棵树村毗邻石林风景区的区位优势，以"为游客提供彝族文化风情生活体验"为价值引领，引导村民拿出自家闲置住房，开办民族特色客栈、特色餐馆等经营项目，着力把五棵树村打造成"石林景区八方来客理想的旅游栖息地"。五棵树村党总支创新实施"以资源招商业、以商业带产业"的模式，把村集体闲置的 24 000 平方米房屋整体打包招商，着力推动集体经济发展，促进产业结构优化升级。最终五棵树村成功招商引进云南万强旅游文化发展有限公司，开办了"水上石林"温泉度假村旅游项目，通过项目实施，实现了村集体每年 220 万元的稳定收入。石林风景区农工商集团总公司主要为石林景区提供旅游服务，下设摄影、民族服装出租、彩扩、民族刺绣、景区生态果园等专业生产经营部门。2018 年，由村党总支领头，五棵树村建立石林电子商务特色馆彝族第一村体验中心，成了石林县最先接入电商的村子，每年为村集体增收 20 余万元。同时，村庄每年投入 10 余万元，在春节、火把节、国庆节期间开展传统摔跤、斗牛、大三弦等公益性民族文化活动和商业活动，每年吸引游客超过 10 万人。2019 年，村企实现经营性收入 700 余万元，村民人均分红 4 000 余元，村民真正从旅游发展中获得了实实在在的收益。

（三）利益主体协同共治

石林风景区和五棵树村的发展是相辅相成的。一方面，石林景区的发展需要得到周边社区的支持：一是征地，多年来，景区征用五棵树村的土地高达几百亩，不解决五棵树村农民的就业问题，征地工作显然就无法顺利进行；二是管理，搬迁前五棵树村与石林景区地理上相互交融，农民自带游客入园、荒山绿化受阻等问题，容易导致景区管理部门和五棵树村村委会之间的矛盾。另一方面，石林景区凭借自身的旅游资源优势，大力发展旅游业，除了带来巨大的经济收益之外，也在一定程度上解决了当地的就业，带动了周边村寨的城镇化进程。因此，景区与村庄两大经济参与主体的协同共治，在产业发展和社会管理方面发挥了巨大的效能。

景区支持村庄。五棵树村搬迁前，村民在家里制作各种民族手工艺品，分散在石林湖边贩售；搬迁后，景区出资在五棵树村旁修建了与村庄相连的交易长廊及货架，还不定期地举办各类培训活动，主要培训语言及手工艺品制作技艺等，为五棵树村村民进入旅游业发展打下了良好的基础。在村庄规划方面，新村重点考虑了五棵树村村民的生活和生产需求，公共设施一应俱全，有广场、幼儿园、卫生院等，还延续乡村传统建设了承接村内各种宴会的待客大厅（当地称公房），村民的红白喜事都有公共空间得以开展，最大化地保持了五棵树村作为少数民族村落的完整性。在村民就业方面，景区优先为五棵树村村民提供就业机会。在管理运营方面，有关旅游项目的开发、规划和大型旅游活动的举办都与五棵树村村委会、农工商集团总公司协商，尊重五棵树村村民的诉求和保障村集体在产业发展过程中的参与。

村庄支持景区。为支持石林风景区的整体规划，五棵树村村民原来的土地在过去几十年陆续被征用，目前五棵树村人均耕地下降到不足一分（约 66.7 平方米）。村民的生计方式从以务农为主逐渐转向以旅游业为主，村民从过去零散地、自发地介入到景区旅游业中逐步转变为集体性地、有组织地参与到石林风景区的旅游服务中。同时，为配合石林风景区申报世界遗产，五棵树村整体搬迁到新村。五棵树村也将提升景区服务质量作为重点列入到村规民约当中，要求全体村民必须遵守，更好地维持了景区良好的经营环境和经营秩序。可以说，石林风景区和五棵树村的良性互动和协同共治是促进双方共同发展的有效保障。

（四）村民就业"双保障"和收益留村

为了解决五棵树村"失地农民"就业问题，石林景区和五棵树村共谋发展，出台了一系列劳动力就业"双保障"政策，让五棵树村实现了"家家都有就业，人人都能受益"的局面。首先，石林风景区对五棵树村村民的就业政策有倾斜。石林景区根据征用周边村庄土地的体量制定了差别化的就业保障政策，由于五棵树村是整村征用，就业政策相比其他村而言是最好的。例如，五棵树村村民可以优先在景区从事园林绿化及资源保护、综合治理和清扫保洁等工作，一个月收入在 1 500～3 200 元不等。其次，五棵树村村委会和农工商集团总公司对五棵树村村民的就业也有保障。五棵树村村民可优先在村企从事民族服装出租、摄影、讲解等工作，目前在村企就业的村民有近 600 名，他们由农工商集团总公司进行统一的管理和调配，采取"轮岗""分组"等形式来提高效率、避免恶性竞争。

由石林景区和五棵树村村委会及农工商集团总公司所制定的劳动力就业倾斜政策在某种程度上虽然制约着失地农民劳动力转移的方向和工种，但就目前劳动力就业的现状来看，这未尝不是一个很好的方案。首先，它保障了村民可以通过制度性的渠道优先进入到旅游业市场中进行就业，另外，也通过集体分配和管理的方式，规避了村民之间互相竞争的潜在危险，有利于形成良好的市场经营秩序。除此之外，五棵树村内开办的餐饮、民宿、商店以及集体果林等各类经营实体提供了大量的就业岗位，目前五棵树村村民共有 49 户经营民宿客栈、16 户经营特色餐饮、4 户经营超市以及 1 户经营酒吧，其中绝大多数都是村民自己独立经营而非外部实体进入经营，不仅极大地带动了村民及周边村民的就业，更重要的是旅游发展的收益更多地留在了本村。可以说，五棵树村村民的能动性得到了充分调动，从旅游业的发展中受益颇多。

（五）完善的村级社会保障体系

在五棵树村"以旅哺农"的发展道路上，为了进一步降低村民之间的分化、保障弱势群体，五棵树村形成了完善的村级社会保障体系，尽力托起村中弱势群体，采取"优先就业、土地补偿、集体分红"三重措施来保障弱势群体的经济收入，并对未成年人、老年人和残疾人等特殊群体都给予了经济支持，保障了村内弱势群体的基本权益。

　　五棵树村拥有较为完善的村级社会保障体系。《石林风景区农工商集团总公司关于老年人、未成年人和残疾人基本生活保障补助办法》中就提到，老年人和丧失劳动能力、生活不能自理的残疾人，每人每月补助300元；有部分劳动能力、生活能自理的残疾人、未成年人和年满18周岁以上的在校学生，每人每月补助250元。《五棵树村村规民约》中关于"文化教育"更是提到，村委会对于本村考入大专院校的在校学生实行奖励，奖励标准从5 000元到8 000元不等，对低年级在校生成绩优异的也给予奖励，额度从100元到1 000元不等。甚至连村里人开设的私立幼儿园，都对村内儿童有优惠政策……所有我们遇到的村民也都向我们证实了文本上规定的补贴的真实性，并强调"这是五棵树村民才享有的特殊待遇"。这些措施对于村民无论是心理上还是生活上都极大地保障了村民从农民状态转向市场过程中的利益，也让村民对于集体的认同和支持更加强烈，降低了村民在市场化、城镇化进程中的脆弱性，避免村民陷入风险之中。

第五章

乡村旅游与产业融合：
观音山村的乡村发展

位于滇池西岸的观音山村是昆明市市民周末休闲的好去处，观音山村隶属于昆明市西山区碧鸡街道观音山社区，近年来，乡村专注利用现有的区位、历史、文化等优势打造出一体化的乡村旅游发展规划。在2016—2019年完成美丽乡村建设之后，乡村利用社区内始建于明清时期的观音寺等历史古迹、"糟鱼"这种具有渔家特色的食物，以及产业结构调整后村内大批量的草莓和花卉种植，开始旅游业的发展，这种农业与旅游业融合发展的模式延长了种养产业链，助推了种养升级，拓宽了农民增收渠道，转变了观音山村的发展方式。

一、观音山村的概况

观音山村隶属于昆明市西山区碧鸡街道观音山社区，位于滇池西岸，海拔1 888米，年平均气温17℃，年降水量1 200毫米，辖区面积6.5平方公里，观音山居民小组目前总人口数为1 432人，居住着白族、彝族、拉祜族等少数民族共计1 070人，是一个多民族聚居的村落。

观音山名字的由来也有一段故事。相传在明朝初期，滇池东岸晋宁县的农民在省城铸了一尊观音铜像，他们想经由滇池水运，将这尊观音运往晋宁供奉。然而，当装载着观音铜像的船来到石嘴山附近的水域时，突然之间风雨交加，水中涌起惊涛大浪，船只好靠岸等候。风平浪静后，农民们再度起锚行船，却顿时风浪再起，出于无奈，人们只得把这尊观音铜像暂时"请"到山上的土地庙中歇息，谁知观音铜像一落地，刚刚还是乱云飞渡、波涛滚滚的湖面，立马变得风平浪静、晴空万里。这时人们才彻底明白过来，"观音选中了此山，不愿再往前行"。于是，人们在山上建了观音寺，把观音铜像正式"请"到山上观音寺中。从这以后，石嘴山也改叫观音山了。

观音山村距今已有 500 余年的历史，古称阳临谷。据《段氏宗谱》记载，"魁大明秀士崇祯间由大理柳树湾移居县属之阳临谷"。此"柳树湾"为南京应天府大坝柳树湾，明初洪武年间上百万的汉民从南京迁至云南。在清朝时期，大理喜洲白族居民迁徙至此，因此观音山村曾一度称为"观音山白族乡"。观音山村历史古迹丰富，有民国时期为纪念当地名士张瑛修建的乡贤祠，有清道光年间修建的文化传承之地董氏宗祠，有一代"云南王"龙云夫人李培莲的墓石牌坊，有龙云为亡妻守墓的龙氏墓庐，有纪念龙云与夫人李培莲曲折爱情的浮雕广场，有龙云捐资建校纪念碑，还有清乾隆五十七年为旌表观音山村媚妇张氏恪守贞操四十年的节孝石牌坊，等等。观音山历史文物丰富，除了这些比较出名历史久远的古建筑外，还有一些于清朝光绪年间修建的"一颗印式"民居，保留相对完整。

依托始建于明清时期的观音寺与云龙寺，观音山村每年都会迎来一批又一批的香客，每年农历"六月十九"和节假日四面八方的香客乘船、乘车、步行到观音寺敬香礼佛，其中"六月十九观音山庙会"已经成为昆明最出名、规模最大的民间自发性观音庙会，发展成为集唱山歌、对调子、演花灯、尝美食、商品交易为一体的民间文化娱乐集贸活动。

观音山村特有的花灯、调子技艺属于观音山村的非物质文化遗产。观音山村村民自主建立了 7 支文艺队伍，他们大多于重要节日登台表演，每年演出均不低于 10 次，极具地方特色。观音山村也被当地人称为"玩场多"的白族风情村。

二、观音山村的发展变迁

（一）种植结构的变迁及产业延伸

纵观观音山村村民的生计变迁，最值得关注的便是其在产业结构调整下的种植品种的变迁，以及在草莓采摘业兴起后所带动发展的摆摊和餐饮等旅游衍生服务业。总体而言，观音山村村民现有的主要生计来源分为种植业、旅游业、土地流转、帮工四部分；少部分村民外出务工，由于比较分散、差异性较强，在此不作具体说明。

观音山村村民在种植品种上经历了从水稻等粮食作物，到黄芽韭菜、蚕豆等蔬菜作物，再到草莓、蔬菜、花卉等经济作物的变化。过去，观音山社区村民种植的粮食作物主要是水稻、玉米、蚕豆等，人均年收入仅为3 000～4 000元。由于气候条件和市场价格波动等因素的影响，水稻、蚕豆品种种植的投入产出比较低。根据社区居务监督委员会主任李瑛杰回忆，当时他们大多数人轮作种植水稻和蚕豆，水稻一季，蚕豆一季。水稻主要是供自给自足，一亩产800千克左右，只够口粮；而蚕豆则进行售卖。尽管观音山社区的蚕豆非常有名，但是价格却一直很低，基本维持在1元/千克左右，因此经济价值较低，种植面积一直呈下降趋势。从2010年开始，观音山社区带头进行产业结构调整，借鉴附近福山村草莓种植的经验，鼓励观音山村内农户开展草莓种植，社区提供一定扶持补贴，但有一部分农户因为转变种植品种的成本过于昂贵，再加上出于对新事物的谨慎而不愿意尝试，因此社区将草莓种植概念推广到全村花费了不少时间。直到2014—2015年，看到先行种植的村民从草莓种植中获取到了高额的收益，观音山村村民才真正开始大规模开展草莓种植。村民表示，目前种植草莓比他们以往所有的种植品种都要赚得多，草莓的销售价格整体也比较稳定，已经形成了固定的客户源。同时，围绕草莓种植业衍生发展的采摘体验也为当地村民带来了十分可观的收入，据村委会工作人员描述，他们在进行收入统计的时候，随意点开一家草莓种植农户手机的收款流水记录，都能发现有4万～5万元/年的现金收入，可见草莓种植业给观音山村民带来了显著的收入增长（表5-1）。

表5-1　草莓种植经济成本与收入

项　目	数　据
水井	约3 000元/个
塑料覆盖膜	约800元/棚（三年一换）
地膜	约150元/棚（一年一换）

（续）

项　目	数　据
自动喷水管	约 5 000 元（共 2 根）
土垄水管	约 300 元/棚
草莓苗	约 100 元/棚（共 4 000～5 000 棵）
化肥	40 元/千克（每棚每月需 1 千克）
打药	120 元/次（一周一次）
雇人帮工	100 元/(人·天)
第一年种植总成本	约 16 000 元/棚
第二年开始每年成本	7 000～8 000 元/棚
草莓产量	约 800 千克/棚
年纯收入	800 千克/棚×35 元/千克＝28 000 元/棚
年净收入	约 20 000 元/棚

数据来源：观音山村村委会提供。

注：1 个草莓棚约占 0.5 亩地。

　　观音山村人多地少的矛盾由来已久，在经历过高海公路建设和滇池截污工程建设等征地规划后，人地矛盾更加突出。观音山村人均 0.3 亩田地，无法保证每家每户都能开展规模性的种植。因此，与 2014 年种植结构调整相伴的还有大量的土地承包与转租行为。截至 2020 年 6 月，观音山的土地年租金均价约为每亩 3 800 元，观音山村的土地转租大致有两个使用方向，一是本村人用于规模性草莓种植，二是租给外村人进行蔬菜、绿植、花卉的种植。对于部分无种植意愿的村民而言，土地流转能让他们花费很少的精力便可获得相对稳定的收入。据观音山居民小组党总支书记董逢春介绍，村中土地分红款 2019 年人均 22 000 元，2020 年人均 27 000元。与此同时，有一些已租出土地的村民还能以每天 100 元左右的报酬参与种植帮工，这种两全其美的方法在村内颇受欢迎。

　　由于观音山村草莓采摘的日益兴盛，从 2010 年开始，村内陆续开业了几家农家乐，主打菜品为滇池鱼，一些农家乐老板还巧妙地将自家草莓园和民宿联系在一起，提供给前来游玩的游客以"一站式服务"。据社区每年的统计，正常运营的农家乐每个月的营业额都会保持在 1 万元左右，村内陆续新增的农家乐数量也能充分反映出餐饮业收入的可观。

旅游业的引流带动了观音山村的"地摊经济"，在村内农家乐比较集中的道路两旁以及村内主干道位置处已设有 10 多个摊位，主要销售村里的农特产品等，收入与每天的人流量直接挂钩。这种由旅游业带动的个体经济尽管给观音山村村民以多重收入选择，但主要经营人群还是以留守老人为主，且主要经营范围为农产品和以酱菜为主的农副产品。

（二）人口的流动

近 10 年，观音山居民小组整体呈现出户籍流动较少，但人口流动较大且频繁的现状。观音山村的户口涉及长期的土地分红，目前由于经营状况良好，村民们大都不愿意把户口迁出去。即便家中存在嫁娶行为，村内人也多会把户口保留在本地，甚至有些家庭会设法把女婿、媳妇的户口也迁进来，但同时村内有规定如果婚姻发生变动他们必须得主动迁出户口，当地村民将之描述为"每家只能有一个空位"。现在观音山村里留下的青壮年并不多，人口流动的方向主要是昆明市或者周边乡镇，他们之中有人是长期在外，已经在外买房或租房居住，也有的是早出晚归，白天在昆明市区打工，晚上返回村里居住。留在村里的大部分都是老人和要照顾孩子的妇女，这些留在村里的老人、妇女偶尔也会在村内的大棚帮工或是在村内摆设地摊。

（三）民族文化与教育

观音山村历史上是由大理喜洲的白族居民迁徙至此建立的，虽然冠有"白族村"之名，但实际上汉化严重，传统白族文化流失现象突出。据当地较为年长的村民回忆，自己已经几十年都没有像白族一样生活了，他们描述自己为"变种"，"白族"似乎只体现于他们户口本上的民族栏。在语言方面，白族语言没有文字，传承基本靠口口相传，但村里 70 多岁的老人都已基本不会说白族话，语言就更加缺乏传承，观音山村的年轻人已经完全不懂白族话了。在服饰方面，观音山村内很少能看见身穿白族传统服饰的村民，白族服饰似乎成了村民的演出服饰，只有村内举办庆典活动或接待游客需要时才会穿上。在房屋风格方面，为数不多的白族特色青砖白墙房屋也是近几年在政府的统一要求和资金补贴下才整修的。在民族认同感方面，据居民小组的负责人表述，村里人对白族身份表现得比较随意，有的甚至在新生儿户口登记都填写了"汉族"。可见，观音山村内白族传统民族文化已经处于消失的边缘，白族文化的代际传递已经在上一辈人手中出现了断链。但即便如此，观音山社区在进行宣传的时候仍然主打了"白族文化"这一块好招牌，在各类宣传册与报告中仍会反复提及"白族村"的辉煌，社区还在 2019 年被评为全市民族团结进步创建的示范单位。因此，为了重拾白族文化，村里开办了白族文化培训班，让村民把白族语言重新讲回来、白族服装重新穿回来、白族手工技艺重新学回来，复原白族民居风貌；鼓励村民重修房屋，让青瓦白墙重新"爬上"村里的民房。

观音山村现有一所民办幼儿园和一所公办小学。幼儿园于 2002 年建园，现有的园长于 2018 年开始接管，在村内还没有这家幼儿园之前，家长们都把自己的孩子送到两三公里外的西华社区幼儿园，不过由于该幼儿园规模较小，目前村里很多人还是会把孩子送到西华社区幼儿园。观音山小学的历史要追溯到 1944 年观音山抗战期间。时任云南省主席的龙云在为亡妻李培莲扫墓时，见到观音山村的儿童冒着日机空袭的危险还要到其他村子读书，十分危险，于是便捐资建盖了观音山小学。20 世纪 90 年代，观音山小学搬离原有的位置（即现在的观音山社区办公区），搬至社区西南角的高海高速公路边。观音山小学的生源也并不限于观音山村内，还包括附近的西华社区与黑荞母社区。20 世纪 80 年代，村里出了第一个大学生，2000 年以后，村里每年都能有 20 多个学生考取大学，村里为鼓励年轻人积极求学，对考取高中的学生奖励 1 000 元，对考取大学的学生奖励 1 500～3 000 元不等。

（四）村庄规划与治理

观音山村是一个严格遵循政策导向发展的村庄。2015—2018 年，观音山社区整合"七改三清"、美丽乡村建设，以"党建＋"示范引领美丽乡村建设行动，大力推进乡村整体建设，改造村内人居环境，实现了村间道路硬化率、畅通率 100％。2016 年 11 月，观音山村完成美丽乡村规划编制，后续还被列为"区级美丽乡村建设示范村"。

2019 年，观音山社区继续对村内的进村道路、供水、安防、排水、老年活动中心等基础设施和公共服务设施进行深化建设，实现了家家通自来水，村民能饮用安全、清洁的自来水；还完成了电网升级，网络全覆盖；安置太阳能路灯 192 盏，以美化、亮化村庄；完成节能灶改造，实现全部居民使用清洁能源。全村绿化面积达 36 000 平方米，种植绿化景观苗木 12 000 余株；村内建设木质休闲凉亭 12 座，户外洗手台 4 个。

虽然社区已经开始有意识地规划村内的建筑风格，但因为规划时间较晚，所以观音山村内现存的房屋建筑风格多元，并没有形成相对统一和谐的模式。如今观音山村的房屋建筑混杂着最原始的老式土屋风格、外贴瓷砖的砖混房屋风格、欧式建筑风格以及白族的青瓦白墙风格。经过社区的统一规划，村里的主要干道上呈现白族青瓦白墙风格，有修裁完整的绿化植被，两面的墙也粉刷上了壁画，壁画内容丰富，主要为风景图、村规民约、道德宣传、诗词歌赋等。村内还规划新建了一个小游园，村民可以在小游园跳广场舞或进行体育锻炼。但是，在尚未整修建设的村庄深处，却又重新呈现出原有相对衰落的面貌。

为健全"自治、法治、德治"相结合的乡村治理体系，观音山社区根据实际制定网格化管理，按"社区、小组干部包党员，党员包户长"的形式，逐级落实责任制。观音山居民小组内环境实行卫生包片包段网格化管理，由居民小组党员、居民代表、保洁员负责，并逐级落实责任制。村内共安装监控摄像头 65 个，配置机房设备 1 套，实现了村庄监控管理全覆盖，监督和警示不文明行为的发生。通过民主程序，制定《观音山社区村规民约》，建立奖罚措施，设立曝光栏，对不文明行为进行曝光，并采取奖惩措施。通过这一系列的治理举措，观音山居民小组形成了治理的长效机制。

三、旅游带动乡村发展的过程

观音山社区临近滇池，风景优美。近年来，乡村主要利用现有的区位优势，结合历史和文化等资源打造一体化的乡村旅游发展规划。观音山村历史古迹丰富，为游客提供了可看之地；"糟鱼"这种具有渔家特色的食物为游客提供可吃之食；草莓采摘为游客提供了可玩之处。这种农业与旅游业融合发展的模式使得社区内居民发展势头良好。

（一）历史古迹的带动

观音山村留有很多的历史古迹，最为著名的是始建于明清时期的观音寺，观音寺坐落于观音山（过去称为石嘴山），始建于明清时期，是具有三层院墙的土木结构佛寺建筑。观音寺历经明嘉靖、明隆庆、清道光、清光绪、民国七年以及 1985 年共六次修葺，又在已故住持隆静法师的主持下，重新修复形成四重院宇之势。观音寺 1983 年被评为区级文物保护单位，2014 年又被评为市级文物保护单位。坐落于寺院最前方的观音阁是眺望滇池、观看日出的最佳位置。观音寺不仅是僧众修行、信众顶礼膜拜的圣地，同时也是昆明十分受欢迎的佛教旅游胜地之一。每年农历"六月十九"和每月初一、十五以及节假日，四面八方的香客乘船、乘车、步行到观音寺敬香、礼佛、吃斋饭，其中"六月十九观音山庙会"已经成为昆明最出名、规模最大的民间自发性观音庙会。

图 5-1 观音寺及从其周边远眺的滇池美景

观音山村还是滇军爱国将领、云南省主席、"云南王"龙云的夫人李培莲的安葬地。龙云曾为她修建了占地约 60 余亩的墓园，现仅存墓园入口处的石牌坊。石牌坊全为青石构建，重檐三门四柱，长 6 米、高 7 米，碑额《贻我管彤》，屋宇式重檐碑顶，须弥式基座；中柱两侧立狮、象圆雕，边柱为抱鼓石；三块宽大的碑额下均设二龙宝珠透雕。牌坊结构匀称和谐，造型美观大方，雕刻细腻精美，具有较高的艺术价值，是昆明地区近现代石牌坊建筑艺术的精品。龙云与李培莲感情笃厚，亲同形影，李培莲去世后，龙云万分悲痛，在修建墓园的同时，还修建了祭奠时居住和墓园看守居住的龙氏墓庐。龙氏墓庐现存建筑坐北朝南，占地面积 286 平方米，呈"L"布局，为土木砖结构，是中西合璧式的两层建筑，外有走廊，面阔三间，进深一间，墙为"金包银"，四周有围墙，内有一花园。龙云与观音山的联系不可谓不深，在廉政文化建设时，社区把李培莲墓石牌坊、龙氏墓庐、龙云捐资建校纪念碑等作为廉政文化建设的重要一环，并都进行了保护，为的就是通过龙云的爱国主义精神、对亡妻的深情、对教育的重视和廉洁正直的优良品格来影响群众，以龙云精神来鼓舞观音山的居民。在保护古迹的同时，社区在李培莲墓石牌坊与龙氏墓庐之间修建了作为龙云与李培莲爱情见证的浮雕广场，广场上有17块浮雕，从"红藕轩"到"二六"政变、龙遇浅滩，再到智闯监舍、狱中相会、营救龙军长，最后到期盼太平、临终嘱托、深长相思，每一块浮雕都显示了龙云与李培莲的鹣鲽情深。

除此之外，观音山村内还有民国时期为纪念当地名士张瑛修建的乡贤祠，有清道光年间修建的文化传承之地董氏宗祠，还有清乾隆五十七年为旌表观音山村孀妇张氏恪守贞操四十年的节孝石牌坊等。除了这些比较出名历史久远的历史遗迹，还有一些于清朝光绪年间修建的"一颗印"式民居。

正是由于观音山村这些历史古迹的存在，使得观音寺、龙氏墓庐、李培莲墓石牌坊、董氏宗祠、节孝石牌坊、小南海、乡贤祠连点成线，形成了一条乡村旅游的精品路线，使得观音山村从滇池边众多发展旅游的其他村庄中脱颖而出，形成了历史人文与乡村旅游有机结合的发展特色，吸引了大量游客。

（二）草莓采摘业的发展

观音山居民真正从种植行业获取高额收益是自草莓、花卉种植的产业结构调整开始的，而种植结构的转变不但帮助观音山村民致富，并且还成功地延伸到了乡村旅游产业，实现了农业与旅游业的有机结合，极大地丰富了乡村旅游的业态。社区党委副书记董文娟回忆，2010年的时候社区开始带头进行产业结构调整，吸取近邻福山村草莓种植的经验，由社区从福山村引进了较好的草莓品种，鼓励村内农户开始进行草莓种植。社区为扶植农户种植草莓，还对种植草莓的农户给予每亩1 000元的扶持资金。有一部分农户因为转变种植品种的成本过于昂贵，再加上出于对新事物的谨慎而不愿意尝试，因此社区将草莓种植推广普及到全村就花费了7～8年的时间。草莓种植推广难的原因主要是较高的初始投资，搭建一个草莓大棚，大概需要花费1万～2万元，农忙时还需要雇工来帮忙修建、捉虫、移植。村里的草莓种植大户董老板和段老板回忆，他们是从2015年才开始种植草莓的，是观音山居民小组的第二批草莓种植户。段老板认为目前种植草莓比她以往所有种植品种的收益都要高。随着种植草莓的收益日渐显现，村里转种草莓的农户越来越多，2018年由观音山居民小组牵头，村里50～60户草莓种植户参与成立了草莓种植合作社，帮助种植户统筹联系种苗、防治虫害培训等。观音山村的草莓种植势头越来越好，基本形成了产业的集聚和规模。目前观音山社区种植的草莓有200多亩，品种繁多，包括牛奶草莓、水蜜桃草莓、玉米味草莓等。2019年的数据显示，观音山社区的草莓年总产量为228 200千克，年总产值为7 987 000元。

随着观音山村乡村旅游业的发展，草莓种植的日渐规模化为"休闲采摘游"提供了可能，并逐渐形成了草莓采摘休闲业态。从每年的10月到次年5月都是草莓采摘的旺季，源于村内道路硬化带来的交通便利，采摘草莓的游客可以直接把车开到草莓棚前，游览草莓园、采摘、品尝、收获农作物等，体验劳作之艰辛，尽享收获之愉悦。草莓的销售价格整体比较稳定，平常卖35元/千克，节假日的时候是40元/千克。种植户提供给游客三种规格的采摘筐（1.5/2/3千克），也不收取入园费，行情好的时候，一天就能达到10～20千克的草莓销售量，许多农户甚至已经有了固定的客户群体，会定时前来进行采购，或者由草莓种植户进行顺丰次日达邮寄。每年11月前后，很多昆明市区的市民会到村里摘草莓。"现在路好走，从观音山加油站直接下来，就到我们的草莓园，把车停一旁，就可以直接到园里摘草莓。"董大哥说。虽然在市区也能买到从村里"走"出去的草莓，但是很多人是为了享受采摘的乐趣，尤其是城市的孩子，不知道草莓是怎么长出来的，来到基地不仅能尝到最新鲜的草莓，还能了解草莓生长的环境，感受劳动的乐趣。

图5-2　村内随处可见的草莓采摘园及其广告

除了规模较大的草莓种植以外，观音山社区现种植有鲜花190亩，品种近几十种，包括勿忘我、玫瑰、康乃馨等，既可以批发也可零售，主要供向昆明市最大的花卉农贸市场斗南花市，也有许多斗南的花农来村中租用土地进行花卉种植，未来这里将建成30亩的草莓花卉生态种植示范基地。花卉园也吸引了大量的游客前来摄影拍照，未来观音山村还规划利用花卉种植深度开发一系列以花卉为原材料的旅游产品。

（三）旅游业带动下的个体经济

随着观音山村旅游业的发展，旅游产业的聚集和关联效应逐步显现，带动了当地的个体经济发展，形成了"吃、住、行、游、购、娱"六要素齐聚的产业发展态势。

从2010年开始，村内陆续开业了多家餐厅。由于临滇池西岸，得天独厚的地理优势使得观音山村能够更加便于享受滇池鱼的新鲜和美味。每年滇池开湖以后，村民划船入湖，将捕获的5千克以上的大鱼趁新鲜制作成糟鱼。据村内航天月餐厅的老板描述，每天午餐和晚餐期间都会翻2～3桌，不少食客也会因为糟鱼的美味而特意来此品尝。从社区统计来看，多数餐厅每月的营业额都保持在上万元，而从村内陆续开业的餐厅来看，收入还是非常可观的。同时，餐厅之间的竞争关系也较强，每到用餐时间，餐厅的员工都会在景区或主干道两边以各种方式揽客。

除了餐饮之外，在观音山社区主干道两旁络绎不绝的"地摊经济"也形成了一道特殊的风景线，让观音山村的主干道格外热闹。沿路两旁有10多个摊位，"观音山白族村"的牌坊前，首先映入眼帘的就是进村口集聚的几处小型摊铺，有的开着露天的小吃铺，经营着凉面、炸洋芋这些地方小吃；有的利用自己车后备厢支起了西瓜摊；也有的直接将玉米、草莓等蔬菜水果平铺在塑料薄膜上，坐在马扎上戴着草帽和左右"邻居"聊天，等待游客进入再吆喝。"村里进来摘草莓的多了，来我们这里买东西的就多了。"其中一个摊主说。来观音山游玩的人大多是昆明市区的游客，以自驾为主，当天往返。游客最常见的游憩路线为"观音山村参观，农家乐吃鱼，然后再带点农特产品走"，但村里的游客流量主要集中于周末，周一至周五游客量并不多。

从观音山社区的不同摊主可以看出，由于旅游业的兴起，很多观音山社区的居民选择以摆摊的方式来增加收入。这种由旅游业带动的个体经济给观音山村的居民，特别是留守老人和妇女带来了收入增长，以及参与旅游经济的机会。

四、观音山村乡村振兴的经验与启示

（一）明确的乡村发展规划和定位

观音山村在准确分析自己的区位、历史古迹优势、产业结构特征等发展条件的基础上，紧跟乡村休闲旅游发展脉搏，围绕乡村旅游产业有明确发展规划和定位地发展。

基础设施提升和景观打造方面，社区持续稳步推进村庄在房屋建筑风格、村庄基本设施以及公共环境卫生等方面的工作。在农村三类房改造过程中，村里按批次批准改造和修建了一些具有统一设计标准和建筑要求的白族民居。社区对于盖房子的审批流程日渐严格，并且限制每一批只能有8户改造或重建房子，避免了整村大改大建导致的游客流失。

同时，社区开始有意识地规划村内的建筑风格，要求统一建成白族的青瓦白墙风格，以彰显村庄白族村的特色。村里的主要干道上有修裁整齐的绿化植被，两面的墙也粉刷上了壁画，壁画内容丰富，主要为风景图、村规民约、道德宣传、诗词歌赋等。观音山社区为提升公共绿化面积建设了小游园

图 5-3　观音山村正在建造中的三类房改造户

5个（共850平方米），完成绿化种植6 300余株，建设休闲凉亭12个、石桌椅10套；为商贩提供统一菜台，对3个农贸市场进行提升改造；对村庄风貌进行改造，铺设青石板850平方米，修复部分屋檐、瓦顶，修复面积2 100平方米，制作墙体彩画7 200平方米，墙体彩画主要以宣传党和国家的政策方针、"七改三清"工作、爱护环境卫生、尊老爱幼等形式展

现；配合完成电网升级改造，网络宽带全覆盖。2010 年到 2019 年期间，社区安装太阳能路灯 192 盏，全面覆盖社区区域，解决村庄夜间出行问题；积极争取、筹措资金，硬化乡村道路 11 公里，实现道路硬化率 100%、通畅率 100%，极大方便了居民和游客的出行，此外还自筹资金并组织居民投工投劳完成农田机耕道路硬化 3.8 公里，方便了居民农业种植，促进了农旅结合的旅游发展。

在卫生方面，为强化垃圾处理、严格落实"组保洁、村收集、镇运转、区处理"的四级管理运行机制，观音山村共建设垃圾收集间 8 个，设立定点垃圾桶 45 个，方便村民垃圾投放，并配备农村保洁员 33 名，划分保洁责任片区，确保了垃圾日产日清，每周组织居组干部、党员干部及居民开展一次全村卫生大扫除，使村内背街小巷均无非正规垃圾堆放点；配建公厕 6 座，建立管理制度，由保洁员进行日常保洁，同时改造修缮居民户厕 46 座，使所有居民使用卫生厕所；同时在农田主要路口支砌农药垃圾收集池 16 个，进一步做到田园清洁；不断完善排污沟渠，累计长达 8.8 公里，全村生活污水得到有效收集，汇入滇池西岸截污干管，最终进入白鱼口污水处理厂。2010—2013 年，社区建设深水井 3 座、蓄水池 4 座，改造人饮管网 1.2 公里，更换水表 600 个，保障了人饮安全；观音山村对社区道路、农贸市场、小游园、小广场等全面实行日常保洁，无卫生死角；严格落实"门前三包"责任制，实现公共单位、商户签约率 100%、达标率 100%。强化居民提升人居环境的意识和自觉性，让居民庭院内物品摆放整齐有序并普遍栽植绿化，做到房前屋后没有堆放杂物；每双月组织党员干部、居民代表对坝塘、水沟进行打捞清淤，始终保持水体干净。

在村庄管理方面，制定网格化管理，按社区干部包小组干部、小组干部包党员、党员包户长的形式，逐级落实责任制，加强日常监督管理；严格执行市区街道整治农房违法建设和临违建筑的相关规定，始终保持严格管控，杜绝违法建设和私搭乱建行为；安装监控摄像头 102 个，配置机房设备 2 套，做到村庄监控管理全覆盖，监督和警示不文明行为的发生；通过民主程序，制定《观音山社区村规民约》，建立奖罚机制，3 个居民小组均设立曝光栏，对不文明行为进行曝光，并鼓励全村群众加入环境整治大氛围内，对乱扔垃圾、破坏集体公共设施、粘贴小广告的行为进行举报奖励。

(二) 积极进行历史古迹保护

观音山村明确自己的发展定位，对历史古迹和老宅民居进行了积极的保护，有效地留存和盘活了历史古迹的文化内涵和精神价值。

"一颗印"是滇中特色的民居形式，昆明地区四季如春但多风，所以住房墙壁厚重；为了节省用地，改善建筑内小气候，促成阴凉，所以采用了小天井，这种住宅整个外观方方正正如一块印章，当地称"一颗印"，又叫窨子屋。观音山社区现存的古民居大多是"一颗印"民居，其中，建于清代的百年老屋就有 10 多幢。目前，已有 82 号、132 号、274 号、248 号 4 幢登记为不可移动文物，依法受到保护。

图 5-4 观音山村现存的老门牌

村中最具代表性的"一颗印"建筑就是位于观音山村的董氏宗祠，宗祠建于清道光年间（距今已近 200 年），于宣统元年重修，由大门、前堂、天井、两厢、正堂组成，坐北朝南，是董氏族人为祭奠先人和自办私塾而建。观音山社区党委副书记董文娟也曾提及过宗祠在她记忆中的样子："我们小时候，村里的长辈在这里开会，决定村中大事，或者是办红白喜事。"对她而言，宗祠是神秘而威严的，但是如今的宗祠除了原先的作用之外，更担负起了游览观赏的角色，是观音山社区内的重要旅游景点

图 5-5 董氏宗祠

之一。

除了村中的"一颗印"民居以外，社区也把李培莲墓石牌坊、龙氏墓庐、龙云捐资建校纪念碑等作为廉政文化建设的重要一环，并都进行了保护，为的就是通过龙云的爱国主义精神、对亡妻的深情、对教育的重视和廉洁正直的优良品格来影响群众，以龙云精神来鼓舞观音山的居民。把龙云与观音山相关联的文物古迹和廉政文化建设相融合，既保护了文物，又发挥了文物附属的文化熏陶价值，还传扬了龙云的精神，可谓一举多得。

（三）政策引导下的村规民约与党政建设

观音山村是一个严格遵循政策导向发展的村庄，在政策引导下，健全乡村治理体系，为推进乡村社会治理体系和治理能力现代化走出了一条有效路径。观音山村根据发展需求制定了网格化管理体系，以社区干部包小组干部、小组干部包党员、党员包户长的形式，逐级落实责任制。

因与滇池相邻，观音山村肩负滇池保护的重任，社区和村委会把党建、滇池保护、党员示范相结合，以滇池保护治理为龙头，以"社区绿色发展、村村截污、户户节能、人人环保、党员表率"为重点，紧抓滇池保护。村干部、党员、保洁员、护林人员、滇保人员200多人组成了"滇池卫士团"，进行了清理疏通防洪沟渠、保护滇池宣传、垃圾清理等活动，不断推进"母亲湖"滇池的保护工作。

同时，观音山村积极推进村民自治，全面推进村级民主选举、村级民主决策、村级民主管理和村级民主监督；有效地消解了乡村基层内部矛盾，激发村民活力；成立村民互助小组，有效发挥政策解释、纠纷调解等功能，回应村民诉求，实现了"小事不出组，大事不出村，矛盾不上交，化解在基层"的村居治理目标。

第六章

整村搬迁后的"共同繁荣"：
光崀大村的乡村振兴之路

太平新城光崀大村原先是一个以白族居民为主的村落，于 2016 年 6 月底全面完成整村搬迁，并以文创主题与山水田园相融合的发展思路，保留旧村落的样貌，鼓励外部人与当地村民的共同参与，打造集循环农业、创意农业、农事体验、传统文化传承、创意产业研发、医养、云南特色物产、旅游体验为一体的田园综合体文创村落。村民以"合作＋参与"模式，利用村庄集体建设用地和原有房屋入股合作社，参与村庄发展。但是调研发现：村内存在村民生计单一且与村庄产业不匹配，村庄经营、建设、改造的主体不统一，地方政府人员变动大，村民参与意识和能力不足，以及村民对乡村生活的情感需求得不到满足等问题。即使村民在乡村发展过程中得到了一定的经济收益，但如何将村民融进乡村发展之中、保证其主体性、实现人与村庄的共同繁荣，依然是亟待回答的问题。

一、光崀大村的概况

光崀大村隶属于昆明市安宁市太平新城街道册峨村委会，位于太平新城南部旅游观光带，距离太平新城街道集镇 8 公里，距昆明主城区 21 公里，距安宁市区 16 公里。安宁市光崀村所在位置为山间谷地，属于半山区，地貌以山坡地、山地为主，面积 2 620 亩，占地面积 4.87 平方公里（7 305 亩），海拔 2 100 米。村里有二型水库 2 座，水源方便。村背靠山坡林地，植被资源丰富，森林覆盖率超过 60％，整个村域生态环境良好。

全村现有可用耕地 3 000 多亩，山林地 7 000 亩左右。安宁市光崀村村中户籍人口 102 户、302 人，其中少数民族 164 人（白族 152 人，彝族 8 人，傣族 4 人），少数民族占村中人口总数的 54.3%，为白族聚集自然村。2015 年，村腾退原始房屋及村庄区域面积约 2 400 亩。光崀大村原有住房为砖木结构、砖混结构、土木结构，共有 50 余户房屋和院落。村落周边交通路网通达环绕，十分便捷，是一个配套完善的稀缺保留区域，发展空间较大。

2016 年至今，光崀大村已经获得云南省的省级美丽乡村、市级美丽乡村等一系列荣誉，2019 年更是获得了中国美丽休闲乡村的荣誉。光崀大村以保留乡村原有建筑肌理为核心，引进田园亲子、文创、民宿等 30 余家特色项目，打造稻田图书馆、光崀赶街、大地学院三大核心 IP，构建云南首座乡村自然学习中心，囊括 42 个体验式自然生态、在地文化艺术课堂，系集文创、文旅、游学于一体的创新乡村文化生态圈。

图 6-1　光崀大村村庄风景

环境卫生方面，现在的光崀大村每天都有环卫工人打扫村庄街道，环卫工人主要由两部分构成：一是运营公司从外面雇佣的工人，二是光崀大村的村民。环卫工作主要由前者完成，主要负责街道整体清理工作，后者负责日常清扫。光崀大村已全部实行垃圾分类，且斥资 120 万元建立了 AAA 级标准化旅游公厕，以方便游客游玩。

医疗卫生方面，光崀大村从前有赤脚医生，也有会开草药的民间大夫，早年村民手脚擦破损伤都会去开草药，因为在村内开草药不花钱；现在光崀大村有卫生所一家，位于安置区小区门口，2017 年 7 月 31 日开业运营,现有医务人员 7 名,指导专家 4 名。册峨卫生所以家庭医生签约服务为切入点,以云南省第一人民医院新昆华医院为后盾,通过"云会诊、双向转诊"服务,为签约人群建立康复急救绿色通道,打造成集预防保健、康复医疗、健康管理为一体的家庭医生工作站,让辖区居民得到全方位的保障,方便村民日常的医疗需求。光崀大村周围外环道路打通后,距离云南昆钢医院(三甲)12 公里、昆明同仁医院(三甲)15 公里、昆明医科大学第一附属医院(三甲)21 公里,前往以上综合性三甲医院也较为方便。

图 6 - 2 光崀大村的垃圾分类

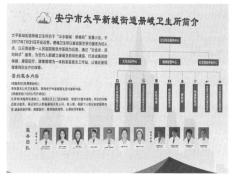

图 6 - 3 光崀大村安置区卫生所简介

在文化教育方面,经过走访了解到,光崀大村安置区村民以中专、大专毕业的居多。光崀大村现有一所公立幼儿园,距安置区居民最近的就是这家太平街道幼儿园,位于安置区大门门口,保育费只要 200 元/月。但因为这个幼儿园的师资有限,一部分有条件的人会选择将孩子送去太平新城或者安宁市的私立幼儿园,比如万辉房产的幼儿园,每个月学费要上千元,但在万辉小区有房子的住户在那里上幼儿园每月有几百元的优惠。光崀大村原来有小学,但 10 多年前撤点并校之后,就需集中前往安宁市太平

图 6 - 4 光崀大村安置区附近的太平街道幼儿园

学校上学，学校距离安置区 10 公里；中学可在安宁中学就读，距离安置区 7 公里。另外，太平新城附近还有若干职业院校，如云南经贸外事职业学院，距离安置区 8 公里；云南经济管理学院，距离安置区 17 公里；云南工程职业学院，距离安置区 17 公里。

在文化资源方面，民族服饰和手工艺术品是光崀村的一大特色。光崀大村的村民着装以白族传统服饰为主，其色彩以白色为尊贵。男子多穿白色对襟衣，外套黑领褂或数件皮质、绸缎领褂，俗称"三滴水"；腰间携带一个绣着"双雀登枝"等字样的绣花荷包，是白族姑娘心灵手巧的赠礼。女子多穿白上衣配红坎肩，腰系绣花短围腰，下着蓝色宽裤，足穿绣花"百节鞋"。村内手工制品主要是扎染和刺绣。从传统的扎染，到精致的刺绣，繁密细致的针脚、和谐工整的印花、雅致精密的纹样，光崀人以朴实、纯净的艺术形式，来表现人和自然和谐共生。扎染是白族传统的民艺技能，蓝与白之间，透过千年时光，浸染了白族人生活的底色。光崀人在传承白族传统的扎染技术之上，创新发展了扎法及花色品种，其花色纹样以山茶花为主。在扎染艺术氛围最浓的时期，村里曾出现过"家家有染缸、户户出扎染"的盛景。山水之间，睡美人山下，光崀因扎染更增添了一种韵味、一份情怀、一份坚守。在光崀白族村寨，刺绣水平如何是衡量一位女子才智聪颖与否的重要标志，所以当地白族少女自幼学习。手艺精湛的光崀女子，凭借世代传承的刺绣工艺基础，融汇白族的民族刺绣工艺，以自然花草纹样的重塑及动物灵动表情的刻画，让光崀刺绣在作为服装装饰之余，更成为一道独特的生活风景。

二、光崀大村的发展变迁

（一）光崀大村的由来

昆明市安宁市周边的白族自称"民家"，据记载，白族落居安宁已有 500 多年的历史，主要由元代忽必烈征伐云南时的白族兵后裔及明代沐国公南征时留驻的白族人发展而来。"光崀"二字源于彝语，光崀村原住居民大部分为彝族，后来因白族军队落驻，村中呈现出白族、彝族、汉族三族混居的形态。历史上更因为屯兵、移民的影响，使光崀成为一个小方言王国，村里共有 5 种方言和 20 余种姓氏，其中"李、张、罗、浦"四大姓氏占比最大。

　　光崀大村已有百年历史，是一个白族村落，曾是茶马古道上一个重要的驿站。光崀位于西山后麓，因此西山"睡美人"的故事和飞来寺的传说一直在村里流传，"睡美人"亦成了光崀村民的民俗信仰，每年阳春三月，村民唱山歌、对小调、耍龙舞狮、野餐赏景，热闹非凡，"三月三，耍西山"的习俗由此而定。

西山"睡美人"的传说

　　西山风光秀丽，为昆明诸山之首，扬名天下，因其像一尊庞大的睡佛，又似少女酣睡在滇池畔，故有"睡美人"之称。相传，以前滇池畔有一对真挚相爱的青年男女。一日，为表达对爱侣的倾慕，男子驾舟至海中采花相送，却一去不返；女子因此悲痛欲绝，泪流成河，尽汇入滇池。最后，女子泪尽而逝，仰面倒下化为西山，身躯即是湖滨山峦，长发散于草海，其脸、胸、腹、腿以至下垂入水的发丝，都历历在目，轮廓分明，千百年间引人神往。

飞来寺的传说

　　该传说距今已有180多年历史。民间相传，昔日去往海中采花的男青年因化身"水神王"而导致经年难归。他回来之后，得知睡美人因思念成疾而亡，十分愧疚，便选择在农历三月初三——一个春风沉醉的夜晚，以神通将一座寺庙搬至睡美人山脚旁的光崀村，在古松翠影流溪间，与昔日爱侣世世相伴。后来此庙就被命名为"飞来寺"，至今庙宇不存，但"睡美人"山腰处，终日有白云缭绕，神秘而美丽，光崀村民都相信那就是飞来寺所在。

　　光崀大村所属的册峨村有六个村小组，但只有光崀大村的村民有一半多是白族人，其他小组的村民都是汉族人。这些白族人的祖先是从大理国迁居昆明，之后流落在西山上居住，才慢慢发展出一个小型的白族村寨。村里受访的老人李祥今年75岁了，是村小组的老支书，前几年才从村委退了下来，他很清晰地回忆到：最初是云南省委批准了村内139人的白族身份，但在那之前，他们的生活已融入了周围的汉族和其他少数民族。

（二）光崀大村的生计变迁

1. 以水稻种植为生计的传统农业发展阶段

光崀大村在 20 世纪一直是以种植水稻为主，和周边村落一样，十分贫困。走访中，村内像李祥老人这样的 70 岁以上的老人们回想起过去，很长一段时间过得都是苦日子。而说起什么时候苦日子有了希望，老人们的答案都很一致，就是改革开放那段时间。在 20 世纪 70 年代的最后 3 年间，据老人们回忆，他们终于吃上了米饭，不用再吃玉米糊了，还说在那之前吃了太多玉米糊，以后再也不会吃那东西了。实行联产承包责任制之后，各家各户不仅可以种自己的地，还可以养猪、养鸡，经济条件逐渐变好。李祥老人从 1983 年开始就一直在村委工作，1986 年加入中国共产党，在村委工作期间，他还带领村民们一起建造了水坝，水坝的建设解决了干旱气候下村民种植水稻的灌溉问题。

2. 从传统粮食作物到经济作物的转型

光崀大村贫困的状况一直持续到 21 世纪，到了 2004 年村民小组长陈明书发现了种植草皮的商机，先鼓励部分村民开始实验性种植草皮。在得到利润之后，他带领全村一起开始正式种植草皮，从 2004 年起，光崀大村整村就都以草皮收入为主要生计来源。经济作物的种植极大地提高了村民的收入，村民说，水稻只是管生活，但始终没法赚钱，种植草皮后，即使是最差的年份，草皮也能给每户带来每年 2 万元的收入。走访中村民的反馈也是认为生活水平是从 2005 年前后开始有所转变。其中一位村民曾经与丈夫一起在外务工，但是在村子开始种植草皮之后回到村中，重新开始务农生活。

陈明书做村民小组长已经有 10 多年时间了，其他村民提到前两年陈明书希望可以卸任，让更年轻的人来做，但村民反映还是推举他继续担任村民小组长一职，其中原因则主要是村民们对近 10 年的生活水平的改善有明显的感受，也认可陈明书作为村民小组长为村子的付出。在我们的访谈中，多个村民提到是陈明书带着这个村子脱离贫困的。陈明书其实是个外来人，他 18 岁时参军来到云南，3 年后退伍便在这里成家落户了，他很喜欢这里，十分想建设好这个村子。除了带领全村种植草皮实现增收之外，光崀大村能有今天的样貌，也是开始于陈明书的一个建议。2016年，光崀大村所属的册娥村委会为了修路让道进行整体搬迁，原本的计划是拆除旧有的村落，当时挖掘队都已经联络好了，但陈明书觉得这个村子值得保留。他直接与当时的太平新城街道办主任、现在的安宁市副市长王志敏沟通，提出了他的想法。他向王志敏提议，为光崀大村提供50万元的经费，用以买断村民原先的住宅，他相信老宅子可以成为这个村庄文化的体现。王志敏同意了他的想法，于是光崀大村才有机会发展成为一个以旅游文创为主题的新型乡村。

3. 从农业到非农的转型

2015年整村搬迁安置之前，除了村集体分配的土地流转收入外，村民的收入来源以农业种植和外出务工为主，多数土地用以种植房地产项目需要的小区绿化草坪，少量土地用来种植瓜果蔬菜等作物。一户农户在当时一年的收入可达5万～10万元。2016年整村搬迁至附近册娥苑小区，被征用的土地每亩可得103 000元的"田地征用费"。村民失地之后已不再务农，他们的收入除了外出打工和个体经营之外，就是村集体的分红。分红主要是征地款和土地流转费，村集体的土地综合流转面积为1 400亩，流转费按照1 380元/亩补贴。例如2021年春节，每家每人得到了2万元的分红，在我们抵达村庄的前几天（2021年6月初），村内又给每人分了5万元。目前的分红是2012年征占土地修建东环干道的补贴款，按照每亩2万元计算，在2019—2020年期间开始发放，每人已拿到7万元。老村因为村民的搬离形成了只有老房子的"空心村"，遗留下来的空村如今已经发展成为远近闻名的"文创村"，但失地之后的村民在参与老村发展方面是相对缺位的，当地政府也正在探索光崀村民与老村发展相结合的路子。

提前退休的中年人

李绍坤是上一任村书记，现在赋闲在家，与妻子一同带孙子。目前老两口都没有外出打工，他本人平时会到儿子开的火锅店帮忙，除此之外，就没有参与任何经济活动了。但在搬迁之前，他们家庭的生活并不是这样单调无聊的。李绍坤本人从 2002 年就开始养羊，通过卖羊奶赚钱，在村中，他家是最早开始养羊的，其他农户在看到养羊的收益后，也纷纷效仿。养羊的成本很高，在 2002 年时他就已经购入 20 多头小羊，每年能有 5 万~6 万元的收入，即使是现在，这也是一笔很高的收入了。除了养羊，他也跟着村里一起种草皮。加上草皮的收入，他们家每年收入可以达到 8 万~10 万元。

目前，他的大儿子在县里国企工作，每月税前工资有 7 000~8 000元左右。同时他儿子还开了一家火锅店，儿媳妇开了两家服装店。火锅店行情好的时候，一个月能有 3 万元纯收入，服装店的收入他则表示不清楚，这些小店的收入都归儿子一家，他们两口子并不要孩子的钱。现在他们两人除了征地款外没有任何其他收入来源。

在实地走访中，部分村民表达了对生计的不满意和对未来的不确定性的担忧，对现状不尽满意的原因也是因人而异的。村内 60 岁老年人描述现在生活和过去生活的差别时，他们想到的是比较困难的 20 世纪八九十年代，有时甚至是更早的 20 世纪六七十年代。而相对于那个时代，目前温饱住宅不愁的现状是令人满意的。但对于 50 岁左右的中年人来说，他们当下的情况较于老人来说则更复杂。首先，在搬迁之后，50 岁左右的村民基本丧失了经济手段。在此之前，他们通过种养殖业可以获得一定的收入（种植草皮可以获得至少每年 2 万元的收入），但失去土地之后，唯一的经济手段变成了打零工。而由于年龄限制，中年人在体力、智力上都不及年轻人，他们能做的零工极为有限，几乎只有保安和保洁两个工种。实际上这个年龄段的中年人在搬迁之前一直是家中主要的经济力量，但现在许多中年人都赋闲在家，一部分会外出打工，一部分则在家为儿女照顾小孩子，现在的生活方式极大地限制了他们发挥自己的能力。如果不将政府发的征地款计算在内，搬迁之前，种草皮的收入约是 150 元/天，而现在零工收入则是 80 元/天，同时，打零工还要支付交通饮食费用。以较富裕的农户为例，李绍坤家在搬迁前以草皮和羊奶为主要收入来源，销售羊奶可以为他家带来每年 5 万~6 万元的收入，加上草皮的收入，他们家每年收入可以达到 8 万~10 万元。但搬迁之后李绍坤及其爱人都没有打工而是选择在家帮忙带孩子。换算一下,除了安置房外,李绍坤一家五口目前得到了政府征地补贴共 100 万元现金,相当于其 10~15 年的收入总和。

从农民变为打工者

许仙家里有 4 口人,安置房面积为 96 平方米,另外还加购了一套 118 平方米的房子。经了解,她家以前的宅基地面积为 272 平方米,住宅面积大大减少了。她和她老公都在打工,她在老村子内做保洁,也就是由村集体股份有限公司雇佣,每月工资为 2 000 元;她老公在其他小区做保安,每月工资也是 2 000 元。女儿在外打工,做财务工作,每月工资为 4 000 多元。

另一位与许仙一起在老村子做保洁的阿姨的情况与许仙类似。他们夫妻二人也是在外务工,除了她每月工资有 2 000 元之外,她丈夫做保安工作,每月有 2 300 元的工资。她家中 6 口人,两个儿子都已结婚并在外打工。大儿子当年搬迁的时候退了册峨苑的房子,拿到了 24 万元的现金,目前已经在安宁市内买房定居。小儿子在村外的万辉物业做物管,但偶尔也回册峨苑这边的家中来住。她和许仙阿姨都觉得,现在的工作要比过去干农活轻松很多,每天保证 8 小时的上班时间之外,其他的时间都很空闲,可以帮着儿女带小孩。同时因为工作地点离家里比较近,她们可以中午午休时回家吃饭。由于工作内容并不繁重,工资也比较固定,这令她们觉得现在的生活更好掌控,也不必再有从前靠天吃饭的担忧。尤其是今年(2021 年),她们说今年的旱情十分严重,如果还像以前那样以种植草皮为生,那么这一年都不会有多少收入,得来的收入估计刚刚够生活罢了。

她们二人都对老村子的建设抱有很大期许,同时也承认还有很长的路要走。她们觉得村子未来是一定会为村民带来额外收入的。等到村庄的建设初具规模了之后,她们希望可以到村子里开小吃摊卖炸洋芋,或者开烧烤摊,又或者出售手工艺品,比如卖自己做的鞋之类的来增加收入。

（三）光崀大村交通条件的改善

2008 年前，由于四面环山，光崀的通村公路是一条仅够牛车通行的小土路，雨天泥泞难行，晴天尘土飞扬，路况非常差，从光崀到太平小街距离仅有 13.5 公里，却要 2～3 个小时才能到达。所以村里蔬菜即将采收前，就得提前联系菜贩约定收购时间。路难行，信息也变得闭塞，因此质量很好的蔬菜却卖不上价。2008 年，在新农村建设的推动下，村里扩建了以前的老路，修建了一条能供小货车通行的钢渣路，部分村民购买了手扶拖拉机、农用三轮车等交通工具，自己将浅水藕等应季蔬菜运到市场上进行交易，这样除了收入的增加，还能将外面的物资及时运送回来。就在路通不久后，光崀在太平政府的统筹安排下开通了一天 3 趟的公交车。2011 年，太平新城撤镇设街道，全面推进开发建设，东环干道开始修建。2013 年，道路修建完毕，昔日的村庄已是四通八达。同年，光崀村附近的太平新城实施公交"组组通"计划，1 天 3 趟的公交车也增开至每小时 1 趟，极大地方便了人们的出行。

（四）村民居住条件的变迁

20 世纪 80 年代以前，光崀大村大多数村民居住在茅草房里。70 多岁的村民李叔回忆说："我有一大半的人生都是在自家的茅草房里度过的，已经三四十岁了，我才有能力给自己家建造一间土坯房。茅草房和土坯房都不好住，但好在土坯房不需要像茅草房一样总是要费时费工地去打理。"直到 20 世纪 80 年代初，光崀村村民才有经济能力住上土坯房，这一住又是几十年，老村里如今还随处可见的土坯房便是现在 50～60 岁村民从小长大的地方。

2015 年，光崀大村启动集中居住工作，改善村民居住条件。首先是历时 2 年的安置小区建设和全体村民动员工作。2016 年 8 月，全体村民按照人均居住面积不低于 59 平方米的标准计提搬迁至距村落直线距离 500 米的现代化住宅小区，腾退的原始房屋及村庄区域面积约 2 400 亩。之后，利用腾退后的光崀大村原村落建筑居住格局，包括原村落内砖木、砖混、土木结构的 90 余户房屋院落和村间道路、生产生活设施及周边田园景观，挖掘生态景观及民族民俗文化保护价值，规划布局光崀大村的未来发展方向和定位。2016 年 6 月完成集中居住工作，置换出原村落生产生活空间，总安置 310 人，含册峨苑小区安置 180 人，货币安置 94 人，入城（安宁）安置36人。原村落在资源格局、整体风貌、根本权属不变的前提下，理清各项权属关系，推进地上附着评估与残值补偿，村民自愿放弃房屋使用权，产权归村民小组集体所有，流转给戈仲文化发展有限公司，实施整体综合运营管理。

搬迁后的现代化住宅小区名叫"册峨苑小区"，现房价为5 800元/平方米，总用地面积47 142平方米，总建筑面积101 356.24平方米，项目建筑密度23.7%，容积率1.71，绿地率41%，总户数656户，车位367个。小区建筑物共22栋，规划包括1栋3层幼儿园，2栋4层社区邻里中心、12栋多层住宅、4栋12层小高层、2栋15层高层、1栋18层高层。小区户型面积主要为86平方米到155平方米之间。光崀大村常住户口以25平方米/人的标准安置，超过人均安置面积的，超出部分按1 900～2 300元/平方米的价格购买。安置房有楼梯房，也有电梯房，村民可自愿选择。自从搬入新小区以来，原本跟土地打了大半辈子的村民一下子变得清闲了，住上了小区房，原先的生活方式改变了。部分村民尤其是留守老年人不太适应这样的改变，于是村委会专门成立了义工团队。义工团队由周边的村民自愿申请加入，利用自己的空余时间义务为老年人提供诸如打扫卫生、清洗衣物、做饭等免费服务，建立起了"爱心驿站"。随着老年活动中心的建立，老年人有了一个可以集中活动的场所。在活动中心，老人们可以免费看书，相互交流健康生活小常识，打乒乓球和排练各种节目，可以去活动中心跟其他村民或者义工聊天，学习健康养生知识，唱唱花灯调子，学跳几支广场舞，生活变得丰富多彩。

图6-5　光崀大村安置区册峨苑外景

图 6-6 光莨大村安置区册峨苑小区内部环境

（五）村民生活的变迁

2016 年整村搬迁之后，随着生计方式的变迁，光崀大村村民生活也随之发生了变化。与年轻人相比，中老年人的不适应相对突出。因其对土地和村庄的依恋更深，搬迁实际上是切断了他们与之前的生活的联系。在访谈过程中，我们了解到街道办近几年都有在组织文艺活动。街道办会定期组织舞蹈培训，聘请舞蹈老师每周在各个村子进行教学，一周余下的时间，村民选出的舞蹈队长也会组织村民在晚间跳舞。最盛时期会有七八十人参与舞蹈活动，那是 2 年前的事了，现在每晚一般只有 20 多人会来跳舞。当时人数多的原因不单是村民参与意愿强烈，也是因为街道办的监督。据村民说，当时参与跳舞会签到，规定每个人每周的请假天数，所以才会有那么多人参加。但村民回想起那时的生活，她觉得那会儿其实更开心。当时浩浩荡荡几十人一起走路半小时到集会地点跳舞的场景，是热烈的、活跃的，比较而言，现在的生活则平淡、寂寥了许多。

中年人对现状不满其实隐含了对当前政策执行、协调过程的不满。除了之前所说的因征地款数额少而产生的不满之外，我们还了解到村民其他的意见。其一，有村民认为安置房分配不公。因为无论老房子情况是好是坏，该村的分配都遵循了绝对平均原则，无论男女老少，每人有 25 平方米的免费面积。因而，单是安置房的情况，从前房子破败但家庭人口多的农户则更有可能分得大房子，而房子情况良好但家庭人数少的农户反而分得了小平方户型（按家境比较殷实的一位农户所说，他家的老房子估价应在 1 000 元/平方米以上）。在这个问题上，拥有情况较好的老房子的村民在心态上很难平衡。不过在聊天的过程中，这一部分人因为前期有一定的积蓄，都会在安置区和村外置办多套房产，实际拥有的固定资产并不少，只是在这一套免费的房子上，他们明显吃亏了。其二，除免费房产外，每户村民只能在安置区购置一套额外的房产，标价则是阶梯式的，在每人免费的 25 平方米之外，每人有 20 平方米享受优惠价 1 950 元/平方米，再超出的话，额外面积则是成本价 2 350 元/平方米。而多子女家庭都希望可以添置两套以上的房产，一套给老人住，多出的可以给子女住，尤其是已婚的子女。但由于有两套房产的限制，村民无法继续以优惠价格购买，很多家庭都是在一起住。可能也是出于房子越多越好的认知，一些村民添置第三套房产的意愿强烈，但受到了政策的限制。尤其是和外地人相比，因为外地人没有购买限制，很多人都会在该小区买两套以上房子，一些村民认为这样的方案对该地经历搬迁的村民并不友好。相对而言，年轻人如果对村庄发展不满意，会选择离开，而中年人在村子里度过了几乎全部的人生，离开村庄的选择对于他们是不太现实的。

同时，很有趣的一点是，许多村民将调研组理解为政府来调查情况的人员，大多数人会避重就轻地说一些自己的情况，而少数村民则表现出消极态度。这侧面说明村民至少对一些事情是有意见的、不满意的。

经过以上分析，客观来说，村民相对于之前的生活，在经济上是获益了的。但村民依然表达了很多意见和不满情绪，并且，在交流过程中，能明显感受到村民的不满不只是存在于生活状态的改变、与村庄的联系被切断这种情感需求之中，村民的很多建议是很具体的，是针对某项政策或决策的执行产生了质疑。这样的情况说明，村民即使是在经济得到合适的补偿的情况下，政策或村集体的决策依然会产生对于村民而言的不公现象。这种对于分配的不公的理解源于村民将自身与其他人进行比较的过程。依照以上描述，村民会与本村村民、隔壁村以及外地人进行比较。

三、光崀大村"共同繁荣"之路

乡村振兴要发挥和激活各参与要素的优势潜能和特色特长，尤其是要激活多元主体的参与，充分发挥各个参与主体的内在潜能，谁有优势就由谁来占位补位，达到政府主导，农民主体以及其他社会主体多元参与、有机衔接、良性互动的"共同繁荣"之路。

2016 年，光崀村开始了文创村落建设的尝试，搭建"政、校、农、企"多元主体合作运行管理的基本构架。"政"指以太平新城街道为主要责任主体的各级政府，"校"指云南财经大学，"农"指的是光崀大村村民小组 111 户村民发起成立的安宁匠春文化旅游专业合作社，"企"指的是多家入驻和参与光崀大村发展的企业。多元主体组织成立村试点项目专门管理委员会，对试点项目推进实施高位统筹，对保留村落实施整体综合运营管理，共同打造"光崀村文创村落"。

（一）政府主导和规划

政府的主导在光崀大村"共同繁荣"之路上发挥了重要作用，为光崀大村实施乡村振兴战略及其规划明确了方向。

在 2015—2018 年期间，地方政府就开始部署和规划光崀大村的集中安置和基础设施建设，对光崀大村的资金投入包括：2015 年光崀村集中安置 5 000 万元；2016 年老村民腾退房屋补偿（每个房子补偿 2%）、老村公共环境整治及各项配套服务支持 800 万元；2017—2018 年修缮公共道路、修建公厕 200 万元。

2018 年，结合党的十九大精神与乡村振兴战略部署，光崀大村确定以乡村振兴示范村、现代田园综合体、文化创意产业园、乡村创客讲武堂、社会治理模范区"五位融合"为抓手，以打造健康生活目的地、青年返乡创业孵化地、文旅特产线上集散地、新老村民共生发展幸福地"四个目的地"为目标，探索新老村民相互融合带动再造乡村的新模式、新途径。村里组织编制了《光崀文创村落项目规划建设方案》与《光崀田园综合体项目规划建设方案》，尽可能保留村庄原有风貌，不搞大拆大建，赋予老房子新的文化创意元素，增强村庄的历史厚重感。

目前，明确并执行"六个一＋N"来构建乡村振兴新型关系。六个"一"的第一点是"一核"，即以基层党组织为核心，大力支持党建引领，进一步发挥党组织作用，通过村民大会党支部会议等多种方式，不断提升村民对乡村振兴工作的认同感和态度。通过这些工作，很多村民对光崀大村的乡村振兴工作，从不了解、不太支持到现在的比较了解、积极参与，内心的认同和参与感不断提升。"一办"是指专门成立的太平新城乡村振兴办公室，从街道的层面统筹整个辖区的乡村治理工作。"一平台"是指村庄的相关基础设施建设是委托安宁市建设投资集团有限公司来完成的,村容村貌焕然一新,道路硬化、污水、管网、自来水等的标准都严格按照城市化的标准建设,污水管网等全部接入了市政的管网配套,为以后的产业发展预留好了相关的空间。"一监督"和"一评审"主要是指项目的监督小组和项目的评审会(光崀大村乡村振兴试点项目监督小组和专家复合评审会),前者主要负责决策、规划建设、产业招商、资金使用、农民权益监督几方面,后者主要负责规划设计方案、产业规划方案、生态保护方案、规划设计方案、市政建设规划方案。项目引进评审主要是依托着未来要进入这里的项目开展的评审,而"一评审"是由专家、街道管理公司、村民代表组成的,其中最重要的一项是就村民的融入参与以及能不能解决村民的就业相关问题来进行的评审,最终根据方案进行项目落地的监督。最后,"一运营"是面向全国进行市场化招标确定专业化的运营管理公司,目前是一个上市企业来对整个项目进行运营管理,吸纳有利于村庄发展的要素,开展乡村振兴试点村的发展。

目前,光崀大村乡建工作以实现生态、文态、业态、形态"四态融合"为目标,着力进行打造。实行这一目标首要的是贯彻总书记的"绿水青山就是金山银山"的生态发展理念。首先,在生态方面,光崀大村把原来种草坪为主的耕地进行了传统农耕的复育,采用传统农家肥的方法进行耕种,维持一个良好的生态,让参观游客来到村子后可以看到耕地,感觉就像来到了自己记忆中的乡村。其次,文态方面主要通过运营公司打造,运营公司有几个核心的文态项目,比如大地图书馆、稻田图书馆等,这些产业项目的投资协议全部已经完成了,要进行 5.7 亿元左右的投资,其中主要是以文态和业态为主。再次,业态是指田园亲子、文化创意、民宿体验、田园康养等结合的复合 IP 业态,以推进多民族文化融合,实际上,目前村庄业态已经成型。最后是形态,目标是打造一个 2 000 余亩的"乡村旅游+文创体验+休闲娱乐"为主导产业的田园综合体,成为具有相似形态的乡村建设的试点。

同时,政府还在农村治理所需的公共服务方面提供政策供给和指导。但政府的指导性政策有不连贯的情况。例如,2017 年底,光崀大村已完成修建面积为 8.6 亩的简易停车场一个,可同时容纳近 150 辆车辆的停放，本计划将其余拨款用于解决村内排污治理项目以及路灯架设项目，但在 2018 年 8 月，该款项被直接用于新修建的 30 亩新停车场以及道路施工工程中，导致光崀村内无路灯照明，入住项目依靠排污公司定期上门清理化粪池。政府在治理过程中以绝对主导的地位对各治理主体的各项具体工作落实加以干涉，同时关键性政策落实缺乏连贯性，一定程度上造成光崀大村建设过程中各主体间利益和矛盾激化。

（二）企业力量的推动

光崀大村乡村振兴创新引领示范工程以来，通过一系列专项交流活动，齐聚乡创智客，定期营造商业氛围，帮助引入市场要素。

光崀大村整体按照"集体股份＋个人股份"的形式装入村集体成立的资产管理公司，随后政府将原有收回的宅基地、村庄建设用地等资产，以使用权委托的方式委托村集体资产管理公司管理。同时，政府将新投入建设的村庄基础设施、产业设施等也以使用权委托的方式委托村集体资产管理公司管理。

2016—2018 年村集体资产管理公司委托的运营公司是云南的一家企业，当年来到光崀大村参观后决定投资，但因为公司规模小，所以并没有什么水花。而且该运营公司还拖欠了村庄包括工资、水电和土地流转费的一共 40 多万元。目前村集体已经委托街道的法律团队提起诉讼，正在等待司法程序介入。

2019 年，光崀大村村集体资产管理公司将上述中所涉及的所有资产使用权交与昆明安宁市拾得光崀文旅发展有限公司，达成 20 年委托经营管理合同，授权该公司全面运营管理本项目，并在运营期满后将资产移交村集体成立的资产管理公司作为经营方（表 6-1）。外部资本倾向于赚取利润，这样的倾向会排斥村子的原住民，因而如何在引入外部资本的同时保证村民的收益，是村庄现在以及未来发展的重点。拾得光崀的母公司是一家成都的上市公司，是招标竞选出来的，体量较大，资源也很多。他们的目标是在 20 年中为本村提供 6 000 万元的收益，同时打造 1 000 个民宿房间、42 个文创工作室，采访时的阶段仍然是建设期，预计 2～3 年后可以开始盈利。他们给出的定位是以乡建为体、乡创为魂，建立乡村文化及自然生态产业院落群，打造中国首个"乡建自然学院"。目前公司已投入了 3.5 亿元，政府支持匹配了 200 亩土地。在村民小组长处，我们了解到公司还承诺 5 年后会为村集体股份有限公司提供每年 500 万元的收益，并保证每年收益递增。

表 6-1　拾得光崀公司产业运营的具体内容

规划	具体内容
一大核心构架	中国首个"乡建自然学院"
两大主题院落集群	文化艺术产业院落包括 42 个文化院落，42 个开放式课堂 文创商业院落内容涵盖品牌民宿、特色餐饮、文创商店
三大配套功能区	农业景观区 文化艺术区 商业服务区
四大核心项目	光崀赶街：云南首个乡村创意旅游集市 稻田图书馆：为世界提供碳中和消费的先进样本 睡美人魔法庄园：国际亲子野奢营地 拾得大地学院：中国首个乡建自然学院，向大地、向自然学习的无边际学校

按照规划书中的计划，运营公司在未来 20 年中会为村庄提供 6 笔阶段性收入，分别为：第一笔通过委托经营带来的固定托管费收益；第二笔集体公司自管的耕地、果园带来的土地流转收入；第三笔项目建设期内村民参与修建的劳务费；第四笔村民参加项目内的产业工作、商业服务工作获得的工资；第五笔村民在运营公司扶持下经营场地获得的利润；第六笔为运营公司投资建设村集体资产、村民个人资产的未来增值。因为还在建设期内，2020 年村民通过运营公司只获得了前三笔收入。

为吸引更多人来村里创业，上一个运营公司将老房子免费提供给文创企业使用 5 年。其间，入驻的文创企业根据自身特点来改造和装修老房子，发展产业；5 年后，文创企业以每年递增方式向村小组缴纳租金，共同发展。统计显示，截至 2020 年，光崀大村已引入 32 家文创企业、300余人入驻，其中 16 家企业已运营，11 家企业正在实施改造建设。

目前光崀大村已经进驻了 32 家文创企业，如回归艺尚、山良陶舍、云吾工坊、布本艺社、铁意坊、蜡花故事、本味坊、朗格瑞琪、明禾茶坊、稻梦空间、猪窝咖啡、慧谷、乡野民宿、物产地图、乐培共享、云上数字、滇芝药王谷、号外芳香、竹语文化、古梦今享、客堂、朴门小院、宝翰轩、在地自然、乡间自然营、珍寮轩、东方风情、本草香居、工喜环艺、乡村之眼等。不同"文创"企业入驻后，都本着尽可能采用本地材料和坚持可持续性的改造原则。院落里从前破旧普通的角落，变得干净有艺术气息。破败陈旧的民房得到修缮，在保持原宅基地不变的情况下，改建成一个集休闲、民宿、手工体验于一体的工作室，营造出舒适、休闲、体验、学习的生活空间。村庄引入了剪纸、琉璃、皮雕、香道、茶道、铁意坊、柴烧窑等一批非遗和传统农耕文化创意企业，开展涉农文化产品与手工饰品研发生产和线上线下销售，组织一系列文创手工艺体验课程。借助文化创意的力量，如今的光崀已经小有名气，在这里举办过不少社会活动，例如"徒步太平"2016—2017赛季的第二站（长街宴、文创乡街、有奖摄影）、2017年创意昆明光崀工作室文化活动展示、幼儿春游活动、大学生光崀艺术实践、光崀明禾茶坊茶艺活动、光崀百人读书实践会、2018首届光崀论坛、2018光崀大集、稻田餐桌、2018万人徒步太平活动、安宁市民学校体验课程、舍创之星光崀活动等。

图6-7　光崀大村的两家文创工作室

此外，光崀大村还搭建"文创光崀"电子商务管理平台，搭建众筹平台、金融服务平台；引入第三方代办公司，提供企业管理咨询、审批手续办理指导等服务，帮助项目企业落地发展；通过返乡创业平台，开展社创比赛、返乡青年创业培训、剩余劳动力再就业培训等活动，实现项目人才就地培养利用与区域输出。

目前，村里的文创企业的运营也存在一定问题。这些企业大部分是在2016年之后，由上一个运营公司招募进来的。由于之前的政策是前5年免租金，这些工作室在入驻后，并没有为公司产生直接的经济收入。现运

营公司决定从 2021 年开始向这些企业收取租金。运营公司的负责人也解
释道，正是因为没有对工作室收取租金，使得很多的工作室目前处于荒废
状态，一些工作室负责人并没有对老房屋进行改造，也没有推出可盈利的
项目，甚至有一些工作室把这里当作自己的度假村庄，每周末会呼朋唤友
来聚餐，大门紧闭，也并不和其他人交流。公司负责人和村内的村民都认
为这样的工作室现状是亟待改善的。在改变租金政策之后，他们会同时增
加奖惩制度，实行末尾淘汰制，取消不盈利、不付出的工作室在村内经营
的资格，从而吸引更多更好的项目进村。

图 6-8　光崀大村的文创工作室——本味坊

　　文创企业中也有用心经营的商家，包括本味坊（米线等小吃的制作体
验工作室）、猪窝咖啡（在猪圈旧址上改造的咖啡厅）、铁意坊（云南财经
大学教授夫妇经营的创意铁艺工作室）、明禾茶坊、太极苑艺术空间（台
湾老师主理的养生工作室，可提供住宿）等。这几家的共同特点是主理人
在过去几年已经出钱出力对老房子进行改造，且无论是提供体验课程，还
是直接售卖产品，这几家都有一定程度的盈利。其中以太极苑艺术空间为
例，主理人吴重民在房屋改造上已经投入超过 70 万元，院内有 6 个类似
青年旅社的房间可以住宿，同时还有可以提供瑜伽等课程以及小型演唱会
开办的场地。在交流过程中，吴重民多次表示这里很有可能是他最后养老
的地方，因此他对各类项目格外上心。即使已经投入了 70 多万元，他依
然在规划着房屋附近的改造方案。对于自己的工作室，他希望可以打造成
一个集休闲、娱乐、养生、住宿为一体的度假屋。目前他正在改造屋子旁
边的猪圈，打算在那边建造一个现代化的厨房，这样当屋前的院落用作演

唱会和聚餐宴会等场合时，他还能提供饮食服务。他对自己的房屋和自己一生的经历都极为骄傲，选择在昆明落脚是巧合也是宿命，他十分热爱这边的气候和风景，且对光崀大村的未来有很强的信心。

入驻光崀大村的企业和工作室在发展过程中也遇到了一些困难，主要体现在以下几个方面。

首先，新冠肺炎疫情严重影响了经营。2020 年初，运营公司投入上百万元打造了一个观光灯展，但在取得利润之前，仅在开业的第三天就被叫停，灯展设备全部作废，只能卖废铁。此外，运营公司还计划在 2020 年上半年举办一场音乐节和一场漫威文化展，最后也只得搁浅。疫情对运营公司的创伤是巨大的，2020 年的特殊情况也导致了在我们的调研期间，仅仅见到了极少数的自发来参观的观光客，因为很多工作室不开门，他们很少也很难在村内消费。

其次，村集体经济的专业化运营道阻且长。一方面，是外来的运营公司与村庄的合作问题。无论是运营公司还是村集体都是有意让彼此参与到自己的规划中来的，尽管目标相近，但两方的合作却并不完全愉快。运营方提到，在合作过程中有出现语言和文化差异，因为有语言障碍，运营公司表示双方在交流过程中会出现不理解的情况。另一方面，是外来运营公司与村委会的合作问题。村委成员觉得无法信任这个公司，对外来资本存在刻板印象，有本能的排斥。同时因为疫情时期收益不好，运营公司在 2020 年 3—5 月期间只给村集体股份有限公司发放了平常一半的工资，即 3.2 万元。这样的做法客观来讲是公司应对疫情这种突发危机的合理做法，但却并没有得到村集体的理解。

再次，老村子的建设规划中也存在一定问题。目前村庄 32 户自主经营的文创工作室普遍存在一个问题：在庭院设计中，传统与现代的界线过于明显，没有完美地融合到一起。有的文创店主题是偏向于传统手工艺制作的，但是在庭院设计上，有传统文化房屋建设、道具等，可也会有现代化的房屋建设因素，如现代房屋建设的代表——玻璃房，泥房子和玻璃房组合在一起，就会显得两者不够协调。另外，在传统房屋建设上，细节方面处理不到位，比如门口的小路是用水泥和石头做的，而且水泥抹得相对粗糙，如果按照传统房屋建筑来看，加之追求美感，可以用石子或石头加沙子代替,更加具有原生态的感觉,现在最终呈现出来的效果就是"四不像"。究其原因,主要是文创工作室入驻的前5年没有租金,设计最开始是公司做,后期是店主自己设计建设,因为当地针对经营利润和地租不收费,所以对于文创店来说,没有太大约束,在设计上没有十分用心,甚至有的店主最初抢到这个租地之后就没有进行翻修,村委和运营公司目前也没有制定和实施相应的考核措施。同时,工作室的私搭乱建现象比较严重,每个工作室按照自己的想法改造工作室,在内部装饰突出风格是创新所在,但是在房屋外面乱搭乱建会与村庄整体村貌有冲突,影响整体村容村貌。而在工作室经营方面,部分工作室入驻之后仅短暂营业,就停止营业,使之变成了自己度假的地方,在周末和朋友一起过来玩一下,这样的情况并不少见,严重影响了村庄的发展。

最后,村庄还面临着一些短期的困难,比如用水问题。因为村内使用的是市政用水,而主管道并未铺设入户,各家工作室只得在外打水后运回自家使用,这严重影响了饮食、住宿类工作室的正常运营。例如猪窝咖啡在我们调研期间就没有开过门。

(三)高校的参与

高校的参与能够发挥科研和人才优势,为光崀大村实施乡村振兴战略谋划运筹、建言献策。2017年6月,云南财经大学与太平新城正式签约,确定以"整村迁移、整体开发"的形式打造"光崀村文创村落"。同年注册成立了昆明戈仲文化发展有限公司,对保留村落实施市场化具体综合运营管理。光崀大村成为云南财经大学文创双创孵化基地、云南财经大学现代设计艺术学院的教学实践基地,每年低年级学生都会入驻进行实习实训;成为2013级环境设计专业毕业设计选题的选址地、2014级设计课程的教学基地。此后,大学教授和大学生文创团队纷至沓来,积极参与到光崀大村的发展建设。

> 云南财经大学设计学院教授武斌退休后在光崀村筑起了自己的工作室,取名"铁意坊"。走进他的院子,一只造型别致的铁艺恐龙十分惹人瞩目。说是铁艺,但并不是武斌建模铸造的,而是用从旧货市场买来的报废汽车等材料经过设计组装起来的。本来不起眼的旧物,经过他的

手竟变成一只惟妙惟肖的恐龙，令来者啧啧称奇。除了别致的恐龙，院子里还有很多武斌教授的作品——用废旧电脑组成的"猫咪"、雨伞骨架制作的"蜘蛛"、废车头制作的"鱼骨"，令人耳目一新，生活中随处可见的物品摇身一变成了极具特色的文创产品。各式各样抽象造型的艺术作品贴合中国传统文化中的留白，给每一位来这里参观的群众留足了想象空间。像"铁意坊"这样的艺术院落在光崀还有很多，从村头到村尾，每一个院落都能给来者带来不一样的艺术体验。

（四）村民的参与

光崀大村村民以"合作＋参与"模式，利用村庄集体建设用地和原有房屋入股匠春合作社。合作社以个体项目培训体验、主题活动及产品统一定价营销，实现集体经济主要收益，带动农民持续增收，"帮农民算账，算农民的账"，通过盘活宅基地及集体建设用地，促进土地资本化、居住城镇化、农民收入多元化，成为实现城乡发展一体化作的一种有益尝试。

随着光崀大村知名度的不断提升，曾经的"空心村"蜕变成了特色网红村。每到周末，就有昆明及周边游客慕名前来"打卡"。这让村中的"老村民"看到了发展的机会。于是，村民罗友、王春花、朱付美等做起了土特产、特色小吃生意，每月有近万元毛收入。张继荣等年龄较大的村民成了村里的保安和保洁人员，每月有 2 000 元左右的收入。"现在，我们村村民年人均纯收入已超 2 万元，算是过上了小康生活。"陈明书说。目前，村里又成立了昆明农业发展股份有限公司，承接绿化、保洁、安保等服务，不断壮大集体经济，提高村民收入。

村集体期望光崀大村的大部分年轻人可以回到家乡，变成乡村创业者。因此，当光崀大村村民整体搬迁后成立的股份有限公司进行董事会选举的时候，基层党组织包括街道党工委做了很多的工作，把村里面相对比较年轻的人全部都集中起来，从中选举董事会的成员，希望借此机会可以让他们深入参与到整个乡村振兴建设的项目当中去，为他们未来经营和管理这个地方打下坚实的基础，将项目引入转变成乡村的就业率。以此为出发点，村民可以把他们的资源变成他们公司的资产，把经营权和运营公司进行流转，而村集体可以每年稳定地增长，同时村民又成为村集体股份有限公司的股东，拥有了他们的股本。通过这样多渠道的方式，村集体和地方政府合力确保村民能够从乡村振兴的产业发展里面获益，也确保村集体的经济能够长期有序的发展，不会像其他的村一样，随着城市化进程，在土地被征收、获得了一定的补偿以后，村集体的经济就慢慢萎缩，村民慢慢变为"城市人"。这样的经营方式可以保证村集体在未来至少 20 年里能够通过经营权的流转有 6 350 万元左右的收益，同时就业收益在这期间是动态增加的。通过像这样的一个变化，最终实现村集体经济的有序发展、村民的生活富裕，以及生活方式的根本性的变化。

但是，在村庄发展过程中，村民参与的主体性缺位问题仍然显著。光崀大村搬迁安置的过程中比较突出的一个特点就是"平均主义"，这一点贯穿了整个村庄建设过程。一开始，每人得到 25 平方米的免费面积，之后，每人又陆续收到相同金额的征地款，村庄注册股份有限公司后，也是按照每户一股的方案让村民们认领股份。这样绝对的"平均"一定程度上杜绝了村民之间的比较，但同样地，也消解了村民参与项目建设的积极性。股份有限公司共有 4 个职员，分别是董事长、总经理、副总经理和财务经理，均是村内三四十岁的青壮年。但除了这几个人之外，很少有人真正地参与到公司运行之中，了解公司的情况。此外，仅这四人，也并非全身心地投入在这个项目之中，其中两人有自己的本职工作，不住在村子里。同时，在问及股份有限公司的相关问题时，村民大多不看好，近几年他们并没有看到利润，因此对这件事情他们都持观望态度，而且由于村民的股份是土地入股，并没有涉及真实金钱支出，村民们对此事也缺少关注。

同时，村民生计与村庄产业处于割裂状态。对于村民和村集体来说，引入运营公司的初衷是为了专业化经营村内产业，同时培养村民能力，让村民依靠公司的项目学得手艺后成为创业者，进而转为个人运营。但目前并没有村民与工作室有实质性合作，仅有的几个也只是做保洁工作。运营公司这边雇佣村集体股份有限公司，提供每月 6 万元的费用，这 6 万元包括股份有限公司 4 名核心成员的工资，以及 4 名保洁员、6 名保安的工资，均为 2 000 元/月，这些人大部分是光崀大村的村民。现在的运营公司驻扎在村内的办公人员有 10 多人，其中一人是光崀大村的村民，是村民小组长陈明书的女儿。最开始公司培养她处理行政事务，但因为能力等问题，她并不能完全胜任行政的任务，因而她现在主要负责一些杂活，并没有参与主要事务。在与运营公司员工交流的过程中，他们表示公司经营的职责之一是希望招收更多本村村民，但同时他们对于这里的人的能力也有疑虑。

四、光崀大村乡村振兴存在的问题与展望

（一）存在的问题

光崀大村经历多年的发展，虽然成绩斐然，但仍然存在一些亟待解决的问题。

第一，老村子的改造建设并不顺利，村庄经营、建设、改造主体的思想并不统一。村庄的经营和建设主体有更替，改造主体十分零散。在村庄刚刚搬迁之后，入驻的企业并没有足够的实力管理村庄、带领村庄进行大规模的改造以及协调村内各个项目的活动，而村庄现行的管理机制基本上是承接了上一家企业的运行机制，造成现在对接困难的情况。村集体在最初也尝试成立合作社，但因为没有利润、经营不善，合作社并不能为村民带来实质性的利益。在第一次的尝试过后，部分村民会对村集体的行为产生失望的感受，对村庄未来发展的期待也会降低，参与意愿也就减少了。在第二家企业进驻之后，投资力度和改造力度都大大加强，但因为是外省引进的企业，在与本地村庄和政府沟通过程中存在隔阂，并不能很快实现通力合作机制，增加了当地村集体和村民的不信任感。最后改造老房屋的任务实际上是交给了村中引进的各个工作室，但工作室经营内容零散、人员流动性大、难于管理，导致房屋的改造成果参差不齐，重新建立管理机制的成本较高。

第二，地方政府人员变动也对村庄的建设产生了影响。在与村委成员的交流过程中，他们多次提到街道办工作人员流动性大、政策不连贯等问题。其中最支持乡村重建工作的是之前的太平新城街道办主任、现在的安宁市副市长王志敏，但在王志敏职务调动之后，出现了其后的人员对光崀大村的重建工作与先前的指导方向不一致的情况，这大大减慢了光崀大村的重建进程。村委成员包括普通农户也都提到，有的街道领导会将这里的

发展列为自己政绩的一部分,而非真心实意地为光崀着想。同时,有的领导刚刚熟悉了当地情况就被调走,导致关键性政策落实不连贯一定程度上造成了光崀大村各主体间利益和矛盾的激化,给光崀大村的治理工作和未来发展带来了一些负面影响。

第三,村民参与意识和能力不足。目前该社区居民以中老年人为主,普遍文化素质较低,对公共事务并不关心,参与意识很弱。村民们很难意识到正在进行的各种建设项目与自己的切身利益直接相关,同时他们目前只能承担一些技术含量较低、较为简单的工作。尽管从乡村改造的最初就一直在强调村民能力建设的问题,但这方面进展依然十分有限。

在政府主导的城市化发展中,政府凭借行政力量支配土地资源、服务于发展竞争,进而产生出对土地城市化的强烈偏好。土地资源的过度开发使用,必然会造成严重的效率损失。在发展竞争的逻辑下,地方政府追求政绩最大化,同时具有"重建设、轻服务"的倾向[1]。光崀大村就具有城市化发展中的这类典型特征。在这样的行为逻辑下,地方政府"重建设、轻服务"的偏好进一步演化为城市化发展中"重地轻人"的行为偏好,并在已有的制度框架下有选择地推动城市化发展中的"人"与"地"。R. E. 帕克(Robert Ezra Park)认为,城市绝不仅仅是个人的集合体,也不是各种基础设施的聚合体,城市是一种心理状态,是各种礼俗和传统构成的整体。但光崀大村目前呈现出人的聚集和基础设施两者分离的状态,一方面是说,现代化的基础设施令老村子焕然一新,但村民的聚集点已经从老村子撤离;另一方面是指尽管住在了同城市一样的现代化小区之中,但他们的生活还是延续着以往的乡村的习惯,他们出门不锁门,白天会去其他家走动或是到公共区域找人一起聊天,有的人还会回到还没有被利用的自己原本的土地去种植蔬菜。

(二)未来的展望

个体而言,上文提到很多村民在访谈过程中表达了对未来的担忧情绪,这主要不是出于个人生活水平角度,而是针对老村子的未来发展,村

---

[1] 张耀宇,陈利根,陈会广."土地城市化"向"人口城市化"转变——一个分析框架及其政策含义[J].中国人口·资源与环境,2016,26(3):127-135.

民并没有表达出期盼或向往的积极情绪，也有对这次的发展方向保持怀疑态度、不看好这种乡村建设的。有村民表示，老村子的规划还有很长的路要走，就现在的情况来说，老村子缺少吃、住、玩的活动，无法留下客人，建议多开发一些儿童友好的娱乐活动，因为小孩子玩得开心了，家长们也愿意留下来花钱；等到村庄的建设初具规模了之后，村民也可以通过在老村子出摊经营的方式赚取额外收入，这样对村庄未来发展有基本的畅想已经是村民中比较积极的态度了。相对的，有的村民完全不看好村庄的前景，认为未来几年若无法实现盈利，公司则会无视合约而退出，并且村集体股份有限公司的成员并没有足以带领村庄致富的能力，因而若想依靠公司和村集体成立的公司获得更多的收入是希望极其渺茫的。

在接触过程中，我们发现村集体公司的成员并没有将自己的生活重心偏向于村庄的发展，存在走一步看一步的心态，当问及对村子下一步的规划时，他们并没有特别的想法。一方面他们希望运营公司可以更多地将村

图6-9　光崀大村调研访谈现场

民融入其项目之中，但另一方面他们并没有采取具体行动的动力，而是等待运营公司盈利后直接赚取分红。尽管鼓励年轻人回村建设，但据我们了解，负责公司管理的四人中的两人只是每周花费很少的时间去经营村庄发展这件事，在更多的时间里，他们更关注个人的生活和发展。

不过，与未引进资本的其他村庄的村民相比，光岚大村的村民仍然多了一些选择和机遇。调研过程中，我们还走访了附近三家村村小组的村民，他们之前以莲藕和辣椒种植为主要经济来源，现在则是以打工为主要的生计方式，但因为被征收的土地暂未被开发，所以他们仅得到了包括安置房在内的 10 万余元的补贴，经济来源十分有限。

第七章

"农业+旅游":
玉龙社区的都市驱动型乡村发展

玉龙社区是一个农业型乡村社区,在乡村振兴发展过程中,其打造了集聚型的都市驱动型农业,依靠产业多样化、农民兼业化,实现每年人均纯收入达到 14 000 元以上。同时,盘活社区内荒山荒坡资源与温泉资源,通过"社区＋公司"的开发模式,打造集休闲旅游、农业观光、农事体验、礼佛养生等为一体的经济模式,实现了人居环境改善、集体经济提升、村民生活水平提高。

一、玉龙社区概况

玉龙社区隶属宜良县狗街镇,地处云南省昆明市宜良县东南部,前有县道小狗公路,后有昆明绕城高速穿过,向西北距离宜良县政府所在地约 13 公里,向东距离狗街镇政府所在地 10 公里,道路皆为柏油路,交通便利。社区下辖玉龙村、下伍营村 2 个村民小组,东邻槽沟,南邻马军,西邻南羊福宜,北邻小马街。

玉龙社区居委会驻地位于玉龙村小组,海拔 1 540 米,占地面积约 4.6 平方公里,2019 年末有 789 户共 2 808 人,其中玉龙村小组为 476 户,下伍营村小组为 313 户。社区居民 95% 以上为汉族,兼有彝族 45 人,傣族 12 人,哈尼族 9 人,白族 5 人,回族 4 人,壮族 3 人,傈僳族 2 人,纳西族 1 人,佤族 1 人,满族 1 人,土家族 1 人,少数民族均系原社区居民配偶。玉龙社区农户存在多元化的收入模式,农户的收入来源于外出务工、蔬菜种植、牲畜养殖、土地租赁和旅游服务等多种途径。2019 年社区经济总收入为 11 443 万元，村民人均纯收入为 14 083 元，粮食总产量 1 348 吨，蔬菜总产量 7 800 余吨。玉龙社区现有耕地面积 1 303 亩，其中水田 1 207 亩、旱田 96 亩，种植业主要以经济作物为主，种植有蔬菜如茭白、番茄、慈姑、芋头花等，以及水果如葡萄、琵琶、冬枣、冬桃等。社区养殖业包括肉牛、肉驴、奶羊、肉鸡等主要类型，2019 年肉用牛出栏数为 56 头，肉用驴出栏数为 20 头，年末肉用牛存栏数将近 210 头，肉用驴存栏数为 17 头，奶羊存栏数约为 300 头。

玉龙社区自然资源丰富，东靠玉龙山、云泉山等陡坡山地，山上建有历史悠久的宜良县四大名寺之一的"陡坡寺"（古称"云泉寺"，距今已有 600 余年历史），曾有云泉飞瀑之景观。南盘江流经玉龙社区西南部的农田区域，是天然的灌溉水源和传统的交通要道。除此之外，玉龙村小组内还开采出了弱碱性硫黄温泉，温泉水温 49.5℃，日出水量 600 立方米，依托该温泉，玉龙村发展出玉龙温泉一条龙休闲旅游产业，集餐饮、住宿、游泳、泡温泉、足浴等多元化服务为一体，可同时容纳 300 人入住。

玉龙社区依托佛教文化和山地荒坡，联合昆明市宜良耀明资源综合利用有限公司打造"昆明市宜良县玉龙山冬林苑陡坡荒山生态治理项目"。其宗教文化资源除玉龙山、云泉山上的山神庙和"陡坡寺"外，在玉龙村小组中心地带（村民称为"街心"）便有一座古寺"土主寺"，占地约 400 平方米，内有宜良县级文物保护单位的标志文物——魁阁，距今有 400 余年历史，系古代村庄乃至宜良县的政治文化中心。而在下伍营村小组则有

图 7-1 玉龙社区居委会大门

图 7-2 玉龙社区居委会办公楼

一所改革开放后兴起的基督教堂，由民居改造而成，教堂主厅约可容纳150人同时参与礼拜，每年吸引大量信徒在此聚散。宗教文化不仅丰富村民的精神文化生活，也为玉龙社区未来发展城市驱动型农业观光、休闲旅游经济添加动力。

二、玉龙社区的发展变迁

（一）村庄的由来

据史料《元史·地理志》记载："宜良，唐匡州，即其地。蛮酋罗氏于此立城居之，名曰罗哀龙。"经考证，罗哀龙旧址即如今的玉龙村。玉龙元朝立城，直至明初仍为县府所在地。洪武二十二年（1389年），山林匪患日益严重，县府历时两年，于雉山之麓筑成砖城一座，置守御千户所，负责宜良境内军事守备。自此，县府始迁至雉山坡下（如今东城门），玉龙仅保留防卫前哨的功能。这是迄今为止可追溯到的玉龙村最早的呈现形式，后来的记载便到了明末清初。

据玉龙村内土主寺碑文及民间史料记载，明末清初，上伍营村有一沈姓大户，村民称之为沈万亩。沈家传承家业数百年，到沈万亩一代更有良田千顷、山林万亩，而出自后山中的清泉也属其独家所有，俗称小龙洞。小龙洞水量充沛、四季长流，澄清透亮、清甜甘洌，上济良田、下润百姓，既是万年一遇的水脉，也是千金难求的命脉。

沈万亩年近50岁的时候，膝下仅育有两女，却无一子。眼看两个女儿渐已长大成人，他爱女心切，同时应女所求，由她们自行选择夫婿。大女儿看中了下伍营村的私塾老师，而小女儿则对玉龙村的一名青年书生青睐有加。沈万亩见过这两个年轻人后，看到他们虽然贫苦，但都为人谦和、彬彬有礼，也就没加阻拦。选定了吉日后，两场盛大的婚礼在同天举行，沈万亩在婚礼当天决定，把小龙洞水作为嫁妆分给下伍营村和玉龙村，同时在出水口刻分水石，下伍营水口宽三分，玉龙村水口深三分。至此，本属于私人所有的小龙洞水就成了两个村共有的生活用水。

分水石新刻成，村里人们就争论：是宽三分划算还是深三分划算？数百年后的今天，村民们仍未对此争论给出结论。这也是李冰都江堰分水在滇中的一个缩小版。后来，两村人为此水又斗争或斗殴若干次，于是便有了《小龙洞水永远碑记》《重携玉龙村下伍营分放小龙洞水碑记》《钦加同知御云南府宜良正堂加三级纪禄六次记大功二十次桂为》，记载了康熙、乾隆、宣统年间解决用水纠纷的情况。时至现今，小龙洞水仍从古碑的字里行间静静流过，滋润着玉龙的人民和土地。

下伍营村与玉龙村土地相连、水脉共济。"营"原意指军营，自玉龙为县府时，上、下伍营便为守军所在之地，后县府迁离，兵民百姓继续在此休养生息，军营名称遂成为村庄名。据土主寺明、清乃至民国时期的功德碑文所记载的捐献名单，玉龙村自古姓氏繁多，有赵、李、杨、刘、何、王、蒋等多个姓氏，以杨、李二姓为大姓，至今如是。下伍营村拥有的历史资料甚少，也为多姓村，目前村内以张、孙二姓为主，兼有刘、李等多个姓氏。

（二）中华人民共和国成立前后到土地下放时期的记忆

玉龙村土主寺最后一块碑上的碑文记录的年份为"民国二十一年四月十五日"，即 1933 年 4 月 15 日，随后村庄的记忆就发生了断裂。接受访谈的村庄老人中年纪最大的是 1941 年出生的彭大爷，读书读到六年级，文化大革命以前就在生产队当会计，从 1965 年到 1982 年当了 17 年的会计。老人们对于抗战时期没有了记忆，"建国的时候村里也没有什么特殊的活动"，只有公社化时代和"文革"期间的零星印象。1958 年狗街镇人民公社成立，玉龙村小组分成四个生产队，男人每天计 10 个工分，女人一天计 7 个工分，公社后期进入"抢公分"时期，集体派活，能者多劳，有的村民一天能抢 30 个公分。集体化时期的玉龙生产队主要以生产水稻、玉米等粮食作物和牛羊养殖为主，拥有良田上千亩，是远近闻名的高产田。

（三）改革开放以后多产业拓展

1982 年，农村土地下放，分田到户。玉龙村逐渐从传统的粮食作物种植转向蔬菜等经济作物的种植。改革开放初期玉龙社区并未迅速转型为多产业的经济模式，村庄主要的经济收入仍以农业为主，玉龙村小组仅个别有创新意识和市场嗅觉的村民开始外出打工、创业。20 世纪 90 年代，玉龙村出现了许多"大老板"。玉龙村小组的王氏兄弟九人是玉龙村改革开放后通过创业发家致富的典型代表，从事产业包括花卉和蔬菜种植及销售、房地产开发、政府工程建设、餐饮旅馆服务、赛鸽俱乐部等，玉龙社区党总支书记王云富排行老幺，1977 年出生，已经任社区两委干部将近 20 年。王云富的堂哥王云峰，在王氏九个堂兄弟中排行第五，随着时代的际遇从事过多个行业和工种，“看什么赚钱就搞什么”。在王氏兄弟中王云峰不算是有成就的，然而以他的个人生活史作为改革开放后玉龙社区村民适应时代变化的奋斗历程的缩影则具有典型代表性。在我们的邀请下，王云峰聊了自己的生活史。

玉龙村村民王云峰的就业、创业经历

王云峰，1969 年生，玉龙村小组村民。

1969 年出生的王云峰在“文革”中度过了自己的整个童年时代。王云峰是家里最大的孩子，在他 10 来岁时，每年家中粮食都不够吃，他便利用节假日到集体田参与劳动，一天可以赚得 2 个公分。

1982—1983 年分田到户，村民均称为“土地下放”，每个人均可分得口粮田和山地。王云峰不愿意盘田，十五六岁就外出打工。

1985 年，王云峰初中没有毕业就去打工，最初是跟着村里那些承包工程的人在昆明给人家做房顶的防水装修。在结婚之前，王云峰做过许多零工，“杂七杂八做得多了”。

1991 年，王云峰结婚，1992 年，他唯一的女儿出生，村集体最后一次划分口粮田，每个户口 0.4 亩，王云峰女儿赶上了分田。

1993 年，王云峰花了一万两三千元去考驾驶证，包括 6 000 多元的考试费和 6 000 多元的生活费，考的是 B 照。王云峰跑运输跑了两三年，一天至少有两三百元收入。

1996 年前后，王云峰感到跑运输利润不大，开始创业，经历了开矿、开加油站、向中铁十五局承包工程修公路等，一直干到 2003 年。

2004 年，王云峰在玉溪的表妹（姑姑的女儿）承包了一个铁厂，他去帮忙管理，做了三年。

2007 年，王云峰回到宜良，跟着之前挖矿的堂哥承包政府工程，也是修公路，做了六七年。

> 2015 年底，王云峰与弟弟跟政府承包了一些修路的小工程，做了几个月。
>
> 2016 年至今，王云峰继续帮堂哥干政府工程，管理施工队。

在改革开放的 40 年间，王云峰从事了各种各样的工作，"看到什么能赚钱就去干什么"。自从改革开放以来，玉龙村村民已经开始有了打工、创业等多种就业途径的意识，并且由开始的几个人向全村辐射，玉龙村发展的多元化经济自此开始。

三、玉龙社区乡村振兴发展

玉龙社区现有的产业结构是一种第一产业和第三产业并行的以农业生产为基础、旅游业发展为前景的经济模式。农业主要以花卉、蔬菜、水果等经济作物为主，牛、羊、鸡等传统养殖业为辅，旅游业则基于"玉龙温泉一条龙"的开发，进一步依托"冬林苑"休闲旅游项目，逐步形成村庄新的经济增长点，打造农业生产、田园观光、休闲旅游、礼佛胜地一体的旅游经济发展模式。

（一）农业产业集聚提升

玉龙社区下辖的两个自然村——玉龙村与下伍营村，在农业发展方面各有侧重。玉龙村小组有山地 60 余亩，水田 700 余亩，主要由农业大户流转土地集中种植水果、花卉、苗木，少部分农户自家种植水稻、玉米、茭白等作物。下伍营村小组的粮食种植面积 400 余亩，蔬菜种植面积 600 亩，其中有茭白种植面积 450 亩，全村 313 户人家将近 200 户种植茭白，每亩每年的产值大约在 3 万元，全村一年的茭白总产值约为 1 350 万元。

1. 迎合市场需求：以茭白为主要经济作物

在过去土地刚开始分田到户时，玉龙社区大多村民种植的仍是维持自身生计的粮食作物如水稻等，但粮食作物的种植除满足一家人的温饱之外，并不能满足在社会经济快速发展的过程中村民日益增长的物质需求，而茭白让村民看到了希望。

近年来，茭白以其营养丰富、口感清甜的水生蔬菜形象活跃于国民餐桌。茭白分为双季茭白和单季茭白，双季茭白产量较高，品质也好。茭白每亩地的年产量在 3 000 千克左右，产值约为 30 000 元。玉龙社区农民以种双季茭白为主，每年的 4—5 月是第一季茭白集中收获的时间，9—10 月是第二季收获时间。在没有疫情影响的正常时期，第一季茭白价格在每千克 12 元左右，第二季的茭白价格在每千克 6 元左右。相对来说，在第一季时，市场上的茭白产量较少，价格相对较高，再到第二季收获的时期，市场上产量较多，价格也就相对较低。但整体情况下，在玉龙社区茭白亩均净收入将近 20 000 元。

茭白在玉龙社区已有近 30 年的规模化种植历史。社区中有 300 多户种植茭白，还有 10 多户村民从事茭白的销售及运输工作。玉龙社区生产的茭白一部分由大批发商通过冷链运输销往广东、浙江等外省蔬菜市场，一部分由当地收购商从农户地里收购之后运输到昆明市各大农贸市场，再批发给小摊贩。由于价格相对稳定、收益可观，茭白成为下伍营村村民的主要经济作物，也成为乡村振兴过程中主要的致富农作物。

下伍营村种植茭白的优势在于农田丰沃和劳动力充足，许多村民在农闲时一般选在宜良县城等周边城镇打工，到了茭白的收获季节都会回乡参与农事，因此不少农民的种植规模逐年扩大。走访中，一位种植户表示："我已经种了七八年了，看别人种就跟着种，我们村的田适合嘛，产量还是可以的。可是我自己家才一亩多水田，我又跟不种的人家流转了 4 亩，现在有 5 亩多一点，种两季一年收入差不多 12 万～13 万元，除去田租，一亩 3 000 元，还有肥料、农药什么的，就剩不到 10 万元……每亩要差不多七八千元的成本吧。"

图 7-3　农户正在打包茭白

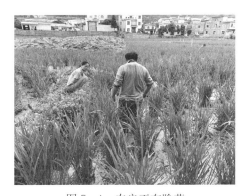

图 7-4　农户正在除草

在专门收购的农户中，已经形成了适度的竞争与行业默契。下伍营村小组有 10 多家在收购茭白，组长刘春和就是其中一家。首先，在报价上，大部分收购户都是根据自己的供应对象所在市场定价，例如刘组长帮浙江老板收，就按照浙江的市场价，有的农户为广东老板收购，就按照广东的市场价。价格每天都在波动，农户只要到了收购户家里才知道当天的价格，根据农户的茭白质量好坏也有不同价格。其次，收购户之间不存在恶性竞争，农户可根据价格高低选择将当天的茭白卖给哪家，但由于乡村人情往来相对固定，农户一般都会与某一两家收购户保持长期合作。因为一个经常流转的种植户在收购户看来是不稳定的货源，即使他的茭白质量好，也会先收购其他稳定供应者的，订单有余时才会接受该农户的产品。当某一家收购户第二天订单量很大，其他收购户也会根据实况提前通知自己的合作农户将第二天生产的茭白卖给出货量大的收购户。在多年的种植、收购、销售互动中，玉龙社区的茭白产业已经相当成熟，成为一项较为可观而稳定的经济来源。

2. 从小农种植到规模生产：葡萄产业谋致富

葡萄产业是玉龙村小组一个较为重要的农业产业，村民中有五六个葡萄种植大户通过流转其他农户的田地进行规模化种植。葡萄的种植也是玉龙村民在自身发展动力的驱动下进行的转型种植。大棚葡萄并不是玉龙村传统的产业，它是在政策引导下且村民自主努力下形成的。21 世纪初，有自身发展意识的玉龙村民从承包土地种菜，到后来受县政府鼓励养殖奶牛，再到被鼓励种植大棚葡萄，便有了现在的葡萄产业。

种植大棚葡萄的农户仅有 5～6 户，这几户大量流转了其他村民的土地，土地转租出去的村民可以选择在葡萄棚里做全职或兼职雇农，从事除草、修果、打药等工作，也可以选择外出打工。由此流转土地的村民便有了地租收入、打工收入等，以多种形式促进了经济发展。

玉龙村于 1992 年最后一次进行口粮田分包，每个人只分得 0.4 亩的土地，包括山地和水田多块土地，且分散各处，因此农业大户想要得到成规模的土地，往往需要跟数量众多的农户进行流转协商。46 岁的玉龙村小组村民李洪明，从 2015 年起，向村内农户流转了 20 亩农田种植大棚葡萄。李洪明为获得这 20 亩连片土地，与几十户人家将近 200 位农民签订合同，流转期限为 10 年，目前已经到了第 5 年。

种植葡萄的收益状况与市场行情有着很大的关联。李洪明共有 20 亩地的葡萄，每亩地 500 棵葡萄树，每棵树产 6 串，每串重量约为 1 千克，据此估算每亩产量约为 3 000 千克，但是由于在采摘、修果、储存及运输过程中有腐坏或者不合格产品，最终出售比例大约为 70%～80%。根据李洪明的描述，得出近几年玉龙社区附近葡萄产业市场收购价格如表 7-1 所示。

表 7-1 2016—2020 年玉龙社区葡萄在地收购价格波动情况

年份/年	最高价格/(元/千克)	最低价格/(元/千克)
2016	22	12
2017	10	4
2018	12	10
2019	20	20
2020	12	7

图 7-5 玉龙社区葡萄种植基地

图 7-6 玉龙社区妇女正在包装葡萄

玉龙社区已经形成葡萄产业从生产到销售的全产业链体系，实现了自主生产、自主加工和自主销售。到了收果季节，各地的收购商亲自到实地考察葡萄，看好之后商定价格，约定采购日期，实时完成现金交易。该模式能够以较低的市场风险和较稳定的销售渠道完成葡萄的销售，稳定且持续地带动社区经济发展和农民增收。

3. "公司＋农户"谋合作：规模化养鸡

如今，传统家庭散养的养鸡方式在玉龙社区几乎看不到，主要依托

"公司＋农户"的合作模式开展规模化养殖。"公司＋农户"模式就是村子里的小农户与公司进行合作，公司提供鸡苗、饲料、药品及整套的生产过程中的技术服务，农户只是作为公司养殖肉鸡的一个代理者，或者称为打工者，承担的风险也比较小，适用于小农户的发展。2019年2月，中共中央办公厅、国务院办公厅印发了《关于促进小农户和现代农业发展有机衔接的意见》，提出完善农业产业化带农惠农机制，支持龙头企业通过订单收购、保底分红、二次返利、股份合作、吸纳就业、村企对接等多种形式带动小农户共同发展；鼓励龙头企业通过公司＋农户、公司＋农民合作社＋农户等方式，延长产业链、保障供应链、完善利益链，将小农户纳入现代农业产业体系。在这种政策背景下，玉龙社区这种"公司＋农户"模式也契合了农业现代化的发展趋势。

玉龙村村民李春兴便是参与"公司＋农户"合作养殖肉鸡的养殖户。2019年，李春兴向村集体流转了5亩多的山脚坡地，按照玉龙社区每亩地每年2 000元的租金来计算，每年要支付的土地承包金大概是1万多元，再加上出资建设的鸡舍，总投入大概有17万元，并与云南德川农资有限责任公司签订了合同，初

图7-7 玉龙社区李春兴家的养鸡大棚

次合同签订了出栏10次为期限，每年出栏3次。由于管理得当，2020年，鸡的出栏就已经达到第10次，5月出栏了3 000只鸡，李春兴获得大约7 000元收益。

4. 传统产业打开新市场：黑山羊养殖

黑山羊养殖是玉龙社区的传统产业，每家养殖规模不大，一般为几头到几十头，养殖户主要靠出售羊奶、小羊及乳饼作为经济收入。

在玉龙社区，羊的养殖已有几代人的历史。羊的养殖能在玉龙社区传承至现在与玉龙社区的自然环境及历史条件是分不开的。首先，玉龙社区地理位置优越、环境合适，对于小规模的羊的养殖，需要一年四季的食

物，而其地理位置及自然条件刚好可以提供羊的饲养所需要的食物，食物来源便不成问题。其次，玉龙社区具有几十年的羊的养殖历史，传承了几代人的智慧及养羊所需的技术，传统的技术得以保留，羊也经过时间的选择与淘汰留下来最适合于当地的品种。最后是羊奶、小羊、乳饼的市场已经打开，具有了稳定且持续的销路，养殖户可依此有稳固的收入来源。

养羊产生的收益主要由五部分组成。一是卖小羊取得收益，一只小羊出生后，不分公羊和母羊，都是 60 元/头，每年可出 70 多只羊，收入大约为 5 000 元。二是羊奶的收入，羊奶的收入随市场波动较大，市场价格不稳定，收购的价格也就随之波动，母羊一年之中共有 8 个月的产奶期，产奶量每天在 30～60 千克不等，单位价格也在 4～8 元之间波动，我们调研时的价格则在 4.8 元/千克，简单估算，每月羊奶的收入约为 5 000 元，8 个月则有 4 万元。三是羊乳饼的收入，羊乳饼的收入与其他收入方式不同，是根据临时需求制作，即有人预定才会将羊奶制作成乳饼，没预定就不做。6 斤羊奶可制作 1 斤乳饼，价格为 35 元/千克，乳饼可低温保存较长时间，价格也略高于羊奶。四是微薄的羊粪收入，每月 1～2 次收集羊粪后卖给专门收购有机肥的人，每次能得两三百元。五是老奶羊不下奶以后，便以稍低于肉羊的价格出售，大约 50 元/千克。

图 7-8　玉龙社区农户家中的羊圈　　　　图 7-9　玉龙社区出产的羊乳饼

在玉龙村蒋兴福家，目前正养殖 30 多只奶羊。虽然蒋兴福已经盖起可养殖羊的三层楼房，但仍每天早晚两次外出放羊，夫妇二人过着放羊、打草、挤奶、做乳饼、将羊奶出售给收购站的生活。蒋兴福一家近三代人都以奶羊养殖为生。通过养羊，一家人盖起砖瓦房，并且有较为稳定的收入和积蓄，尤其是许多养羊人家都有一些固定的乳饼订购商，在羊奶价格不如意时，乳饼可以起到"保价"作用。

（二）旅游发展助力产业兴旺

玉龙社区的旅游产业发展由来已久，玉龙温泉也是盘江东岸的温泉区中最早被开发的。玉龙村温泉的开发，促进了南盘江东岸公路的早日畅通，玉龙村的村民也改变了观念，学会了做生意，增加了收入，村庄的发展也随之兴盛。

玉龙社区发展旅游业具有显著的优势。首先是区位优势，在玉龙社区2小时交通圈内覆盖了约1000万人口。从昆明主城区到玉龙村仅需1个小时的车程。从宜良县到玉龙村仅有15分钟的车程，昆明东绕城高速的建设为玉龙村带来北部嵩明县、南部澄江县、玉溪市的客源，昆贵高铁的通车进一步拓展了玉龙的客源市场。其次是资源优势，温泉养生、历史文化、自然风光均为玉龙社区打造品牌文化提供了优势。玉龙温泉为弱碱性硫黄自涌温泉，日出水量约600立方米，水温49.5℃；社区内的云泉寺是一座建成600余年梵宇禅院、宜良县四大古寺之一；魁星阁、土主寺是汉族和彝族文化交融的见证、乡风民俗的载体；小龙洞水分水规章制度代表了善良、互助的民间智慧；云泉山、南盘江、古村落、传统农田等都已成为玉龙的优势资源。未来冬林苑项目竣工后，玉龙社区将更加明显地展示出都市驱动型乡村振兴之路，以昆明都市区圈独具特色的乡村休闲养生旅游综合体为整体定位，实现都市人的乡村梦、现代人的养生梦。

1. 玉龙温泉

步入玉龙村，村口一块"玉龙温泉"的招牌非常醒目，玉龙温泉开发于1992年，在盘江东岸的温泉区中是最早开发的。王云忠是"玉龙温泉"的开发者，也是宜良民营旅游的第一人，当年的王云忠是远近闻名的经营建筑防水材料的老板。当时，玉龙村的温泉只是一个大众澡池，村民们自己到池子里泡温泉。玉龙村的温泉在南盘江两岸几乎所有的温泉中水温最高，达到了49.5℃，且流量大。于是村委会的干部找到了王云忠，王云忠就投资了100多万元，派人到四川学习考察，建造了玉龙村的标志性建筑——玉龙，即将藕塘改造成了一个环湖小岛，修建了澡池、宾馆，开始接待四方宾客。当时人们只需花费1元钱，即可在玉龙温泉热气腾腾的大池里泡上一个舒适的澡，洗掉全天的劳碌与疲惫。但温泉度假旅游开发的好景不长，1997年后，由于宜良县温泉度假旅游相同项目短期内低层次的重复投资，导致玉龙村的市场从此步入低谷。所幸的是，在2007年，宜良县有关部门已提出“开发、利用、保护好温泉，使宜良优质丰富的地热温泉资源迅速发展成为一大旅游产业，变自然资源优势为宜良百姓之实惠，力争通过三到五年的建设，让宜良成为昆明人休闲娱乐的名副其实的后花园”的奋斗目标。这是宜良“温泉文化、温泉经济的复苏与第二次提升”。在2008—2012年期间，玉龙温泉先后投资400万元对原有设施进行提升改造，增添了新的旅游接待项目。改造后的玉龙温泉有豪华单间泡池22间，有餐厅、棋牌室、酒吧、茶室，提供一条龙服务，能够同时提供100人住宿和200人的餐饮。

同时也应看到，由于地方经营者投资能力和管理能力的制约，玉龙温泉虽然占据了区位优势和地热资源优势，但并没有发展成为区域内的知名温泉。随着设施的老化和服务意识的欠缺，玉龙温泉没有成为昆明市温泉消费者的最优选项，目前票价仅为10元/人，主要消费群体为县域范围的老年消费者。

2. "冬林苑"项目

"冬林苑"项目全称为"昆明市宜良县玉龙山冬林苑陡坡荒山生态治理项目"，由昆明市宜良耀明资源综合利用有限公司投资建设，项目正式立项时间为2012年，预计总投资1.8亿元，占地约2 500亩，覆盖玉龙村云泉山顶以下大部分山地荒坡。"冬林苑"项目的治理目标是打造集生态景观、温泉康体、农事体验、文人聚会、宗教活动为一体的多功能花园式休闲养生基地。

从"冬林苑"项目的发展目标可以看出，它打造的是一种生态治理结合休闲旅游的综合体，也是都市驱动型的一种乡村发展路径。根据中投顾问发布的《2016—2020年中国旅游行业投资分析及前景预测报告》分析，未来短期近郊游将成为都市人选择的出游热点。"两长五小"的假日模式使"集中度假"改为"分散度假"，有利于短线休闲度假市场规模的扩大。

"冬林苑"项目的打造，使玉龙社区的村民受益颇多，主要体现在四方面：第一，地租收入。冬林苑承包玉龙社区的荒坡荒山，每年向玉龙社区两个村小组共支付租金约 35 万元，并且按照每 10 年增长 5% 的涨幅增加，让村民的荒坡变资产。第二，社区基础设施的改善。冬林苑改造山地首先从道路的修缮等基础设施开始，为山顶出租的农地耕作带来便利，大大缩短农民上山下山的时间，降低攀爬陡坡的危险性。不仅玉龙村社区的山顶土地，还有相邻的小马街等社区的山地农业如烤烟种植，都得益于冬林苑对道路设施的改造。第三，生态环境的优化。荒坡种植不仅有利于保住农村的青山绿水，也有益于改善玉龙社区的村容村貌，进而提升玉龙社区的整体观光旅游价值，居住于玉龙温泉旅馆的客人都愿意沿着新修的砖石步道进入冬林苑所在山区。第四，就业岗位的提升。冬林苑项目启动至我们调研时已有 8 年，为玉龙社区和周边村落提供了长期的就业岗位，每天在山上劳作的工作人员少则四五十人，多则上百人，特别是为年龄相对较大的村民提供了就近的就业机会，增加家庭收入。在冬林苑园区上班的一位大爷对他的工作感到很满意："我们夫妻俩以前跟冬林苑老板承包管理一片园区，现在我 75 岁了，去年他就跟我说太累（我们）干不动，不给我承包了，但还是让我们来修修剪剪，做点轻松的工作，按日算工资，给 100 块，我也觉得挺好。反正就是要上来锻炼锻炼，闲着身体就坏掉。……像我们这样的夫妻工有好几对，都是五六十岁以上的。"

　　总体上看，冬林苑生态治理项目不仅对当地的生态环境改善和自然景观修复有实际效用，对于玉龙社区乃至宜良县的整体旅游业规划和未来产业提升也具有重要意义。

图 7-10　在冬林苑工作的村民

图 7-11　玉龙社区规划布局

（三）宗教文化成为旅游经济新动力

玉龙社区的宗教文化资源主要为佛教文化与基督教文化。

佛教文化以陡坡寺与土主寺为依托。玉龙云泉山自古有云泉寺，俗称"陡坡寺"，距今有600余年历史，陡坡寺东北角旧时有瀑布悬空，称"云泉瀑布"，为宜良八景之一。云泉寺明清时期香火兴旺，至清末已建成规模宏大的寺观建筑群，相传有太子阁等99间，占地6 000余平方米，后玉龙县府迁离，年久失修，至20世纪80年代尚存观音殿等14间，寺中仅存一尊古代泥塑佛像，是宜良县内保存较完整的清代泥塑像。陡坡寺如今的住持和尚法号为释心佛，6年前得到中国佛教事务局和宗教事务协会批准，前来陡坡寺重整佛教事务。作为汉传佛教的国家级僧人，释心佛对陡坡寺的重振做了较为明晰的规划，通过全国各地信众捐款，按照可考史料的规格重修了前殿——天王殿，并筹资40万元，将陆续修缮其他殿堂。作为宜良县四大古寺庙之一，陡坡寺的管理受到宗教事务局的重点关注，在修缮过程中也得到政府的支持。释心佛计划在陡坡寺成立佛教学堂，重振云泉山的佛学文化。

玉龙村街心有土主寺建于清康熙十六年，历经400余年，有前殿、后殿等20间，形成"四个合院、五个天井"的复式"一颗印"建筑群，内有碑石记载玉龙村与上、下伍营村公共事务的处理事宜。为配合"冬林苑"项目及陡坡寺建设的整体效果，玉龙社区目前已经自主筹集18万元，邀请湖南一个高校团队对土主寺及魁阁的修缮工作进行规划，近年将有一番修缮。

图7-12　陡坡寺证书

图7-13　土主寺现貌

基督教文化于 20 世纪 70 年代末传入玉龙社区下伍营村，至今已有 40 多年的发展历程。教会的守护人是今年 60 岁的毛瑞琼，当地人称"毛长老"。1984 年，毛瑞琼正式接受洗礼成为一名基督徒，到小马街做礼拜。1986 年，作为狗街镇片区最年轻的基督徒，毛瑞琼被推荐到昆明学习教会管理，半年后，宜良政府渐渐恢复宗教集会。当时基督教徒在小马街的聚会点是一位五保户基督徒的房子，属于危房，毛瑞琼在昆明的培训回来后，有村民急于将自己从集体购买的仓库转卖，出价 8 648 元，毛瑞琼向信众募捐，同时获得昆明市其他教堂的资助，将房子买下开办新教堂。

1986 年新教堂成立时仅有 20 多个信徒，毛瑞琼于 1997 年从传教士升为长老，一直管理这个教堂，目前信众已接近 500 人，农闲时每周前来做礼拜的人数都是上百人。教堂内只有 80 多平方米，且座位不够，许多人就坐在小院唱诵祷告。教会的日常活动除了星期天集中做礼拜外，每周三晚上毛长老还会为有需要的信徒做祷告或讲授圣经，其他时间则由三位执事管理功德钱、教堂卫生等事务。教会本着"自传、自管、自养"的三自方针，通过功德箱积攒信众捐款用于日常做礼拜和聚会开支，毛长老及三位执事皆为志愿无偿服务。教会对于生活困难的基督徒每年会拿出一部分功德钱帮助他们，并给他们提供免费的圣经、赞美诗等材料。这个小教堂不仅成为当地农民互帮互助、排解烦恼的重要场所，也吸引了许多外地信众前来礼拜。每年到圣诞节，几乎附近所有信徒都前来聚会，可达四五百人。

图 7-14　信奉耶稣的人家

图 7-15　调研组与毛长老在教堂内交流

（四）社区环境治理助推旅游经济发展

为了进一步打好旅游经济基础，玉龙社区注重村内人居环境改善，大力推行"厕所革命"。20世纪90年代以前，村民几乎都居住在"滇中一颗印"式的土坯房中，20世纪90年代以后，外出打工和创业的村民开始回乡盖起砖瓦房。当前玉龙社区80%以上的村民住上了砖瓦房，但村里仍保存大量土坯房，一部分将作为历史文物保留下来，如土主寺和李氏家祠旧屋，一部分已经成为危房，正等待户主推倒后改建成砖瓦房。村民的住所虽然改变，但有些生活习惯却仍然保持着。尽管如今的砖瓦房中一般都建设有户厕，但外出如厕仍然是大部分村民的选择，尤其是老人家。总人口不到3000的社区，建设的公共厕所已有15座，并且还将有1~2座后续落成。每一座公厕的蹲位大约是10个（男女各5个），共计150~170个蹲位，平均15~20个村民配置1个蹲位，如果刨除常年在外工作生活的村民，这个配置实际上会更充足。也就是说，即使村民家中不修户厕，村内的公厕也已经足够满足如厕需求。通过观察，我们发现村内公厕的使用频率的确很高，例如随机观察的某一处公厕10分钟内有4位村民进入使用。

图7-16　村内垃圾池

图7-17　村内公厕

玉龙社区重点维护的公共环境卫生包括村内公共厕所、道路、寺庙等公共场所。对于公共厕所卫生的维护，社区拿出一部分集体资金，以每天每座公厕10元的清洁费，雇用村民作为清洁员维持公厕卫生。厕所具有自动定时冲水功能，在很大程度上减轻了清洁员的负担。寺庙、街心菜市场等公共场所一般有专人承包，承包者需按照社区要求每日清扫。而对于公共道路，玉龙社区则实行每家每户门前"四包"的原则。

玉龙社区门前"四包"

包环境卫生：门前随时保持干净整洁，无纸屑无烟蒂，无瓜果皮核，无污水无乱倒垃圾，做到把清洁出垃圾及时倒入定点的垃圾箱内，制止和劝阻乱倒乱扔垃圾的行为。

包公共秩序：门前无乱停车辆，无乱堆杂物、乱涂乱画，无私乱建设，无乱摆摊点，自觉维护公共秩序。

包公共设施：包门前行道、路灯、下水道、消防设施、环卫设施等公共设施完好，制止和劝阻破坏设施的行为。

包绿化美化：包门前花草树木、草坪绿地完好，绿化带内无垃圾，无枯枝残叶，无擅自占用和人为破坏的树木，不得在树上乱钉乱刻乱挂衣物和搭建临时建筑物，制止和劝阻损害花草树木行为。

四、玉龙社区乡村振兴的经验与启示

（一）依托都市圈的带动

乡村振兴的发展路径是不断提升乡村居民获得的公共品服务，打破城乡二元结构，使城乡之间资源实现双向流通并达到动态平衡。玉龙社区距离昆明市中心 1 小时车程，距宜良县城 15 分钟车程，在玉龙社区的发展历程中我们可以看出，不论是农产品生产的转变，还是打造玉龙温泉及生态治理项目的冬林苑，其目标是一致的，即让城镇居民享受乡村的田园风光及自然美景，在满足城镇人消费需求的同时，实现乡村居民的增收。

都市对高品质农产品的食物消费需求带动了乡村农业的发展。2020年国务院政府工作报告中，再一次提出了米袋子省长负责制和菜篮子市长负责制。像昆明这种区域性中心城市的蔬菜供应是需要稳定保障的，再加上社会发展过程中人民日益增长的需求，不仅要求够，还要要求好，这就对农产品的供应提出了更高的要求。玉龙社区作为都市近区，其农业发展之路和农产品的转型便契合了这一需求。城市人对优质农产品的需求带动了城市周边农业的发展，在城里人追寻高质量多样化农产品的同时，农业生产在市场需求的激励下转型升级，转为高品质的、更具有经济效益的经济作物，从而带动农民增收。

都市对乡村田园美景的休闲消费需求带动了乡村旅游的发展。根据区位优势及自然地理条件打造玉龙温泉及生态治理项目冬林苑，一方面是对于乡村本身的生态环境的治理提升，另一方面也因项目的开发而带来了第三产业的收入。

玉龙社区这样位于都市圈近郊的乡村在全国范围内有很多，这种类型的乡村的特点是具有区位优势，生态环境优美，保留了传统的农业生产，村民市场化程度高、发展意识强、内生动力足。在乡村振兴的道路上，这类乡村要充分发挥都市力量的驱动作用，充分发挥地缘优势，充分挖掘和利用资源禀赋、积极地开展生态治理，以优越的自然环境条件及优质的农产品打造品牌，探索多产融合的发展方式，在吸引城市消费的同时，带来乡村发展契机。

（二）市场为导向的农产品供给

2015 年 12 月中央农村工作会议上提出，要着力加强农业供给侧结构性改革，提高农业供给体系质量和效率，使农产品供给数量充足、品种和质量契合消费者需要，真正形成结构合理、保障有力的农产品有效供给。玉龙社区之所以能够在农业发展的途径中实现转型并提质增收，得益于都市驱动的农业供给侧结构性转型。

玉龙社区农业的发展便是农业供给侧结构性改革的一个微观缩影。自改革开放以来，玉龙社区农业生产由水稻和普通蔬菜等转向经济效益高的茭白、葡萄、芋头花、花卉等经济作物，黑山羊的养殖一代代传承至今，"公司＋农户"模式的合作养鸡场开始出现，都是在供给侧提升了农产品质量，以满足人民日益增加的美好生活需要，实现城市消费者和农民供给者的双赢。

玉龙社区的经验告诉我们，农业产品供给要以市场为导向，提高农业供给质量，紧跟消费需求变化，不仅让人们吃饱、吃好，还要吃得健康、吃出个性。不仅满足人们对优质农产品的需求，还满足对农业观光休闲等体验性服务性需求，满足对绿水青山的生态化绿色化需求，以此提高农业综合效益和竞争力。

（三）集体闲置资源变资产

玉龙社区的振兴离不开集体经济的支撑。玉龙社区辖区内含所有权属于集体的荒坡、荒山等集体资源，且集体经济的收入主要来源靠土地租赁。早在 2015 年，习近平总书记就在中央扶贫开发工作会议上提到了"三变"改革。即通过市场化的运作方式，深入开展农村资源变资产、资金变股金、农民变股东等三项改革，通过利用集体资产及改革创新，使得乡村的土地、劳动力、自然风光等经济发展要素活起来，进一步增加农民经济收入，切切实实让农民富起来。玉龙社区自 2005 年起，梳理荒坡、荒山等未利用的"荒废"资源，在村集体的带领下，荒山荒坡变废为宝，通过荒地的流转、与市场上开发公司合作、进行生态治理及旅游的开发，实现了村集体废弃资源的再次利用，盘活了集体资产，使农民增收。宜良县企业家左耀明承包玉龙社区东面的山地荒坡，将其打造成三角梅种植基地和昆明都市圈生态旅游园区，每年为玉龙社区带来租金收入 30 多万元。玉龙社区同时将集体农田出租给外来农业公司种植花卉、蔬菜，这部分租金以及玉龙温泉等的承包款加总有将近 30 万元。玉龙社区每年的集体总收入可达 60 万～70 万元。村集体经济的收入主要用于提升农村公共基础设施、社区的公共事务，如公共厕所的修建、抽水灌溉等涉农支出、集体活动和卫生教育等。社区通过集体资产的盘活，来增加集体经济的收入，进而提升村民的收入，提升基础设施及公共服务水平，增强人民的获得感、幸福感、安全感。

（四）生计多样化和农民兼业化

玉龙社区整体呈现出生计多样化、农民兼业化的状态，通过这种兼业化形式，就业得到了充分保障。在我国农村地区，社会保障制度还不够健全，通过农业种植养殖及外出创业务工等多种形式形成农户家庭分工的均衡状态。我国人多地少，玉龙社区通过流转承包农户分散的土地形成规模，在流转土地收取土地租金的同时，利用农闲到宜良县城或昆明市从事一些非农工种，来实现整体的生计多样性及就业的稳定，从而带来多元化的收入。整体看玉龙社区呈现的就业状态，农民兼业化形成了农民生活的常态。主要原因是农民一方面不愿放弃土地和维生的农业生产经营，另一方面希望通过多样化的非农兼业或经营增加收入。这种方式是都市圈近郊农民的理性选择，可得工、农两业发展之利，使农民收入数量增加，稳定性增强；为了有更多的时间到非农业部门工作，农民会积极提高农业产出效率，有利于农业技术的采用和扩散；农民流动于农村和城镇之间，可以使他们提高技艺、扩大眼界、增长才干。

（五）引导宗教文化促发展

一方面，旅游作为一种典型的文化型经济，文化是其中至关重要的因素，而宗教是历史文化的载体，故宗教文化成为旅游文化中最具魅力的部分。玉龙社区现存的佛教和基督教文化与旅游经济存在着双向互动关系，运用佛教、基督教文化可以创建有文化特色的旅游文化和经营管理操作模式，实现旅游经济、文化、生态的持续协调发展的良性运行。

另一方面，乡村地区的宗教文化存在着一定的社会价值和社会功能，而这类功能价值正好契合了我国农村现阶段的发展需要。乡村宗教的价值生成功能为信徒提供价值追求和农村短缺的公共文化产品，满足着宗教信徒不同层次的心理体验和精神需求；乡村宗教的行为规范功能调适着信徒心理、约束着信徒行为；乡村宗教的秩序构建功能以道德约束来为解体的乡村秩序提供新的行为依据，整合着乡村人际关系秩序；乡村宗教的经济功能能够在一定程度上提高当地经济发展水平以及促进社会公益事业的发展；乡村宗教的政治功能有助于加快农民向现代公民的转变进程和保持乡村社会的稳定。

第八章

三产融合发展：
鲁黑村打造"滇中美丽乡村"

2018年昆明市晋宁区二街镇鲁黑村被列为云南省农村综合改革乡村振兴试点试验示范项目村，该项目以村中现有农业为基础，建立合作社，挖掘鲁黑农耕文化传统，打造乡村振兴示范建设项目。在实施过程中，鲁黑村着力以环境提升、产业振兴、人才培养为抓手，以"乡愁记忆"为主题，打造"滇中美丽乡村"旅游品牌。鲁黑村有效地将村内三种产业——农业生产、加工业和旅游服务业融合起来，三产融合使得鲁黑村顺利地进入乡村振兴的轨道。同时，在村庄能人的带领下，村集体经济良性发展，打造了多元复合的休闲旅游村庄。

一、鲁黑村基本情况

鲁黑村地处云南省昆明市晋宁区二街镇西南边，距昆明主城55公里，交通条件良好。鲁黑村辖王家庄、鲁黑村、干海孜、杨柳箐4个村民小组，现有农户276户1 004人，其中鲁黑村村小组有114户416人。鲁黑村自2018年成功申报成为云南省农村综合改革乡村振兴试点试验示范项目以来，经过不断的建设，项目初现雏形，主要依靠环境提升、产业振兴、人才培养三大抓手，打造以"乡愁记忆"为主题的"滇中美丽乡村"旅游品牌。近年来，鲁黑村先后获得了"省级文明村""省级卫生村""云南省旅游名村"等荣誉。

图 8-1　鲁黑村村貌

（一）自然禀赋

鲁黑村占地面积 17.56 平方公里，耕地面积 3 286 亩，林地 19 582.5 亩，海拔 2 114 米，年平均气温 13.6℃，年降水量 1 004.8 毫米，冬无严寒、夏无酷暑、干湿季分明，气候适宜。由于昼夜温差大，在这里种植的水果蔬菜品质极佳，目前已建设 4 座生态特色采摘园，种植苹果、蓝莓、樱桃、彩色洋芋等绿色生态作物。从 2017 年起，二街镇大力支持鲁黑村发展乡村旅游，助力乡村振兴。鲁黑村于 2018 年 8 月成功申报云南省农村综合改革乡村振兴试点试验示范项目，争取到财政奖补资金 1 000 万元。该项目总投资额为 2 598 万元，规划用地面积 1 299.88 亩，村庄建设规划用地面积 209.79 亩，建设周期 2 年。规划区现用地共 86.66 公顷，主要包括建设用地和非建设用地，建设用地共计 10.86 公顷，占总用地面积的 12.53%，包括：村庄建设用地、公共管理与公共服务设施用地、商业服务业设施用地、道路与交通设施用地。非建设用地包括水域及农林用地，共 75.8 公顷。鲁黑村规划在此基础上，新增物流仓储用地、扩展区域公用设施用地、公共管理与公共服务设施用地、商业服务业设施用地、道路与交通设施用地等多类用地，共计增加建设用地 3.12 公顷。

（二）文化风俗

二街镇具有十分悠久的历史，人杰地灵，民俗民间文化遗产丰富。始建于明末清初的道教圣地"白云洞太极宫"苍松茂密，环境幽静。关圣宫、玉皇阁、三皇宫、土主庙及朱公祠等均具有较高的历史文化研究价值。

村里有百年历史的土主庙位于村卫生所对面，是村民从事祭祀活动的主要场地。村里人在过新年的时候会去庙里祭拜。同时，每年的十月初八，村民也会在土主庙举办庙会，最初这里的庙会只是请亲朋好友来聚会，每年会有三四十人过来游玩，但近几年来的人越来越多了，2019年一共摆了有100多桌的流水宴，大概前前后后有上千人参加了庙会活动。也是从最近几年开始，村里对流水宴采取收费的方式，之前是10元/人，2019年涨价为15元/人。庙会的举办是由村内10人左右的一个老年团体组织，他们已经负责了10余年之久。在庙会开始之前的前一周，这群老人便会开始提前准备食材，他们会挨家挨户上门收取20元/户的费用，各家如果有新鲜食材，比如蔬菜、豆子、丝瓜、洋芋等，也会直接提供给他们。这部分费用将用作请其他村子的村民过来的车费。庙会时，会有村民组织舞蹈和唱歌活动，也会请外地的演出队来表演节目。祭拜和庙会等活动在过去曾因为"破四旧"运动而停止过一段时间，随着该运动的结束，这些活动也逐渐恢复，但很多具体的文化习俗已经流失。

昆明官渡古镇也同样有举办土主庙庙会，每年农历二月十九举行，为期3天。届时有"白牛迎土主"的巡游活动，能吸引很多游客参观。鲁黑村的庙会同样可以寻找一个宣传点，继续扩大规模，几个村小组的村民一同举办，吸引二街镇、甚至昆明市内更多的人来参观。

（三）环境卫生

鲁黑村整体环境卫生较为整洁，村内有放置垃圾分类的垃圾桶，分布较为密集，但目前还处于基础设施建设时期，垃圾分类并没有普及到各家各户，村内公共垃圾回收点也没有严格按照垃圾类别进行分类。村庄街道有专人负责打扫，各家各户门前村民习惯自己打扫。在鲁黑村乡村旅游建设规划中，公共厕所的规划是关键。结合现有厕所的分布情况，按300米的服务半径，鲁黑村规划中有7个公共厕所，其中改造1个厕所，新建5个厕所，在这7个厕所中，1个是AAA级旅游厕所，4个是A级旅游厕所。另外，鲁黑村计划在人流较少的区域适当设置临时移动式环保厕所，在旅游高峰时节和在人流集散区域也增设临时移动式环保厕所。

医疗卫生方面，鲁黑村拥有一个村级卫生所，位于村土主庙旁，面积

122.26 平方米，可满足鲁黑村村民日常的医疗需求。在我们调研期间，正好碰到一次党员集体体检，经询问，每年鲁黑村卫生所都会联合医院组织不定期的体检。另外，鲁黑村距离昆明市晋宁区人民医院 16 公里，距离云南昆钢医院 25 公里。

图 8-2　鲁黑村村内的垃圾回收点　　　　图 8-3　鲁黑村的公共厕所

（四）教育情况

经过走访我们了解到，鲁黑村村民教育水平普遍较低，年轻人读中专、大专的居多。学前教育方面，二街镇实现了城乡学龄前儿童 100％就近入学，并建成小学 2 所。鲁黑村村民普遍选择二街镇上的幼儿园。鲁黑村原有一所小学，撤点并校之后，孩子需前往晋宁区二街中心小学上学，距离鲁黑村 5 公里。中学生可前往昆明市晋宁区第一中学上学，距离鲁黑村 14 公里。另外，太平新城附近还有若干职业院校，如：云南省电子信息高级技工学校（滇池校区），距离鲁黑村 17 公里；云南经济管理学院，距离鲁黑村 25 公里；云南工程职业学院，距离鲁黑村 25 公里。同时，二街镇不断完善中心幼儿园、二街小学、五中等的教学条件，不断加大对优秀教师和优秀学生的奖励，设立"爱心助你上大学"项目，并对残疾人、中专学生等贫困学生提供帮扶补助。

（五）基层治理

党政方面，2019 年中央提出条例规定：要通过法定程序把党组织的负责人选举为村民自治组织的负责人，也就是要把村支部书记通过法律程序选举成为村主任，书记主任一肩挑，突出乡村振兴里面的组织振兴，以及基层组织和党组织的引领作用。作为全镇的边远山村，鲁黑村盼富求变的心情特别强烈，这为实施乡村振兴项目提供了强大而不绝的思想动力。除了自身优势和市、区、镇未雨绸缪的关怀外，鲁黑村党组织的战斗堡垒作用和先锋党员的先锋模范作用发挥出色，党员干部带头，群众争前恐后，村容村貌焕然一新。

2020 年 4 月，历时 2 年投资 200 余万元的鲁黑提水工程试水成功。鲁黑村家庭的主要经济收入，大春靠种植青花菜、小春靠种夹豆，生产用水主要靠雨水和贮存在水窖里的水，从前水窖里的水很难兼顾大春、小春两季，往往顾大春顾不了小春，顾了小春，又顾不了大春，增收十分困难。最旱的时候，村民一盆水都不敢浪费，洗完脸洗脚，最后还要拿去喂牲口。越是下雨，村民越要出门，因为只能靠着接雨储水。2018 年，鲁黑开始建设省级乡村振兴试点试验示范项目，晋宁区二街镇党委、政府和村两委积极争取上级项目，多方申请资金。至我们调研时，提水工程已成功为鲁黑群众放水 3 万余立方米，及时缓解了鲁黑村 1 000 余亩耕地的灌溉困难，村内提水工程还有部分依然在建设中。村口凹地曾经是一个大水塘，2019 年水塘干掉了，2020 年村庄在这里建造水车等工程进行蓄水，建成后将成为村内的生态垂钓体验区。

卫生、文化、社保、就业等制度设计逐步实现城乡统筹。二街镇完善村级文化室、二街生态文化广场和响水湾文化广场等城乡文化设施的建设和维护，广泛开展群众性文体活动；严控人口数量，近年来，人口平均以 5.1‰ 的增长率增长，2014 年甚至低至 1.5‰；提高新型城乡居民社会养老保险、城乡居民医疗保险续保率达 98% 以上，城乡低保实现全覆盖；做好失地农民基本生活费的发放，加强对五保老人、困难党员、孤残儿童等困难群体的救助；积极搭建平台（如针对企业需求建立 QQ 群，及时发布用工需求）引导城乡就业，2015 年新增城镇就业 502 人；提高道路旁绿地、景观绿地等小型公共绿地面积达 92 253.4 平方米。当地在教育、卫生、文化、社保、就业等的发展上实现了统筹协调。

乡风文明、社会治理方面，整个二街镇 9 个村开展了"法治村居"项目，聘请了 2 个律师团队，前来每个村里面调研，听听村民的意见，尤其是村里面有些管理的难点和痛点，比如以前怎么处罚垃圾乱扔，综合考量后制定条例写进村规民约，以此实现了基层治理和商业法律的有效衔接，既是基层的自治，也是法治的要求。像垃圾乱扔按照法律的话是没有办法处罚的，因此只能通过村规民约进行约束。

二、鲁黑村的发展历程

（一）社会文化变迁

鲁黑村原本是彝族村，大概在 100 年前登记民族时，因为当时的村子负责人不识字，就与同行的汉族人一同将村庄登记为汉族，所以这近百年来该村村民虽然依然延续了一些彝族的传统习俗，但自我认同都是汉族。村书记曾说过："他们这个村虽然是汉族（村），但是（文化）和彝族一样。"村中的土主庙就是他们彝族身份的证明。土主崇拜是彝族农村公社时代部落和部落联盟以及封建领主制的产物。据地方志记载，彝族的土主崇拜在南诏大理国时代就已产生，元、明之后，南诏大理国统治范围内的彝族中土主崇拜已经盛行。鲁黑村现在新年时还会祭拜土主庙，但已经没有传统仪式，只是在初一和十五这两天上供奉。土主，彝语是"米西""明西"等，俗称"土主老爷"，是位管人丁、牲畜、自然灾害的阎王，是一方的保护神。村民讲起以前有人在山中走失，亲属会来土主庙祭拜，之后就可以找到走丢的人。可惜的是，在"破四旧"时期，村民不被允许祭拜土主庙，那段时间这里的土主庙曾被用作仓库，之后，村中逐渐恢复了祭拜等习俗，但也有很多传统在这个过程中流失，村内除了 80 岁以上的老人之外，没有人能想起土主庙旧时的传说或故事。

（二）经济发展变迁

改革开放后，鲁黑村曾经是有名的贫困村，今年 84 岁高龄的何天禄老人当过这个贫困村的民兵连长、生产队长、大队书记，更亲眼见证了鲁黑人民与全国人民一起日子过得越来越好的翻天覆地的变化。1982 年 11 月，家庭联产承包责任制打破了多年来以生产队为主的管理农业生产的模式，土地承包到户确立了以家庭生产为主体的生产经营方式，让农民自己管理土地、成为土地的"主人"，生产力得到了极大解放，农民种田的积极性空前高涨。何天禄老人至今还记得，改革开放初期，鲁黑村农民的主要经济来源主要依靠种植水稻、玉米。地处偏僻的鲁黑村因交通不便，成了当时的困难村，村子里的房大多都是土基房，自行车、家用电器成了奢侈品。打水库、拉电杆，从改善农业基础设施开始，何天禄带领群众调结构种烤烟，到20世纪90年代中期，鲁黑村家家种烤烟，收入增加，生活改变，何天禄也因为带领群众种烤烟而多次受到县委县政府的表彰奖励。1997年，二街的人均收入达到了16 338元，何天禄老书记也卸任了，10年后的2007年，他的二儿媳妇方天花成了鲁黑村的第三任村党总支书记。

目前鲁黑村村小组村民的主要收入来源为经济作物种植和外出务工，人均年纯收入为1.2万余元，户均15亩土地。其中经济作物种植包括青花菜和夹豆的种植。青花菜种植每亩地收入约为5 000元，在7月种植，9月成熟。夹豆每亩地收入在12 000元左右，12月种植，次年4月成熟。

除了夹豆、青花菜、紫洋芋这些经济作物之外，村民还会通过上山采菌子来获得额外的收入。以前的时候，采菌子是自发的、自由的，没有对采集的地点作出规定限制，但是从2019年开始，村内实行承包制，由村集体向村民对外承包山地，价格为一个山头5.8万元/年。这个措施实际上从前几年开始就已经在其他村小组中流行，但因为村民的阻拦，鲁黑村村小组从2019年才开始执行。承包所得收益30%收归村集体，剩下70%会在年底的时候平分给村民。采菌子出售的毛利润一般为每户每年1万～2万元，也是村民的主要收入来源之一。

除了农业经济收入，目前鲁黑村村民其他收入来源有限，主要集中在制酒产业。村内有5家农户参与制酒，收入可达每年5万元以上。制酒也是村内整体产业发展的重点之一，村集体试图联合村内已经参与制酒的农户一道打造"鲁黑酒坊"品牌，将村内的酒产品推广出去。村内酿酒用的粮食是从外面买的，并非自己种的，品种很多，有大麦、小麦和玉米酒等，一年可以酿10多吨。但2020年因为疫情原因，就只卖出去四五吨。

此外，方天武一家从2017年开始就已经在打造农家乐，并从2019年开始修建农家乐场所，2020年5月刚刚修建完毕开始提供服务。在建造过程中，他提到政府有提出对他家进行支持和提供装修建议，但实际是他找市内文工团的朋友来设计的，共花费了3万多元。因为规模较小、客源不多，外村人想要在农家乐用餐需要向该户提前预约。不过由于疫情影响，到 2020 年 6 月为止，该户只提供了 2 次农家乐服务，收入并不多。同时，村庄正在建设农家院"鲁黑之家"，令村庄的收入方式更加的多元化。

村民生计的变化

方阿姨家有 4 口人，只有她本人留在家里，其余 3 人都在村外打工。实际上她本人也是 2020 年 3 月才回来的，一方面是因为疫情，一方面是听到村子有了新的发展。她丈夫在昭通打工，离得最远，开车单程要 6 个小时。她丈夫从 3 年前就开始在昭通的一个物业公司工作，每个月回家一次，3 年前也是夫妻两个人一起出去的，只是到了 2020 年才留她丈夫一个人在外打工，其在昭通打工的工资是每个月 5 000 元。3 年前一个老板来到鲁黑村建设果蔬基地，那时她丈夫便在这个老板手下做事，随后他们两人就跟着老板一起去昭通打工了。在我们的交流之中她表示，如果村子发展得好，她和她丈夫都是希望可以回到村子里做事情的，一个是因为干农事虽然辛苦，但赚钱比较多，另一个是想回家了。她的大女儿在大理打工，儿子则在二街镇上的一家工厂打工，离得相对较近，会经常回家。

方阿姨家加入了村内的合作社，但是没有参加蓝莓种植园的项目，因为她家是村里唯二两家在合作社之前就种了蓝莓的家庭之一，共有 4 亩，现在已经可以卖了，调研时她家 80 元/斤的蓝莓已经卖了 6 斤。之前一直是她儿子在种蓝莓，其他还种了一些蔬菜，但都是自家吃的。除了种植之外，她家是村里唯一一家养猪的家庭，2020 年刚刚买了 4 头小猪，按照每斤 80 元买入，共花费了 6 000 多元；同时家里有 40 多只鸡，在家中旧烤烟房中饲养，一般鸡肉鸡蛋都是供自家食用，但偶尔会有外地人来买，也会卖几只；除此之外，家里还剩下一只鸭子，之前多的都已经被吃了。

经方阿姨回忆，村子是从五六年前开始变好的。大概在 2013 年，北云公司来到村里承包土地，种植夹豆和青花菜，村民先是通过成为雇工，学习了基本的种植技术，之后开始家家户户种植夹豆和青花菜两种经济作物。这两种经济作物收益很高，但受市场波动影响比较大，每斤价格一般在2元到10多元之内波动。且因为青花菜要在生长过程中对水分的需求量非常高，而夹豆则相反，种植这两者作物实际上是村民应对天气变化的保护机制，无论某一年是旱或涝，都能有至少一种作物取得良好的收成。村内一般每户可以实现每年5万元甚至10万元以上的种植毛收入。

鲁黑村民以"田"和"地"两种称呼来区分田地和林地两种土地，因为田地较少，村内各家各户的田地基本上已经流转给公司，价格为800元/亩。但林地的部分村民基本上用于夹豆和青花菜的种植。在村委会任职的尹阿姨家中有不到7亩的山地，全部用于种植夹豆和青花菜，2019年她家种植夹豆的毛收入为4万~5万元，但2020年因为疫情的关系，她觉得夹豆最多只能有2万元左右的收入了。尹阿姨家全年青花菜的毛利润为2万元左右，不过一般价格好的时候，卖青花菜可以挣5万~6万元，她提到2018年青花菜价格极好，达到了每斤10多元，甚至有一户仅靠青花菜就有近10万元的毛利润。除此之外，她家有1亩多的田地，已经按照每亩800元流转出去了，每年可以拿到1 300元左右的流转费。村内田地的流转是从2016年开始的，每年小组长都会通知村民领流转费。

而现在，在村内合作社成立之后，除了一部分村民将林地流转给合作社用于蓝莓种植之外，已经有一部分农户开始种植新的经济作物——紫洋芋了。在我们调研期间，刚好赶上了紫洋芋的丰收时期。2020年是合作社紫洋芋试种的第一年，有20户左右参与了紫洋芋的种植，预计产出能达到20吨。合作社从村民手中以5元/斤的价格收购，再以7元/斤的价格对外售出，预计2020年毛利润可达8万元。

三、鲁黑村三产融合发展之路

2017年初，随着中央"三农"政策的深入实施，各级各块的惠农项目和资金纷纷涌来，二街镇领导班子敏锐地发现了这一时机，经过思考辨析、深刻谋划比较之后，一个"将鲁黑村打造成田园综合体"的构想出炉，想法一经提出即得到区委、区政府的高度认可和大力支持。二街镇迅速成立了"鲁黑田园综合体项目建设指挥部"，专门请来富有美丽乡村规划经验的建设单位为鲁黑村规划未来发展蓝图，为下一步争取项目铺平道路。是年金秋，党的十九大明确提出乡村振兴战略，各级关于乡村振兴的政策措施密集出台，各种利好消息源源不断，此时，鲁黑村的规划方案已经完成，综合天时地利人和各种要素，二街镇于 2018 年 1 月 16 日正式宣布成立"二街镇鲁黑乡村振兴项目推进领导小组"，平稳实现从"田园综合项目"到"乡村振兴示范项目"的华丽转身和无缝衔接。

规划开展以来，鲁黑村依托自然风光以及村里旅游资源空间分布特征，整合资源、优化重组、交叉互渗，构建"现代农业＋休闲文旅＋田园社区"的多元复合旅游产品体系，向游客展现鲁黑风情、农业特色和村民生活，延长产业链条，稳扎稳打推进三产融合发展进程。按照规划，鲁黑村龙潭边 55 亩的红土地用作打造"梦幻蓝莓"生态迷宫这个农作物式迷宫兼顾特色旅游和农作物经济价值，将有效弥补农户原来种植夹豆、青花菜的经济收益，又能适应乡村旅游的规划定位。铜门村里还建起了 75 亩彩色洋芋基地、70 亩苹果种植基地、10 亩樱桃种植基地。"鲁黑之家"文化体验中心、铜门复原农耕美食文化、特色民宿、"鲁黑酒坊"等系列乡村旅游设施也正在筹建中。鲁黑村三产融合过程的顺利推进得益于以下几个方面的措施。

（一）乡村振兴示范项目

鲁黑村原来是一个农业村，从 2018 年开始成了农村综合改革乡村振兴示范项目，就开始做乡村振兴。初期工作围绕乡村振兴的产业振兴方面，通过村集体流转村民的土地，建设比如村口外建设的 55 亩的蓝莓基地、70 亩苹果基地、7 亩的樱桃园、林下养鸡等产业，除此之外还有村民自发的蔬菜产业。目前鲁黑村村民每户收入为 10 万～20 万元一年，对比来看，这是一个很可观的一个收入。产业振兴方面，鲁黑村的蔬菜种植已经成了规模。根据环境提升方面，对比鲁黑村以前，可以明显感受到村容村貌的变化，包括道路硬化、村庄绿化等。

二街镇一开始共有八九个村委会参选示范村，想打造重点村落，但其他几个村子是少数民族村落，由于村内事务很难协调等原因，其他村子并不想参加示范项目，因此鲁黑村被选中成为示范村。而后开展乡村振兴试点政策，镇政府便选中了鲁黑村作为试点村落。鲁黑村的乡村规划借助了建设乡村振兴的发展契机，挖掘以"乡村文化"为核心的自然人文价值，同时发展特色农业＋乡村旅游，建立以乡村旅游为核心的复合产业体系。其产业发展模式是由传统农业向现代农业转换，使生产更具集约化、规模化的特点，在现代农业的基础上加入创意概念，融入旅游、科普、休闲度假等功能，延长产业链，进一步提升现代农业的效益。此外，鲁黑村的群众基础比较好，村民比较淳朴、憨厚以及拥有农民的情怀，可以吸引城市人来村庄体验，回溯记忆中的村庄。因而从人文价值的角度来说，吸引城市居民体验"土"文化、中国的大地元素，以及弘扬"土"文化是鲁黑村发展乡村旅游的重点和趋势。

图 8-4　鲁黑村的小广场

图 8-5　鲁黑村的吉祥物

　　村庄将通过村落更新、新"农庄"建设和特色种植农场发展三步实现其规划。首先是对村落的改造，依托现状，强化绿化景观环境，突出田园生态格局，并完善基础设施建设，整治村容村貌，推进农村现代化，打造宜居环境。其后，进行新"农庄"建设，在现有农业基础上延伸产业，通过村庄生产体系的景观化打造、游憩体验项目的设计、配套休闲设施的建设、有机生产体验产品开发等，形成系统的农业休闲旅游体系，既增加项目的运营收入，又可在开展体验、观光、休闲、养生等一系列农旅活动中推广、销售、邮寄农产品，打造"农庄"品牌。最后是特色种植农场的发展，村庄通过现代化的农业生产手段、科学技术、生产组织形式和经营管理方法，建立多物种共存、多层次配置、多级物质能量循环利用的立体种植、立体种养的农业经营模式，提高农产品市场竞争力，实现全面发展。

针对鲁黑村域的旅游资源空间分布特征，规划构建了"现代农业、休闲文旅、田园社区"三大主题功能。功能区主要包括旅游综合服务区、花田景观游赏区、果蔬采摘体验区、生态垂钓休闲区、居住生活区、生态养殖体验区、主题民宿体验区、农耕文化体验区、湿地景观休闲区和生态保育区。各个功能区的区位和服务内容如表 8-1 所示。

表 8-1　鲁黑村功能区区位和服务内容

区域	区位和服务内容
旅游综合服务区	位于规划区东侧，对外联通村落和镇区，是整个规划区的职能中心。该区设置游客服务中心、生态停车场、入口广场、纪念品销售、水果蔬菜交流物流中心等，满足游客接待、交通集散、旅游咨询等服务功能
花田景观游赏区	打造花海景观，设置自行车观光道、慢跑道
果蔬采摘体验区	依托水果种植业、蔬菜种植业形成，提供农产品采摘、蔬果认领、农产品加工体验、生态果林观光等项目，打造现代农业示范区
生态垂钓休闲区	依托现有水塘形成，设置垂钓平台、观景台、滨水栈道
居住生活区	村民的主要生活区，规划依托现状对建筑空间进行优化，为村民提供更好的居住环境，同时也向游客展现良好的村貌景象。目前该区域已有 25 栋夯土房建造完成，未来将继续建造 10 多栋夯土房
生态养殖体验区	主要进行集中养殖，策划区位性的亲子活动。一方面改变粗放经营的现状，提高经济收益，另一方面可以拆除村庄不必要的牲口棚，改善村庄居住环境
主题民宿体验区	是针对游客设置的集中住宿区域，房屋为特色夯土房建筑
农耕文化体验区	以现有农田为基础，游客可以认耕农地、进行农事体验、观赏田园风光，也可以了解传统稻作文明、参观现代农业，是多样化的农业体验区
湿地景观休闲区	结合水资源现状打造湿地公园，通过合理的游憩空间组织、多样的绿化环境建设，为游客和村民提供亲水休闲的场所
生态保育区	位于规划区中部地势较高处，以保护山体绿化现状为主，形成规划区旅游发展的绿色大背景

通过发展乡村旅游，鲁黑村使种植业与旅游业、畜牧业等良好结合，扩大产业面，带动与之相关的餐饮、娱乐、商业等行业，并通过带动农民就业、提高农业附加值等多种渠道增加农民收入，让农民"零距离就业，足不出户挣钱"，这样有利于农村剩余劳动力的分流。同时由于旅游业的

介入，鲁黑村包括基础设施在内的整体环境得到了改善，社会服务体系得以健全，包括排水设施的建设、道路的政治、住房的改造、旅游厕所的建设、生活垃圾的处理等。同样的，旅游业可以促进农村劳动力向非农转业，也可以吸纳村内老弱妇等弱势群体就业。

不仅如此，该发展规划还促进了生态环境和人居环境的改善，使村内卫生、住房条件得到优化。此外，此规划重视农耕文化的发掘和展现，而鲁黑村原本并不太重视文化发展，通过此规划的执行，可以促进鲁黑村重新发现自己的文化传统，使得文化资源能够得到更好的保护和利用。根据此规划，村民未来的收益点有 7 个，分别是种植收入、养殖收入、餐饮收入、住宿收入、农特产品收入、旅游服务收入和股金分红收入（表 8-2）。

表 8-2　鲁黑村村民未来收益点

收益点	发展方向
种植收入	由单一的种植蔬菜变为多品种的蔬菜、水果、花卉等
养殖收入	由规模小且分散的养殖模式，变为集中养殖
餐饮收入	由目前分散的个人经营变为多样化的集体管理，包括鲁黑农家菜馆、鲁黑特色菜、鲁黑山珍、鲁黑野味等饮食体系
住宿收入	目前村内暂无住宿类收入，未来会发展主题民宿、联合旅社、森林木屋酒店、帐篷露营、自驾车住宿等形式
农特产品收入	个户出售自家新鲜的蔬果、家禽、手工产品等
旅游服务收入	包括停车费、门票、牛马车、越野探险向导、民俗文化表演等
股金分红收入	村民可以以土地、闲置房屋、现金等入股，每年可盈利分红

（二）村集体合作社

晋宁区二街镇鲁黑村作为全省乡村振兴示范点，结合自身优势，发展种养殖业，在 2018 年 6 月 22 日成立了鲁黑兴农蔬菜水果合作社，整合零散资源，齐心协力壮大集体经济，依靠"合作社＋农户＋基地"的模式增收致富，让村民变成了"股东"。合作社最初发起人有 71 人，入会费为1 000 元，鲁黑村民可以以土地入股，也可以每股 2 000 元、最高 10 股的股金入股，外村人可以以 2 500 元一股入股。回报方式则为蓝莓基地的净利润分红，合作社享受净利润总额的 55% 分红，村民以土地入股的可以分享 15% 的净利润，以股金入股的可以分得净利润的 35%。除了分红，村民还可以通过为项目服务获得收入，像参与种植蓝莓的村民投工投劳都按每天 80 元由合作社付给劳动报酬。村中现已有 400 多户村民入股。合作社理事会成员共 15 人，尹德亮为监事，方天花为理事长和法人。

以前鲁黑村是集体经济的空壳村，现在村庄开展包山拾菌，发展集体经济，包山拾菌收入的 70% 每年按人头返还给村民，剩余 30% 收入村集体做管理费。同时，在 2019 年，村里成立了合作社来运营集体资产，慢慢地，鲁黑村增加的村集体收入区别于以前的一次性承包，村集体开始运营自己的产业，比如蓝莓、林下养鸡等。例如村中 70 亩的苹果基地，村委会占 25%，村小组占百分之四十多，剩下的是合作社的股份。

之后，鲁黑找准了"一大支撑产业，两大旅游主题"的主产业布局。"一大支撑产业"指着力打造"梦幻蓝莓"生态迷宫，一期约 55 亩的生态蓝莓按照迷宫样式进行种植，建成后是西南地区最大的农作物式迷宫。项目兼顾旅游和农作物经济价值，能有效弥补农户原来种植夹豆、青花菜的经济收益，又能适应乡村旅游的规划定位。同时，苹果种植基地、彩色洋芋种植基地、樱桃种植基地也相继建成。鲁黑村还建设了鲁黑微信公众号及"鲁黑农家小小院"淘宝网店，宣传销售鲁黑高原优质农产品；运用"互联网＋"、农村电商等现代营销模式把农产品卖往全国。合作社的理事会成员每人抓一项产业进行落实，养鸡由 3 个人负责，草莓由 3 个人负责，苹果由 2 个人负责，樱桃由 2 个人负责，这些人的劳动付出都是和利益挂钩的。

目前村内蔬菜种植面积为 296.69 亩；水果种植面积为 298.87 亩，其中，苹果 48.84 亩，车厘子 47.02 亩，杨梅 27.04 亩，油桃 60.44 亩，蓝莓 38.38 亩，桃、李 77.15 亩；庭院经济种植面积 133.42 亩；花田种植面积 41.42 亩。

由于鲁黑村地势较高、气温较低，种植水果等经济作物较其他地区晚熟一个月左右，因此鲁黑村的水果销售期可以与市场高峰期错开，水果也更甜，卖的价格也更好。蓝莓地是从鲁黑村村民手中流转的，流转费每年 2 000 元/亩，共有六七户农户流转了。蓝莓地的投入是通过合作社入股，其中社会投资占 49%，村民入股占 51%，村民入股每股 2 000 元，外村人入股每股 2 500 元。每亩蓝莓地预估纯收入为每年 1.2 万元，共分红给

900多人。同时，村内向附近王家庄村小组租用70亩土地作为苹果基地，其中村合作社占股45％，外村占股30％，村集体占股25％。最初的苹果树苗由镇上出资投入。调研期间村内的苹果地正遭虫害，村民每晚都会去地里除虫。蓝莓和苹果两个作物都有3年成熟期，蓝莓最早可以在2021年实现收益，苹果则还需要等待2年。除了合作社集体种植，村内还有一户私人种植苹果树，他表示他自己的苹果树是15元/棵购入的，一共购入600棵，但合作社的苹果树苗是30元/棵的，很贵。而且因为合作社是以10元/时的价格雇人管理苹果地，而他则是照顾自家的苹果地，合作社的管理人员不会像他一样用心地去除草除虫，所以他并不看好合作社苹果地的收成。他对蓝莓的看法也相似，集体管理土地因为是雇佣关系，受雇的村民不会像照顾自家土地一样出工出力，因而他认为明后两年合作社的收益不会太好。但作为入股方的一位村民则认为蓝莓地无论如何都是轻轻松松赚钱，而他就只等着分红了。

　　同时，因为村内红土地的沙性土壤适宜洋芋种植，合作社便开始试种植紫洋芋。从2019年开始，合作社尝试在苹果地间套种紫洋芋。2020年他们开始鼓励农户种植紫洋芋，共有20多户参与，种植了1吨洋芋种。因为2020年的洋芋是在雨季种植的，所以产量有影响，之后村里会尝试在冬季种植洋芋，预计产量会有所增加。合作社从村民处以5元/斤的价格收购紫洋芋并且在线上销售，价格为7元/斤，2020年到我们调研结束为止已经售出三四十吨。紫洋芋产量低、难种，昆明周边只有鲁黑村种植这种口感糯的紫洋芋，其他地区的紫洋芋是脆的。紫洋芋的售卖主要依靠线上销售，但不只是淘宝店销售，目前更多的是村镇的工作人员在微信朋友圈进行宣传。镇领导多次到村中来收购紫洋芋并向自己的朋友推销，不从中收取任何费用，是纯粹地对村内发展进行支持。此外，方天花书记提到有一家推广公司曾联系到合作社寻找合作，它能帮助合作社推广紫洋芋，但要收取4万元的费用。因为2020年是试种植紫洋芋，村内产量并不大，净利润估计在5万元左右，所以合作社就拒绝了这次合作。但方书记表示，等到以后产量上涨，他们希望可以与推广公司合作，成批量地销售。在收紫洋芋的过程中，我们听到村民说得最多的也是目前产量太少，不成规模所以卖不出价钱，他们都对下一季度的紫洋芋种植抱有很大希望。

养殖业方面，合作社推进林下养鸡产业，现有 2 000～3 000 只鸡，鸡舍的搭建花费 20 多万元。现在平均每只鸡销售价格为 120 元，土鸡蛋则是 1.5 元/枚。

图 8-6 鲁黑村兴农蔬菜水果合作社在收紫洋芋

加工业方面，鲁黑村将重点发展村内制酒产业。合作社计划把村内发展烤酒的几位农户聚集起来，以合作社入社的方式，一起发展酒坊。鲁黑村现有 5 家农户从事酿酒行业。

在乡村游方面，鲁黑村围绕"两大旅游主题"。一是亲子游方面，着力打造"鱼渔乐"主题摸鱼区、"农趣"农耕科普体验田，让家长与孩子在旅游中亲近关系，增长见识，传承传统农耕文化。二是休闲娱乐游方面，以大水塘和健康步道为核心，以垂钓健身为主题，养生娱乐。目前村内已完成新建环村 17 公里健康步道。同时鲁黑村还计划发展休闲农家乐服务，目前村内有 6 家报名打造农家乐，村内一户 700 平方米的房屋已经以 6 万元买断作为"鲁黑之家"文化体验中心，并新建了一批夯土建筑民居，推出特色餐饮民宿。此外村内还对一处老房子进行危房改造，在村民的老房子上建造礼品商店，预计 10 年后将交还村民。

现阶段，鲁黑村主推的活动是每年 9 月的"丰收节"，邀请市民来到村庄体验乡村生活。系列活动包括："我们一起奔小康"健步走，即绕着鲁黑村在三个地点的打卡点完成任务；"我们一起奔小康"农民趣味运动会；丰收集市，可以购买当地水果、野生菌、原乡风味美食、土特产品等；"晒秋"游园，开展摸鱼比赛、小猪快跑比赛、滚铁环大赛、掰手腕大赛。鲁黑村还会举办以"庆丰收·迎小康"为主题的文艺演出，以及干巴菌王公益拍卖，所拍得的资金，全部用于鲁黑村公益事业。"丰收节"的最后，鲁黑村将会举办"丰收宴"，宴请四方宾客。

图 8-7　鲁黑村内的农家乐

（三）夯土房改造

与其他为开展乡村振兴工作把村民集体搬迁至安置区的村庄不同，鲁黑村的村民还在这个村庄，还是在村庄中拥有土地、有一个家，且土地还可以产生收入。鲁黑村发展乡村特色旅游没有加入太多商业化的东西，乡土气息还是比较浓厚的，且在乡村振兴建设过程中更加突出了"土"元素，尤其是建设"夯土房"，包括砌花台的墙、修建道路边休息的凳子，都注重保留原本的乡土风格，没有加入太多城市化的元素。漫步村里，村中新旧房屋林立，兴建的旅游卫生间和垃圾分类房、铺设健康步道等基础设施都已经建设完成，在观光区域乡村看起来十分干净美丽。

鲁黑村引进了昆明理工大学夯土房技术，支付了专利费8万元。昆明理工就地取材，用红土混入碎石、砂土等材料，采用新技术后不仅保留了传统夯土房冬暖夏凉、绿色环保的优点，还具有现代建筑的宽敞明亮、洁净防潮等特点。为了打消村民的疑虑，村里还包车分两批带村民去考察新式的夯土房。项目负责人昆明理工大学柏文峰教授先后来村里不下10余次，给村民讲解夯土房的建筑结构和优点。从2018年下半年开始，二街镇在鲁黑村推行"交旧批新、统规自建"农村宅基地建设试点工作，"交旧"房屋由村小组督促村民自行拆除后方可"批新"，村民建房严格按统一规划施工，形成"一村一品"风格，并统一进行水、电、路、通信、垃圾处理、排污等配套基础设施建设，首批完成交旧批新的农户，每户还能得到2万元的补助。

图8-8　鲁黑村的旧土房

图8-9　鲁黑村的新式住宅——夯土房

　　此前，有许多村民拆除旧土房，盖上了欧式"洋房"，罗马柱、欧式雕花看似华丽，实则与当地的乡土风貌格格不入。村里选择了数十户老旧房屋，鼓励他们建造新型夯土房，但有的村民在住房改造前十分抵触，原因之一是他们认为自己住了一辈子的土房，现在条件好了，是一定要住进"洋房"的，同时已经住进"洋房"的人并不少，还包括一些村干部，被鼓励建造夯土房的农户有吃亏的情绪，认为再盖的土房子比不上"洋房"。其二，夯土房造价较高，平均只建造费用就有 1 280 元/平方米，相对比而言，砖房（包括装修在内）每平方米只要 1 160 元。心理因素和经济因素两者相加，令最初的住房改造工作并不顺利。

　　此外，走访中我们还了解到，在拆除旧房子的过程中存在沟通协调的问题，造成了一些农户直接或间接的经济损失。其中一户在多处有宅基地，有一处面积较小但就在进村的路旁，比较显眼。最初该户与村集体协商，将另一处不在主路上的宅基地收归村集体使用，置换离主路较近的宅基地，再加上部分拆除卫生所后的空余土地建造夯土房。但最终卫生所并没有拆除，村集体将该户小面积的宅基地收归集体，用作了绿化地。另有一户，据我们的了解，在进行重新规划时，村庄将其租用的土地直接收归集体，可该房屋的合同实际上还有 8 年到期。既以收归集体，尽管合同有效，但他也不能再继续使用这片土地了。

　　而今，村里已经新建了 22 栋红色夯土房，房屋建筑是统一招标建造。鲁黑村党总支书记、主任方天花逢人便讲的一段趣事就是曾经有一户不愿意修盖夯土房，并且指着方书记自己家的三层洋楼说道，"如果你觉得土房子好，那我修完之后你来住我的土房子，我去住你的砖房"。方书记说当时她就答应了下来，承诺对方一旦夯土房盖好就可以换房子，但等到对方把房子盖好了之后，就再也没主动提起过这件事。房子改造完成之后，村民看到了夯土房的升值空间，抱怨也就减少了。

图 8-10　鲁黑村的新式住宅

现在村里的22栋红色夯土房连成一片，一排排红墙青瓦，齐整雅致，在蓝天映衬下格外美丽，三房四耳、一个小天井，正是典型的云南"一颗印"民居建筑，村民可自由选择出租作民宿或自住。更多的村民则开始对自家已建好的房屋进行"微改造"，恢复传统民居风格，家家户户的院墙也换上了木栅栏。村子还就村内景观设计进行了招标，新房子门前会有一个小池塘、一丛花，或是放一块青石，显得房子整体清新雅致，整个村面目一新。

(四) 村内村外能人带头

鲁黑村在近十几年内的快速发展也得益于村内能人的带头作用，提到鲁黑村，一个绕不开的人物就是现任村党委书记方天花。2007年，方天花成了鲁黑村的第三任村党委书记。她首先明确要致富先修路，在上级部门的支持下，铺设了从二街集镇连通到鲁黑村的各条村间水泥道路，共耗资400多万元。当时，村内以烤烟种植为主要经济来源，由于烤烟种植的年份长，土地没有轮作，烤烟质量下降，加上收购标准的提高，农民的收入一下子滑下来了。因为鲁黑海拔较高、气候寒冷，鲁黑村年平均气温13.6℃，年降水量1 004.8毫米，方书记发现其实村子特别适合种植蔬菜和水果等农作物，于是她带领村里进行了产业结构大调整，开始种起了夹豆和青花菜。之后，村里有200多农户都种上了青花菜、夹豆等蔬菜。到2017年，全村3 000多亩耕地90%都种植蔬菜。村民方天文家一共4口人、2个劳动力，共种植着20多亩蔬菜，种完夹豆种青花菜，虽然辛苦，但每年下来能有20多万元的收入。种植蔬菜为村民带来了良好的经济效益，但蔬菜种植受市场价格影响大，再加上土地轮作有限，蔬菜虫害增多，投资加大，许多村民又开始转型。村民蒋轩明看到了高档水果种植的良好前景，2016年投资40多万元在干海孜种植了8 000多株24亩生态蓝莓，果子成熟时每千克可以卖到100元，种植五六年就能进入盛果期，到时每年的收入可以达到20多万元。村民逐渐了解到高收益的水果产业，方天花书记也意识到蔬菜产业的弊端，带头开始了蓝莓种植的探索。2018年，她同村党总支、村委会班子联合，向二街镇党委、政府提出转变发展方向的建议。在前期分析调研基础上，最终，二街镇党委、政府确定了鲁黑村作为乡村转型发展试验点。方天花书记极力推动鲁黑村成为乡村振兴示范点，帮助鲁黑村争取到了可观的政府资源。

方天花书记将鲁黑村推向了该地区发展的舞台中央，这就进一步地吸引外村人前来参与到村庄发展之中。第一个投资鲁黑村合作社的是普杨运京，当时他不到30岁，他的老家在隔壁村，在了解鲁黑村的项目之前，他在昆明市其他区、县经营个体生意。作为第一个来到鲁黑投资的外地人，他

图8-11　党委书记方天花在记录紫洋芋收购量

十分看好这里未来的发展前景。访谈当天，他来到村里是为了帮助一户夯土房居民设计民宿的室内软装修。2020年，因为疫情的缘故，他开始反思他原有的产业的盈利情况。在此之前他主要是做旅游行业，但疫情期间旅游产业萧条，他发现在农业上的投资更加稳定且更有前景，同时农业投资可以帮助村庄的发展，是回馈自己生活的村庄的一种方式。他从朋友那里听说鲁黑村的项目，觉得很有兴趣，来了之后，他就被这里的高品质蓝莓打动了，决定投资10万元入股"蓝莓迷宫"项目。在一开始，他没有特意地宣传鲁黑村，但在朋友圈里发了入股的合同，有人看见了也对这里产生了兴趣便来询问他具体信息。而这之后，入股合作社的人就慢慢变多了。在他的带动下，有很多本来不了解鲁黑村情况的投资人纷纷来到这里投资，为合作社带来了很多资源。"蓝莓迷宫"项目在2019年开始筹资，计划筹资80万元，村内仅筹资274 000元，因此社会筹资对该项目至关重要。得益于普杨运京自身的支持以及他的宣传，"蓝莓迷宫"项目得以顺利实施和运转，正是如此，他和村内负责人关系也很亲近，成为引导村内发展的重要角色。

普杨运京认为，目前是农业投资、农业产业发展的最佳时期，因为政府扶贫振兴、反贪反腐的力度大，从地方政府到村集体都将乡村发展作为重中之重，与10多年前的政治环境有了很大的不同。这样的环境增强了他们这种投资人进入乡村、帮助村庄发展的信心。他预计如果管理得当，

每年只是蓝莓产业，合作社就可以收益 150 万～200 万元，他本人每年可以分红 10 万余元。在其他产业方面，他觉得鲁黑村虽然已经投入了很多钱了，但是钱都投在了道路和水库等基础设施上，尚未发展可以产生利润的或是旅游性质的项目上，例如花海的种植。他说："如果年轻人来到这里有人拿出手机开始拍照，那这个地方就成功了。"但以鲁黑村目前的村容村貌，暂时还没有达到这个标准。除了投资鲁黑村之外，他 2020 年还在乡镇周边的村落租了 250 亩土地，用来种植小西瓜和青花菜，是以 500 元/亩的价格租用的政府空置的工业用地。他十分看好农业产业发展，他也相信农村以后会变得越来越好，但是不是以原先的生活方式存在，而是在引入现代化农业、引进人才资本之后，以新乡村的方式重建农村。其中，农业的现代化并不是难题，难题在于人力资本的引进。但他还是相信，年轻人最终还是会回到乡村的，因为城市生活压力大、难以适应，而且朝九晚五的工作对生活的限制过多，相比而言，乡村的生活自由且惬意。

鲁黑村良好的发展趋势不断地吸引当地有志青年扎根于此。除了普杨运京之外，镇文工团的 2 个年轻人也来到鲁黑村，租下了一栋夯土房建筑，计划经营鲁黑第一家文创产品店铺，租期 5 年。因为店铺还在前期投入阶段，鲁黑村也并没有进入接收游客的时期，未来是否可以盈利、利润规模是多少她们都没有太大的把握。用她们的话说，她们现在的情况就是为了一份"情怀"。大学生周蕾也是其中之一，2018 年大学毕业后，她选择回到鲁黑村，成为鲁黑村委会的一名后备干部，持续为鲁黑村发展贡献力量。"我已成家，家人也留在这边创业，主要原因就是这里的发展越来越好，而我们也在这里看到了更美好的未来。"

四、鲁黑村乡村振兴的经验与反思

(一) 发展经验

如果现在就得出鲁黑村已经实现乡村振兴这一结论，还为时尚早，但通过了解鲁黑村的发展历程，我们能够发现该村发展前景极为乐观。该村作为乡村振兴示范项目，得到了政府和社会的广泛支持，村内基础设施完善，配套设施正在建设，产业多元且以高产值经济作物为基础发展加工业、旅游业，合理融合当地三个产业，积极调动本村村民和外村人参与到村庄发展的进程之中。汇集了"天时地利人和"的鲁黑村，未来可期。鲁黑村走上乡村振兴轨道有以下五点经验。

第一，推行高效农业夯实乡村振兴基础。实施乡村振兴战略的总目标是农业农村现代化，这意味着要不断提高农业质量效益和竞争力。而发展现代化高效农业是推动农业高质量发展的有效途径之一。鲁黑村的发展历程中最不能忽视的一点就其种植业的不断更替。一开始，村内以烤烟为主要生计方式，但是，随着烤烟种植年份渐长，没了土地轮作，烟叶质量下降，加上收购标准提高，村民的收入一下子滑了下来。这之后，看到种植蔬菜带来了经济效益，村民们开始种植夹豆和青花菜。不过，由于鲁黑村处于山区，土地大多是旱地，绝大多数农户以种植为生，一旦遇到干旱年份就会因减产导致收入大幅降低。为实现村民富裕、村庄发展，村党总支、村委会班子提出转变发展方向的建议，建议开发蓝莓、紫洋芋、苹果等经济作物的规模化种植。

鲁黑村通过减种低效作物、推广高效经济作物，不断地跟随市场转换理念，改变经济作物类型，使得农民得到了普遍增收，2020 年人均纯收入已达 1.2 万余元。鲁黑村依托地理优势，利用其海拔高、温差大的特点，发展蔬菜和水果等经济作物种植产业。其中尤其是高产值水果，成了鲁黑村村民收入增长的"主力军"。除生态种植的草莓、蓝莓外，鲁黑村的苹果种植基地、彩色洋芋种植基地、樱桃种植基地已相继建成，逐渐形成了当地农产品的独特优势，并以积极发展适度规模生产为引领，推动形成在特色农产品生产领域的话语权，"让农业成为有奔头的产业"。

第二，提炼乡村文化内核促进乡风文明和生态宜居建设。乡风文明建设既是乡村振兴的重要内容，也是乡村振兴的重要推动力量和软件基础。理论上，乡风文明建设是乡村振兴的软件基础；实践上，乡风文明建设是乡村振兴的难点。鲁黑村围绕"乡愁记忆"进行村庄外立面改造，重现村庄原始风貌；新建了"鲁黑之家"文化体验中心，复原农耕美食文化；此外，大水塘、古井等几处村内小景观的提升改造也极大地丰富了旅游的内容；村里还为古树名木、牌坊老井等等设立讲解牌，让每一个地方都有自己的故事和传说。

乡村"生态宜居"是为农民提供适宜居住的生存和发展生态、生产和生活环境，既要保障自然系统的生态安全，也要提供舒适、便利的现代化居住条件，更要形成可持续的、不对人类健康和生态环境产生严重危害的生产结构。这三方面的内容体现了生态宜居在乡村振兴战略中的关键底线地位。鲁黑村对人居环境进行改善，包括拆除老旧房屋、铺设雨污分流管网、兴建旅游卫生间和垃圾分类房、铺设健康步道……现在，乡村变得干净美丽，木栅栏里的老院子、平整的石板路、风景如画的荷塘、绿树成荫的乡间小路、设施齐全的公共厕所等，为村民打造了适宜生活和居住的环境。为呼应乡村旅游的发展规划，村庄还围绕"吃、住、行"三大旅游要素，新建了17公里长的环村健康步道，打通旅游路径；并新建了一批夯土民居建筑，打造特色民宿……慢慢地，在不影响原村民的生活的同时，整个村都变成了一个旅游度假区。

第三，能人带头，探索村庄发展。乡村振兴，离不开好的乡村带头人。依经验而言，村庄要实现振兴，需要"两个带头人"：村党组织带头人和农村致富带头人。基层党组织带头人既要会搞党建治理村务，又要会搞经济、谋产业、促发展；农村能人既要带头致富，又要带领群众脱贫致富。鲁黑村的村总支书方天花就兼备"两个带头人"的特点。方天花作为鲁黑村的第三任村党委书记，数次明确了村庄发展的正确方向，她一方面是基层党政建设的有力支持者，另一方面也是村庄产业转型的推动者。除方天花之外，外来的年轻人也对鲁黑村的发展起到了积极的作用。例如，普杨运京作为致富带头人，及时地拉动了鲁黑村筹资的速度，扩展了鲁黑村的宣传面。其他返乡青年人在推动鲁黑村村庄发展的同时，也为更多的青年人做出了表率。逐渐地，鲁黑村涌现出更多的中青年力量，这些人才力量都是村庄发展的人才储备，是乡村振兴的关键力量。

我国农村发展的实践证明，带头人的作用至关重要，就像"头羊"和"领头雁"，在加强农村基层组织建设、调动群众内生动力等方面不可或缺。在这些带头人的带领和推动下，一个崭新的鲁黑村正在不断焕发勃勃生机。

第四，三产融合生发丰富的业态形式。农村产业兴旺，互动融合是关键。鲁黑村处处有三产，村内第二产业有鲁黑酒庄，第三产业有民宿、农家乐、观光农业等，其第一产业与这两个产业之间关联紧密。农旅融合在乡村振兴中被反复强调，休闲农业作为其业态，以农业科普体验、观光度假、休闲养生为核心功能，以特色商业、文化创意、田园居住为配套，拓展了农业产业链和价值链，催生了农村新产业、新业态出现，成为农村经济创新发展的新风口。

鲁黑村三产融合之路以一三产业融合为重点，主要是在发展服务业的同时利用农业景观和农业生产活动开发观光农业。鲁黑村"梦幻蓝莓"生态迷宫，一期约 55 亩的生态蓝莓按照迷宫样式进行种植，建成后就是西南地区最大的农作物式迷宫。该项目兼顾旅游亮点和农作物经济价值，有效弥补了农户原来种植夹豆、青花菜的经济收益，又能适应乡村旅游的规划定位，探索了一条平稳转型的观光农业发展之路。同时，该村自创"丰收节"，在每年 9 月举办一系列的活动，以农耕文化和农事体验活动吸引外地游客。鲁黑村由此生发出了丰富的业态形式和多元的产业主体，使更大范围更高层次的社会产业大循环在乡村实现资源的优化配置和生产要素的重新组合。鲁黑村通过延长产业链、提升价值链、完善利益链，把一二三产业紧密融合在一起，形成风险共担、利益共享的共同体。农民不仅从农业生产经营中获得收益，还借力第二、第三产业支持获得增值效益，通过股份合作等形式分享二三产业的增值收益。

农村三产融合发展，就是通过对农村三次产业之间的优化重组、整合集成、交叉互渗，使产业链条不断延伸，产业范围不断拓展，产业功能不断增多，产业层次不断提升，从而实现发展方式的创新，不断生成新业态、新技术、新商业模式、新空间布局等。

第五，壮大集体经济，还原村民主体地位。农民是农业农村发展的主体，也是实施乡村振兴战略的主体。推进乡村振兴，是为了农民，也要依靠农民。以前鲁黑村是集体经济的空壳村，在过去的几年里，村庄通过开展包山拾菌，发展集体经济，并在 2019 年，成立了兴农蔬菜水果合作社来运营集体资产，慢慢地，鲁黑村增加的村集体收入区别于以前的一次性承包，村集体开始运营自己的产业，比如蓝莓、林下养鸡等。鲁黑村整合零散资源，齐心协力壮大集体经济，依靠"合作社＋农户＋基地"的模式增收致富，村民变成了"股东"，既参与管理，又分享红利，利益共享、风险共担。除了分红，村民还可以通过为项目服务获得收入。鲁黑村把强产业作为乡村振兴的核心，整合利用集体积累资金，通过入股、参股等形式，盘活集体资产，壮大集体经济，富裕村里群众。

在乡村振兴战略全面实施的当下，不断发展壮大村级集体经济，已经成为推动农村跨越发展、引领群众实现共同富裕的重要一环，只有发展村级集体经济、壮大村级财力，才能增强广大群众致富增收的主动性、积极性，激发群众自力更生、奋发有为的内生动力，让农民重新成为村庄经济的中心、乡村发展的主体。

（二）存在问题

鲁黑村在探索乡村振兴的道路上也存在三方面的现实问题。

第一，鲁黑村年轻劳动力较少，多数年轻人还是选择外出打工，村内多为 45 岁以上的中老年人。同时年轻人在城市工作中面临着市场壁垒，生存压力较大，缺少资源和资本的他们甚至难以达到当地经济发展的中等水平，回村青年更多是因为难以承受城市生活的压力而选择回到村庄。在我们走访的过程中，遇到了多个在家的"90 后"青年，其中有一位 1995 年出生的青年在 2020 年辞去了村外的工作，他以前在安宁做机床工作，每月工资 3 000 元。现在他回家与父母一同从事劳动生产，因为该户从事制酒产业，该青年在这半年期间就以制造和出售农家酒为主要工作，且他并不想要再次外出务工。问及原因，他回答道，外面工作的工资低又很难加薪，他觉得在外打工没有什么未来，且外面的生活虽然更丰富，但对于他来说，想要生存下去也更难，还是在家更轻松更简单。

第二，年轻劳动力缺乏是一方面，年轻人不懂如何种植农作物且不愿吃苦也同样是问题。虽然以后会推进机械耕作，慢慢减少人工，但种植还是离不开人的种植经验。此外，村内缺少年轻的乡村振兴带头人，年轻人更易且更快接受新思想，在乡村振兴的道路上，有一位具有远见卓识、创新能力和强大执行力的乡村振兴带头人是一个很有利的先决条件。

第三，鲁黑村的乡村振兴规划，尽管规划内容十分明确，但实施起来确实有难度。例如，花田景观游赏区的建设就尚未确定，由于此区域成本较高，经济收益不明显，村内合作社成员对此区域的打造仍有争议。村支书方天花认为花田景观可以极大地增加鲁黑村的观赏价值、吸引游客，是值得投入的，但其他合作社成员认为其经济价值小，前期投入和管理成本高，在鲁黑村旅游发展未形成规模之前建设该区域是吃力不讨好，目前应将重点放在一些获得利润更快的产业，比如建设烧烤区等，故村庄在决策上还是存在分歧的。就鲁黑村而言，经济主要是依靠当地基础种植农业，附带发展餐饮住宿等接待服务，所以鲁黑村的发展要在做好农业的基础前提下（尤其是应强调特色农业的发展），走以农带商、以商促农的相互促进的发展模式，集中力量先做好几个方面，不能贪大求多，否则物极必反。

鲁黑村现阶段存在的问题并不是发展过程中的难点困境，而是亟待解决的问题。乡村振兴中的几个难点，如资金、政策支持以及人力资源等问题，鲁黑村在一定程度上都已经解决了，现在的工作重点则是找出各个阶段发展的痛点，结合当下的情况，思考如何能够利用好资金、政策和能人的力量，将鲁黑村的潜力发挥出来。

(三) 未来展望

随着国家"一带一路"倡议战略实施，滇中城市群面向南亚东南亚开发的区位优势进一步凸显，迎来了快速及发展的战略机遇期。晋宁处于城市群中心位置，是中心城区昆明与次要城市玉溪红河联系发展的重要节点，地理位置优越，加上自身丰富的旅游资源使其迎来了良好的发展机遇。晋宁区拥有丰富的文化遗产和多样的自然资源，境内的西汉滇王墓地石寨山、云南三大佛教圣地之一的盘龙寺、七下西洋的郑和故里等旅游景点享誉海内外，为鲁黑村的旅游发展打下了良好的客源基础。鲁黑村作为晋宁区首个建设的田园综合体，得到了政府充分的支持，发展前景广阔。

鲁黑村已制定了详细的村庄规划设计方案，由重庆银桥建筑设计有限公司和昆明理工大学设计，目前正在按原定计划一步步展开建设。在乡村振兴建设中要想处理好人与自然的关系，必须践行绿水青山就是金山银山的理念，坚持人与自然和谐共生的原则，坚定走生产发展、生活富裕、生态良好的文明发展之路，以促进村庄有机生长和田园环境相协调，促进村民乐居与休闲旅游相结合。鲁黑村未来还需在建设过程中不断优化设计方案，如村域道路虽然已经基本硬化，但是道路较窄，需要进行提升改造，以满足未来旅游发展的需求。鲁黑村自然资源较为丰富，但人文资源相对缺乏，在未来的建设发展过程中，应更加注重人文旅游资源的开发与积累。

鲁黑村现在处于乡村振兴建设时期，"鲁黑之家"文化体验中心、特色民宿、"鲁黑酒坊"等系列乡村旅游设施也正在筹建中。鲁黑村在建设过程中同样存在年轻劳动力缺乏、特别是缺少乡村振兴带头人等问题，在村支书方天花的带领下，鲁黑村正在积极解决建设过程中存在的一些问题。我们相信，在乡村振兴背景及政策支持下，依托鲁黑村优美的自然风光和丰富的自然资源，以及村域旅游资源的空间分布特征和全村村民的共同努力，鲁黑村"现代农业＋休闲文旅＋田园社区"的多元复合旅游产品体系会如约构建完成，鲁黑村一定会一步步成为一个让人们向往的地方。

第九章

宝贵的彝族石头寨：
大糯黑村文化特色保护型乡村振兴实践

石林彝族自治县大糯黑村，是云南彝族撒尼支系聚居的一个村民小组，该村又被称为"彝族石头寨"。大糯黑村成为有名的"石头寨"的过程，也是大糯黑村的特色文化得以保护和发扬的过程。大糯黑村的文化特色保护型乡村振兴实践，是包含了政府、大学等外部人以及村委和村民共同合力的结果，这个合力最终内化为村庄自身的动力，去进一步推动了大糯黑村进行长久的文化特色保护。大糯黑村的案例向我们展示了一个传统民族村落通过多方主体的互动来进行文化特色保护最终实现乡村振兴的可能。

一、大糯黑村概况

糯黑村始建于明洪武三十一年（公元 1398 年），距今已有 600 多年历史，隶属石林彝族自治县圭山镇，地处圭山镇西边，距镇政府所在地 4 公里，进村道路为水泥硬化道路，交通十分方便，距县城 32 公里，距离世界自然遗产保护区国家 AAAAA 级旅游景点石林景区 30 公里。和很多山区的少数民族村庄一样，受限于交通不便，过去糯黑村的发展并不显眼。不过自"九石阿"旅游专线建成以来，坐落在这条快速专线上的糯黑村交通情况大为改善，变得十分便利。

糯黑村辖大、小糯黑 2 个村民小组。全村面积 27.16 平方公里，海拔 1 985 米，森林覆盖率 86%，年平均气温 13.4℃，年降雨量 809.5 毫米，适合种植玉米、烤烟、马铃薯等农作物。全村耕地面积 3 643 亩，人均耕地 2.55 亩，林地 28 282.1 亩。截至 2018 年底，全村居住总户数 395 户，总人口 1 509 人，彝族撒尼人占 99.8%，绝大部分都从事第一产业，主要以种植烤烟和玉米为主。大糯黑村①有农户 257 户共 1 060 人，在村两委班子带领下，从 2003 年起大力调整农村产业结构，发展多元化农业生产和乡村旅游经济，2018 年人均纯收入达到了 23 600 元。

大糯黑村旅游资源类型丰富，景点数量众多。"猴子塘"、民族博物馆、王家大院、边总司令部等多个景点分布于村内，形成了一条完善的村内旅游路线。除此之外，村内 98% 的建筑物都是典型的传统石板房。糯黑系石灰岩地貌，遍布石头，成层状，村民祖祖辈辈就地取材，创造了三间两耳的传统石板房样式，石头墙、石板路、石板广场、石磨、石碾、石台，村中被建造成了石头的世界，"石头寨"的美誉由此而来。

图 9-1 大糯黑村全景

大糯黑村 2005 年被省、市民委列为"民族团结示范村"，同年被县委列为"阿诗玛民族文化旅游生态村"；2007 年被确定为市级新农村建设试点村；2008 年初，该村被选定为国际人类学与民族学联合会第十六届世界大会五个学术考察点之一；2009 年成功创建为云南省卫生村、国家级生态村；2013 年成为昆明市首批外事接待点。近年来，大糯黑村先后又

---

① 由于村委会、小学等公共机构和博物馆、广场等公共空间等都集中在大糯黑村小组，因此我们的调研也多围绕大糯黑村小组展开，报告呈现的情况也多以大糯黑村小组为主，具体以"糯黑村"和"大糯黑村"加以区分。

被列为昆明市文化旅游特色村、昆明市民俗文化生态旅游村、云南省民族民间传统文化保护区、国家级非物质文化遗产阿诗玛文化传承点、石林糯黑彝族文化保护区、昆明市文明村等。2013 年 9 月，大糯黑村被住建部、文化部、财政部联合公布于第二批中国传统村落名单中。2015 年，大糯黑村创建云南省文明村，被云南省科技厅命名为第十批"云南省科普教育基地"。

大糯黑村在实践乡村振兴的道路上积极探索、勇于创新，形成了村两委牵头、村民积极响应的良好村庄治理氛围。大糯黑村两委成立了以党总支书记为组长的文明村创建工作领导小组，由村民小组长负责具体工作展开，在精神文明创建活动、人居环境、乡风民风、新型农民培育、乡村文化生活、乡村工作创新方面都取得了较大进展。村委组织了一系列围绕社会主义核心价值观建设的主题活动，推进了大糯黑村的精神文明建设，丰富了村民们节日精神文化生活，培养和树立了村民们的文化自觉和文化自信的观念。在人居环境方面，全村道路铺成石板路，改善道路绿化，加大庭院绿化，加大生态公益林保护工作力度。目前全村自来水入户率达到 100％，广播、有线电视、通信设施等网络设施完备。大糯黑村还开展了结合民族文化的生态村建设工程，动员农户新建沼气池、厕所、畜厩、节能灶，既保护生态环境，又美化了生活环境。为了进一步提高村民素质和能力，大糯黑村开展了科技示范户创评活动，积极引导和促进农村先进适用技术的推广和应用。大糯黑村以开展"创先争优"活动为载体，全面推行培养致富能手的行动；并且通过远程教育，对村民进行技术培训，提升村民整体素质，引导群众学知识、长技能。

二、大糯黑村的发展变迁

大糯黑村，一个被深山怀抱着的石头寨，如同沉默的老人，虽不言语却悄悄地走过了几百年的历史，难以想象在这深山之处，传统、自然与现代有了交集，共同生长，彼此成就。当我们进村调研时，随着车子深入，出现了几个玩耍的稚童，道路也从水泥路变成了石板路，村庄仿佛在以这样的方式告诉世人，它是如何将现代化融入他们的传统中的，既泾渭分明、又彼此交融。

（一）大糯黑村的由来

据当地人介绍，在密枝林与池塘入口处，本有两块石碑记录了村寨的历史，但是在"文革"中遭到了破坏，记录也就消失了，零星的历史碎片只能通过村里的老人得知。大糯黑村最早的历史可以追溯到明朝，为了躲避汉人的追击，古老的彝族撒尼支系先人躲进了深山，建寨而生，取名为藤子哨。村里代代相传的历史可以从史料中得到呼应。据史料记载，糯黑村原属陆良吐司的庄子之一，属陆良的一部分，明代（1938年）设藤子哨（今大糯黑）为士卒的防卫哨所，故大糯黑村以前在明代时期被称为"藤子哨"。

图 9-2　围湖而建的石头房

大糯黑村有详细史料的最早记载为清朝嘉庆年间的记录。清朝嘉庆二十一年（1816年）始建村寨，撒尼先民们将此处改名为糯黑，彝话中意为"猴子嬉戏的池塘"。当时的村民发现一只猴子总是在周围出没，他们相信有动物活动的地方一定会有水源，机智的撒尼先民跟着这只猴子发现了一个天然的池塘。让村民们意外惊喜的是，看起来平静的不见一丝波纹的池塘，竟然是拥有活水水源的池塘。大糯黑村地处喀斯特岩溶地貌发育区，系石灰岩地貌，多山少水，这处池塘的发现让村民们喜出望外。从此，撒尼先人围池建寨、依水而居。为了纪念这只猴子指引他们找到水源，村民将这个池塘称为"猴子塘"，连村名也由当时的"藤子哨"改为糯黑村。整个寨子依水而建，撒尼先民带领族人，在这里开辟了新的生活，颇有几分不知有汉何论魏晋之脱然。

（二）大糯黑村的行政建制沿革

糯黑村的行政改革是在中国大的政治背景下历经的多次变动。咸丰五年（1855 年），路南州（现石林彝族自治县）开始推行保甲制度，在当时整个路南州分设的五个乡下的"16 大甲 38 党 182 保 2024 甲 463 村"中，尚无糯黑村的记录，这一制度一直实行到清代末年。民国期间，糯黑村也并未有单独的提及。

在革命战争时期，盗匪四起，为了保护村落的安宁与平静，糯黑村民修筑石墙，以防御外敌，共开寨门 4 个，设立 5 座炮楼。在当地人的带领下，我们登上了杜鹃山，据带路人说，杜鹃山是个重要高地，留下了很多糯黑村先民英勇抗击敌人的故事。虽然炮楼已经随着时间消失，但为了纪念那段历史，人们根据当时炮楼的位置，于 2011 年在杜鹃山上修建了一座碉楼和一座凉亭。碉楼墙角处的圆圈是村民当年为了纪念抗日战争而特意刻上去的，下面还压放着当年日军落荒而逃时丢下的日旗。解放战争时期，糯黑村是重要的革命历史文化圣地。当时边纵部队的司令朱家壁同志以及张冲同志曾带领边纵小分队在圭山一带展开游击战争，其间就住在糯黑村，大糯黑成立了中共圭山区委会，设立滇黔桂边纵队机关，根据毛主席农村包围城市的战略，在云南一带山区展开了同国民党部队的战争。糯黑村作为重要的军事指挥点，粉碎了国民党的整肃和围剿，迎接野战军进

图 9-3　边纵司令部旧址

军大西南，为昆明顺利解放奠定了基础，边纵部队在糯黑村实现了自己的光荣使命。当时的边纵指挥部后来一直作为村里小学使用，直到为了更好地保护这一红色革命地点，村小迁至其他地方，该村里的临时边纵司令部才得到了更好的保护。村寨里有一间毫不起眼的石屋，据当地村民介绍，当时云南省共产党领导下的第一张报纸——《路南报》就是在这里诞生，这里就是当年边纵部队在糯黑村时的临时新闻单位。

自 1950 年设立圭山区起，糯黑村就归属于圭山区；1952 年土地改革，糯黑属于全县 8 区 1 镇 103 个乡中的 1 个乡，即糯黑乡；1957 年，糯黑属于路南彝族自治县圭山区海邑乡的石峰（糯黑）高级农业合作社；1958 年，路南县并入宜良县，糯黑属于圭山公社的石峰管理区；1964 年，路南县恢复原来的彝族自治县建制，糯黑属于圭山区的糯黑公社；1965—1984 年间，糯黑村在当时不断变动的人民公社和生产大队行政区划中；1984 年，路南彝族自治县撤销人民公社和生产大队，糯黑属于圭山区的糯黑办事处；同年，圭山区改为圭山乡，糯黑办事处属于圭山乡，包括大糯黑和小糯黑两个村子，一起脱离了曲靖专区的管辖，隶属于昆明市[①]。1998 年，路南彝族自治县更名为石林彝族自治县，大糯黑村成了石林彝族自治县圭山乡（2006年圭山乡改为圭山镇）糯黑村民委员会下设的一个自然村，并延续至今。

目前，糯黑村的基层自治机构得到了很大的发展，其基层党组织在村庄治理的过程中发挥了重要的作用。糯黑村党总支成立于 2010 年，下设 2 个党支部，分别为大糯黑党支部、小糯黑党支部，共有党员 55 民，全部为彝族撒尼人，其中女党员 10 名，60 岁以上党员有 17 名。据了解，糯黑村每个月都会有党员活动日，一般大家会学习党的思想、组织活动，结束后还会一起吃饭交流。

在村调研期间，我们有幸参与了一次糯黑村党支部党日活动，当日全员到齐，没有人缺席。根据糯黑村党总支党员公示栏显示，村"三委"中的党员根据不同的类别划分了 A 类（党员干部）、B 类（无职党员设岗定责）、C 类（流动党员）和 D 类（60 岁以上的老党员）等四类党员，其中

---

① 昆明市路南彝族自治县志编纂委员会. 路南彝族自治县志 [M]. 昆明：云南民族出版社，1996.

A 类党员（8 位）作为党员干部，分别承担着保护村容村貌、财务监督、农业生产、乡村旅游发展之类的事务，如表 9-1 所示。秉持着公平、公正、公开的原则，糯黑村的基层党组织得到了村民的支持，也使得村庄的各项工作得以顺利展开。

表 9-1 圭山镇糯黑村"三委"中的党员及责任划分

党员干部	责任事项 1	责任事项 2	责任事项 3
党员干部 1	乡村旅游发展	实用玫瑰种植	雪莲果种植
党员干部 2	协助书记开展党总支建设工作	完成村委会交办的工作任务	完成镇领导交办的任务
党员干部 3	保护村容村貌	做好财务监督	坚持"四议两公开"
党员干部 4	乡村旅游发展	寻求除烤烟外的经济路线	稳定林业土地
党员干部 5	乡村旅游发展	挖掘搜集本村文化	辣椒种植
党员干部 6	做好森林防火林业工作	带头保护传统民居	保护人工造林工程
党员干部 7	乡村旅游发展	帮扶带动妇女弱势群体	发展养殖业
党员干部 8	帮扶贫困家庭	粮食生产规划	农药技术培训

（三）大糯黑村民族文化

大糯黑村一直以来就是一个以彝族撒尼支系为主体的自然村落。撒尼话是村民最主要的日常交流用语。糯黑的语言文字隶属汉藏语系藏缅语族彝语支，为东南部方言，据当地毕摩介绍，撒尼文除部分是独体字外，多数是由独体字组合或由一个主体结构加上符号组成的合体字，分为象形、会意、假借 3 类，目前常用的撒尼文有大约 1 200 字。

糯黑撒尼人信仰原始宗教，主要包括自然崇拜、祖先崇拜、图腾崇拜等。大糯黑村每年的大型祭祀活动有 4 个：祭山神，杜鹃山祭祀活动，何氏祭祀祖先神，以及祭祀密枝神。这类活动都由村内的毕摩主持，毕摩是彝族内懂得许多传统文化、能唱诵叙事长诗、了解民间说的人。"密枝节"是只允许男性参加的"男人节"，村中男性一起前往密枝林中祭拜、用餐。一个有趣的讲究是，分食时，男人们按户坐在一起，无论家庭人口有多少，每户只能分得分量同等的一份肉。除此之外，糯黑村还有其他祭祀活动。每年正月初二一大早，村民就要集体上到山神山上祭祀山神，祈求山神在新的一年里保佑全家平安、庄稼丰收、家禽肥壮等，全村家家户户都会前去祭拜，仪式一直要持续到下午才会逐渐停止。每年农历七月十五，村民要前去杜鹃山祭拜雨神，之所以选这个日子，是为了在庄稼收成前向雨神祈求，保佑村子的土地不受冰雹影响，希望庄稼能有个好收成。农历十月十五日，糯黑村民在鸡冠山上举办祭祀何氏祖先的活动，称为"何氏祭祖"，每三年举办两次，祈求祖先保佑人畜平安、五谷丰登。

图 9-4　密枝林入口

由于地处喀斯特地貌，多石灰岩，居住在糯黑的人发现山里的石头呈层状，石材资源丰富，易于取用。古老而智慧的撒尼村民在平整之处凿石取用，依山建寨，并惊喜地发现，这种石头房子不仅坚固，而且冬暖夏凉，从此石头作为糯黑村独特的房屋建材被广泛使用起来。几百年来，糯黑的撒尼人采石建房，慢慢形成了一个具有相当规模的石头寨，无论从建筑学还是从民族社会学来讲，糯黑村的石头寨都具有极高的研究价值，吸引了无数艺术家、学者的青睐。青石路、石头房、石制器具等都赋予了糯黑独特的人文底蕴。

（四）大糯黑村的生计变迁

大糯黑村不仅有着独特的人文底蕴，它在对历史的推动上也有着重要的作用。茶马古道是西南地区重要的商道，连接了内地和边疆地区，经济和文化在往来中得以交流，马帮就是在这里留下了传奇的故事，向世人展现了独特的马帮精神。过去，糯黑村作为沪西通往昆明的马帮古驿道，起到了交通要道的作用，对商业来讲有着重要意义。但中华人民共和国成立以来，糯黑村的村民们一直以农业生产为主要收入来源，从过去的洋芋生产，到后来的烤烟种植，再到今天的人参果、雪莲果种植，农业生产始终占据了糯黑村村民们生活的一部分。

图 9-5　高处俯瞰糯黑村的土地

据村中老人讲述，改革开放前他们主要种植荞麦和洋芋，改革开放后种荞麦、玉米、洋芋和南瓜等。尽管 1982 年家庭联产承包责任制实施的时候，村民人均拥有的土地已经达到 3 亩左右，但是土地产量不高、农产品价格偏低等因素促使农民想方设法以扩大土地面积的办法来提升家庭收入和生活水平，也正是在这一时期，糯黑村民开垦荒山的现象增多，村民土地得到了进一步的扩张。直到 20 世纪 90 年代，当烤烟和高产玉米引入村民的生产中后，村民不再仅仅满足于解决家庭的温饱问题，而是开始力图将土地的产出实现利益的最大化，于是村民开始大量种植烤烟等经济作物，大部分村民甚至将原来种植玉米等的土地改种烟叶，但并不是所有的村民都可以随时参与到烤烟的种植中。糯黑村村民的烤烟种植是受圭山烟站统一协调的，实行连片种植方式，每年划分不同的地块，被囊括在连片地块中的村民才有种植烤烟的资格。但由于烤烟种植的资金投入高、劳动力多，一些缺少资金、劳动力不足的农户可以选择私下和其他愿意种植烤烟的农户交换地块种植不同的作物。圭山烟站 2020 年张贴的烤烟种植面积核实情况公示信息显示，2020 年大糯黑村共有 77 户村民总计 1 196 亩的土地从事烤烟种植，预计收购量达到 145 912 千克。

图 9-6 村民种植的烤烟和随处可见的烤烟房

三、多方主体建构下的大糯黑村文化特色保护型乡村振兴之道

大糯黑村文化特色保护型乡村振兴的实践并不是单一力量作用的结果，相反，这种实践是在顺应了当地村民的需求后才得到进一步的生存和发展的。大糯黑村成为有名的"石头寨"的过程，也是大糯黑村的特色文化得以保护和发扬的过程。政府作为最先的倡导者及政策先行者，为它的建设道路指明了方向，起到了引导性的作用，如"糯黑石头寨"作为寨名的首次公开使用，就是政府作用的结果。而地方精英的先觉意识也带动了村民的认同，如村民会主动向我们介绍，"这里是糯黑石头寨"。这不仅是一种认同，更是从自身的行为实践上身体力行地进行了传播和强调。另外，来自社会和大学的外部人作为一种外力，也推动和刺激了大糯黑村向石头寨的转变。可以说，大糯黑村的文化特色保护型乡村振兴实践，是包含了政府、大学等外部人以及村委和村民共同合力的结果，这个合力最终内化为村庄自身的动力，去进一步推动了大糯黑村进行长久的文化特色保护型的乡村振兴实践。

（一）政府主导下的大糯黑村文化保护建设

在当下各地依托历史、民族文化而进行的各类乡村文化保护中，各级地方政府无疑是最主要的倡导者，其主要目的在于通过各类的招商引资、宣传引导来促进地方村落的文化保护和乡村建设。大糯黑村的文化保护及乡村发展也得到了各级党委、政府的关心和支持。政府主要是从组织上提供了保障，将文化的保护和发展工作纳入了石林地区国民经济和社会发展中长期规划和年度计划，结合大糯黑村"石头寨"的实际特点，对大糯黑村庄建设进行了科学规划和设计，做到了传承与保护的结合，秉承着"修旧如旧"的建设原则，在让村民改善生活条件的同时也保护了村庄的传统文化和独特风情。在大糯黑村的撒尼文化发展过程中，政府作为主导力量，最先发起保护民族文化的号召，并且为促进村寨发展采取了很多政策上的优惠和资金上的投入。具体工作主要包括：

1. 项目扶持

项目扶持是当前政府部门推行公共政策的一种重要方式，通过依靠行政资源，以强势的组织化动员力量来运作村庄的发展。2003 年以来，当地政府意识到大糯黑村的自然条件和人文条件都是很好的旅游资源，认为大糯黑村具有发展旅游业的基础，因此，当地政府制定了一系列的政策大力支持大糯黑村的旅游业。当地乡镇政府工作人员介绍说："圭山一共有14 个村，可以说，这些年糯黑村是其中获得各种政策、资金支持力度最大的一个。"2004 年，"九石阿"（九乡—石林—阿庐古洞）旅游专线通车，为石林尤其是大糯黑村对外发展提供了很大的契机，以前，大糯黑村交通极其不便，但通车后，从石林县城出发不到 1 个小时就能到达大糯黑村，在大糯黑村口可以直接乘坐公共交通前往石林县城以及昆明。同年，大糯黑村成为石林彝族自治县民族宗教事务局的对口联系点。2005 年，大糯黑村建成了"民族团结示范村"。2007 年，石林彝族自治县在权限范围内，于"九石阿"旅游专线沿途建立了 7 个"阿诗玛民族文化生态旅游村"，大糯黑村就是其中一个试点村，具体建设由县民族局直接牵头负责。县民族局通过各种途径来发动村民参与到村寨建设中来，在 4 年的时间内，完成了村寨门前塘的改建、村寨主干道路面的铺设、入村道路的绿化、村寨寨门的修建等工作，大大提升了大糯黑村的知名度。2007 年，大糯黑村被确定作为国际民族学人类学大会的学术考察点时，大糯黑村再次掀起了一轮公厕修建、烤烟棚重建、自来水修建和沼气池建设等一系列基础设施的建设热潮。

政府先后投入 2 000 多万元实施了糯黑村彝族文化博物馆、民族文化

图 9-7　村内的民俗博物馆

广场、村内青石板主干道铺设、沼气池建设、村庄绿化美化等 20 多个项目。大糯黑村村民只是象征性地投入了一点建设资金，更多的是通过投工投劳的方式加入到村寨的建设当中。据村干部估算，这些年来，政府投入约 40 万元建设村内青石板路，70 万元用于建设村内民族广场，100 多万元用于建设村内景观如水塘等，300 多万元用于建设村内大剧院……可以说，当地政府在政策上予以大糯黑村文化的支持和引导，让它的面貌有了快速的改变，为它打下了良好的基础条件。

2. 重视民族文化保护

当地政府不光对大糯黑村给予政策和资金支持，还帮助其保存自身特色民族文化。从 2008 年开始，政府提倡彝族的石头文化，要求新修建的房屋必须使用石板来建设，农户只需要提供石板，其他的材料钱都由政府来进行补贴，从而最大程度上恢复和保护了大糯黑村的石头文化。此外，政府还支持大糯黑村建立了彝族文化博物馆、民族文化广场等文化场所，推动大糯黑村成为附近彝族撒尼的文化中心。另外，政府帮助糯黑村确认阿诗玛故事的传承人，给传承人发补助，让他们教年轻人唱阿诗玛，使阿诗玛的故事走进校园，并大力支持在校园开展汉语和彝语的双语教学。这些举措都使得糯黑村民加深了对自己本民族文化的认同，并且有条件开展各项文化活动。

2009 年，大糯黑村因其不断提高的知名度，最终被命名为云南省

"省级阿诗玛非物质文化遗产保护区"。大糯黑村的非物质文化遗产保护和旅游开发受到了当地政府和有关部门的高度重视。大糯黑村先后被评为昆明市文化旅游特色村、昆明市民俗文化生态旅游村、昆明市团结示范村、云南省民族民间传统文化保护区、国家级非物质文化遗产阿诗玛传承点、国际人类学与民族学第十六届世界联合会糯黑学术考察点，并创建为"国家级生态村""云南省卫生村""昆明市文明村"。

3. 引入社会资本进入带动村庄产业发展

昆明市政府引入社会资本，通过昆明市旅游局的牵线搭桥，昆明惠州招商分局、石林县里保佑局与沈阳海棠旅行社就投资开发建设石林糯黑生态文化旅游村项目达成投资协议，投资规模约为 1 100 万元，用于整体提升糯黑村的生态风貌和人居环境，为村庄走撒尼文化特色保护型道路打下基础。另外，社会资本也与村庄进行合作，将传统文化的创新与现代技术相结合，将传统的撒尼剧《圭山彩虹》《竹叶长青》成功搬上舞台，赋予民族文化新的活力。

2007 年以来，由于政府对村内道路交通的改善、招商引资活动，以及当地政府鼓励农业公司进入大糯黑村建立的生产基地，带动了糯黑村的经济作物的种植，让土地不再成为村民生存的唯一依靠，而是希望农民能够在租出土地的同时也能够获得高额经济回报。调查中我们发现，农业公司的进入，对于发展土地集约化生产以及劳动力较为稀缺的家庭来说，有正面的影响。村民通过把土地租给公司，放弃了一段时间内耕种土地的权利，他们不用自己动手干农活，就能从土地出租中获得稳定的收入，而无须去冒风险承担农业生产过程中的不确定性。部分村民强调：把土地出租给农业公司去种植一些市场价格高的、经济回报率高的作物，不仅自己可以从繁重的劳动活动中解放出来，土地租金收益还比自己去种植传统作物要高。农业公司的进入，不仅帮助部分缺少劳动力的农户从土地中获得了更高的收益，同时也带动了其他的村民去扩宽自己种植的范围、提升农业种植技术。一位村民说："以前我们种，还要考虑销路的问题，路不好走，得自己将东西想办法运出去。现在路好走了，我们这边连片种植以后，到了收获季节，都有老板上门来收购，所以大家都愿意开始种了。"据村干部估算，大糯黑村 2019 年共种植烤烟 1 150 亩、人参果 2 000 亩、辣椒

2 000亩、雪莲果3 000亩左右。可以说，政府适当地引导农业公司进入，不仅没有冲击大糯黑村原本的农业生产格局，反而有利于进一步帮助村民在吸取现代农业技术的同时，更好地保存其农耕文化。

（二）以专家学者为代表的外来人的宣传引导

为响应政府对文艺工作者深入农村的倡导，20世纪五六十年代大批画家到大糯黑村采风。1979年，毛旭辉、张晓刚、叶永青等云南艺术学院的学生来到大糯黑村，从此拉开了这里采风村的发展序幕。到了20世纪80年代，大糯黑村已经成为这批艺术家的集中写生地。他们把大糯黑村比作法国的巴比松村，认为大糯黑村的自然环境和人文景观能够给予人以美的体悟。可以说，大糯黑村出来的这一批画家，对于"新具象团体"和"西南艺术群体"的最终形成，有极大的影响。著名艺术家张夏平说过，圭山是昆明石林县的一个彝族镇，是昆明众多画家朋友的梦想之地。而大糯黑村，就是这片梦想之地的最高处。

1. 专家学者进入到大糯黑村，发掘其传统民族文化

2006年以后，大糯黑村成了云南知名的采风村，每年有几百位来自全国各地的画家来此采风和创作。正是在这些专家学者的带动下，云南各大高校也纷纷在此设立教育实践基地，每年寒暑假，上百名学生纷至沓来，在体验村庄日常生活的同时将对美的思考描绘下来。与此同时，大糯黑村也因其文化的独特性和完整性受到了人类学、社会学等人文社科领域专家学者们的追捧，成了研究撒尼文化的绝佳的田野考察点。画家、人文社科工作者还有游客一起，共同对大糯黑村的传统民族文化起到了推动的作用。这套通过外来艺术家和写生爱好者带入进来的当代艺术审美，具有流动性与间断性，并不直接作用于村民的日常生活，但对农民的生活和认知又产生了影响。当地一家农家乐的餐厅里，四面的墙壁上都挂了大大小小的画，主人告诉我们，这是艺术家们画完装裱后送给他的，他说："以前我觉得我们村子就是普通的村子，直到那么多画家、学生来了以后，他们把村子画在纸上，我看着看着，竟然对村子有了不一样的感觉。"一位年轻人也说："我们这个村子是画家艺术家很喜欢来的，从20世纪80年代就开始有画家来村子里了，也是因为他们，这个村子后来就有名气了，越来越多人来这里画画、拍照。"古朴而富有智慧的石头寨吸引了更多欣

赏它美的人。2008 年 7 月 16—22 日在昆明召开国际人类学民族学联合会
第 16 届世界大会期间，就有近 1 000 名来自世界各国的人类学、民族学
专家学者到大糯黑村进行民族文化考察。那几天时间里，每天有 200 多名
来自世界不同国家和地区的学者来到大糯黑村，观看宣传片和纪录片、做
学术报告、参观彝族文化博物馆、进行入户调查和访问等，村民至今提起
来，脸上都洋溢着遮掩不掉的欣喜与自豪感。对于他们来说，这无疑是本
族文化登上世界舞台的一次完美亮相。来自世界不同国家和地区的专家学
者对大糯黑民族文化的热情和兴致，极大地启发了村民的民族文化自觉
意识。

不同于糯黑撒尼当地人的审美，外来人包括游客都有自己的文化体验
和喜好。大家因为大糯黑村的自然风光、石板房、撒尼服饰等景观纷至沓
来，他们用带有审视性的目光，将大糯黑村的一草一木、一砖一瓦落于纸
上，用当代审美对撒尼传统审美进行再创作。这些人并非一直在村内生
活，但也算长时间居住。一位农家乐老板和我们说，这些采风的画家隔一
段时间就会过来住上几天。可以说，糯黑村的发展充满了当代艺术家与传
统撒尼农民的碰撞，从更深处说，是传统民族审美与现代审美相互交融的
一个缩影。在外来学者的宣传和渲染下，村民们对于糯黑村撒尼文化的重
塑以及再次唤醒，使得村庄文化得到了宣传，对于糯黑村的文化"走出
去"无疑是一种强有力的支持。

2. 专家学者在大糯黑村开展保护和发扬传统文化的实践

政府的支持引导了专家介入，目前云南大学已经在大糯黑建立了"云
南彝族（撒尼支系）调查研究基地"工作站，已有多个研究项目在该研究
基地展开。这些项目不仅促使更多的老师学生前来糯黑村居住调研，也对
村民的增收起到了作用。这些来自大学的老师和学生还连同村民一起成立
了本土文化学堂，以大众教育的方式普及非物质文化遗产的知识和保护观
念，为大糯黑村非物质文化遗产保护性旅游开发工作提供了诸多的建议和
支持。其中，最引入人注目的当数"阿诗玛民族文化课堂"。

"阿诗玛民族文化课堂"（以下简称"文化课堂"）是由云南大学民族
研究院开展和首次实践的一种保护和传承传统民族文化的方式。文化课堂
的参与者主要包括糯黑小学从一年级到四年级的所有师生、感兴趣的糯黑

村村民、云南大学少数民族田野调查研究基地的负责人以及文化课堂的协调员等。截至2020年，文化课堂已经举办了近百期，内容涉及村寨的发展历史、传统口传故事及诗歌、各种祭祀活动、传统民歌小调的学习、刺绣、传统食物制作、彝族语言文字、农作物的种植、石头加工技艺、传统道德价值观念等方方面面。同时，云南大学民族研究院还于2010年8月首次开办了"暑期文化课堂"，组织村内掌握某一传统知识的村民来进行现场的讲授和示范，上课的形式由村民自己决定，上课使用撒尼语言，村民影像志记录员负责用照片和视频记录上课过程。通过在大糯黑村开办文化课堂的形式，让撒尼文化不断地得到发掘、保护和进一步的传承。在这个过程中，村民发现了过去未曾体会到的美，也对自身的文化有了重新的认识。

（三）村民文化自觉意识的觉醒

外来人频繁进入和村民进行互动的过程，形塑了糯黑村村民对于自己本民族文化的再认识过程，也推动了当地的村庄建设和文化保护进程。文化自觉是一个艰巨的过程，村民首先要充分认识自己的文化，确立民族的主体意识，增强民族文化的认同感；其次是理解自己的文化，在自己的文化从传统转向现代的过程中，更新自己的文化并融入世界文化体系中，在其中找到自己文化的位置与坐标。

1. 通过仪式来渗透文化价值取向

大糯黑村是一个自然村落，在面对市场的过程中，仍旧保持着较为淳朴的一面，村庄的内部约束力对村民来讲更为直接和真实。他们对于自我民族文化的认同和喜爱，已经成为糯黑村文化价值的一种取向，从与当地村民的交谈中可以看出当地村民对于撒尼文化的强烈认同感。大糯黑村全村有农户257户共1 060人，彝族人口比率高达99％以上，其中有不少人擅长民间音乐、刺绣纺织、斗牛饲养和木工石活等，他们在从事日常生产劳动的过程中，不自觉地肩负起了撒尼文化的传承工作。村内现有业余文艺队8支，人数达420余人，有各种乐器、道具400余件。每年的春节、妇女节、火把节、密枝节他们都要组织盛大的文艺展演、斗牛、拔河、斗鸡等活动，丰富了群众的业余文化生活，逐步提高了人民群众的素质。

大糯黑村村民对于自身文化的认同感，体现在他们对于本民族节日的仪式感上。糯黑村村民对于本民族的各大节日都十分重视。对于彝族，最盛大的节日当数"火把节"。每年农历六月二十四日，村民们就会身着节日盛装去"赶花街"。青年男女趁机寻找情投意合的人，一旦找到，就相约在林荫草坪上谈情说爱或者对歌。石林彝族撒尼人视"火把节"为纪念民众与恶魔斗争胜利的节日，后人以此祭火驱家中、田中鬼邪，以保人畜平安。糯黑村内也会举行声势浩大的摔跤、斗牛等活动，以纪念"火把节"大会。一位饲养斗牛的村民告诉我们，随着大家生活水平的提高，各村村民组织斗牛比赛的频率大大增加，奖金也越来越丰厚，村中饲养牛的人也逐渐变多了起来。他曾在石林县"火把节"举办的斗牛比赛中获得名次，并且还获得了上千元的奖金以及一面由政府落款赠送的锦旗，这份荣誉对于彝族人来说是极大的。这也能从侧面看出来，糯黑村的传统文化节日不仅在村民中影响巨大，也得到了当地政府的大力支持。

2. 通过教育进行民族文化的传承

大糯黑村对文化的保护同样体现在教育上。大糯黑村是一个保留了撒尼文化和色彩的传统自然村落，它以相对封闭的村落环境使得其传统文化得以保留。但教育是一个社会的文明发展程度的标志，糯黑村也在逐步地与现代教育接轨。而大糯黑村教育发展的独特性是其在和现代接轨的基础上，在当地政府的支持下，保留了传统文化的继承。

图9-8 糯黑小学

据当地小学校长普尚斌回忆，糯黑小学的前身是边纵司令部老学校，大概于民国二十三年建成，后为更好地保护边纵司令部文化遗产，于1969年搬迁至如今的村民广场，经过2014年的翻修，形成了如今糯黑小学的校园。目前的糯黑小学由幼儿园以及小学的一、二年级构成，学生们到三年级后会统一转到镇上的中心小学读书。现阶段糯黑小学有学生70人左右，基本上由大糯黑村以及小糯黑村的学生构成。糯黑小学是云南省两个双语试点学校之一，有汉语和彝语两种教学语言。为了更好地将撒尼文化传承下去，糯黑村村民认为应当从教育入手，在现代教育中让下一代习得传统文化。2012年，糯黑小学申报双语教学点成功。双语教学点的特殊之处在于教学课程设置方面增添了本民族的语言教学以及地方课程，从语言和文化两方面着重培养了学生对于本土文化的认知。校长介绍："彝文课程设置主要是为了保护我们彝族的传统文化以及文字，教一些孩子们我们平时不常用的语言，帮助他们更好地记住这些语言，不会遗忘。"对于当地地方课程，则更多是介绍云南省的风土人情以及本地特色文化，通过这种方式让学生们了解当地文化，并且产生兴趣，使学生们自主去探索当地传统文化。当地政府对于糯黑双语教学试点也采取了鼓励政策，在糯黑小学申报教学点成功后，先后拨款对校园进行了翻新，并且给出一定的资金补贴，用于支持学校工作展开。小学校长最近在尝试将本民族的历史传说和故事编成彝文课本，他的这一举动是根植于传统彝族撒尼文化的，得到了糯黑村村民的广泛支持。

3. 构建以"石头"为核心的文化符号

大糯黑村的民居多为石板房，这是一种由当地工匠经过世代的经验积累创造出来的建筑形式，不追求形式的复杂，而是依照地方本土性的材料，本着"有什么用什么"的原则，大量使用当地随手可得的石板材料，依照当地的地势起伏，顺着山势一排排展开，错落有致，成为一道别有韵味的风景。在后来村庄的建造过程中，村民们也曾考虑过价格更为低廉、便捷的瓷砖，但是为了保持村庄的统一，村民小组长带头将自家房子贴上了当地的石片，起到了一种带头作用，村民们后来也在自家房子建造过程中自觉遵守村庄的规则，用石头来建房。作为村庄的领头人，村民小组长的做法起到了村庄文化保护的作用。除了糯黑人的石板房以外，他们的生产生活用具也跟石头密不可分。撒尼男子一般都会做石活，他们能用石头打造出各种生产生活用具，如猪食槽、石磨、水缸等。除了物质文化外，他们还用石头延伸出一套宗教信仰，主要表现为：在房子二层的房檐下立一个或者两个小石虎，祈求家庭平平安安；拜石头为干爹，以求石头干爹保佑孩子身体健康；在石洞中供奉祖、祭祀山神等。

图 9-9　极具特色的石头房

大糯黑村民通过一系列以"石头"为核心载体的文化事项来建构一种特殊的文化符号，在这种价值取向的引导下，整个糯黑村都形成了以彝族文化为荣、以本地石头寨文化为荣的文化导向。大糯黑村具有浓郁的地域和彝族文化特色，撒尼文化历史悠久、积淀深厚。村民世世代代以山上的层石搭屋建房，独特的石头景观为大糯黑村赢得了"石中精灵""石头凝固成的村寨"等美誉，这里深受画家、摄影家及众多旅游爱好者的青睐，一年四季前来采风的文化人士络绎不绝，是石林县远近闻名的"石头寨"。

4. 村民对农耕文化的保护

尽管大糯黑村有着独特的文化资源能够发展旅游业，但大糯黑村村民们目前还是以农业生产为主要的经济收入来源。在调研过程中，我们了解到，虽然农业公司的进驻让村民通过流转土地就能获得与亲自耕种土地相当的收益，但还是有不少的村民愿意自己来耕种土地。大糯黑黑村民从过去的种植洋芋，到后来种植经济作物，以及畜牧业养殖，都体现了他们对于土地的爱惜。在这个过程中，他们也不断地将传统农耕技术与文化进行结合，进一步的传承与创新。

糯黑村海拔较高，但其气候温和，无霜期长。由于地处喀斯特地貌，缺水严重，村中土地多为旱地，水田只有 30 多亩，仅占到总耕地面积的

1%。20 世纪 90 年代以来，村民为谋取更多利益，将农业生产变成以种植烤烟为主。

但如今，随着交通的改善和农业公司的进驻，村民对于农业生产有了新的想法。在土地利用方面，他们显示出了他们代代相传的技巧，体现出了他们的智慧。不少村民都表示，他们不会再视烤烟种植为唯一的选择，而是分散种植，既种植传统的农作物如玉米等，又种植流行的人参果、雪莲果等，避免烤烟的资金投入过高、劳动量大的问题（表 9 - 2）。一位村民解释他这么做的行为，"我觉得农民一辈子就是'赌博'，种地就是最大的'赌博'行为，农作物价格变动太大，我只能尽量分摊风险，虽然种不同的作物对管理水平要求比较高，也比较辛苦，但是没有办法。烤烟种植需要很高的技术，而且需要大量的人力物力，我觉得还是多种一些别的比较合适"。也正是得益于糯黑村民这种分摊风险的经济意识，从 2016 年大部分村民开始实行多元化种植之后，村民收入有了较大幅度的稳定提升。2015 年全村人均收入在七八千元左右，到了 2019 年，全村人均收入就增长到了一万七八千元。同时，大糯黑村倡导资源循环利用，发展生态农业。村民利用好农业生产所产生的农作物秸秆，将玉米、小麦、豆类等秸秆打碎用作家禽、家畜的饲料，通过家养牲畜过腹还田的方式有效利用农作物秸秆；生产中引导村民多使用农家肥，既减少了化肥的施用量，又节约了农业生产的开支，更有利于改良土壤。

表 9 - 2　大糯黑村不同作物的收益及优劣情况

作物种类	正常情况下的纯收益	优势	劣势
玉米	800 元/亩	传统种植项目，对水的需求量小	产出收益低
烤烟	5 000～10 000 元/亩	公司定向收购，技术成熟	投入大，受天气影响收益波动大，耗费劳力
人参果	8 000～10 000 元/亩	亩产收益高，附近有收购站，出售方便	病虫害多，对技术要求高
辣椒	4 000～5 000 元/亩	较为均衡	较为均衡
雪莲果	2 500 元/亩	种植成本低，管理方便，出售时无须采摘，整片交易	收益不太高

除土地耕种之外，不少村民家里都饲养山羊、牛、鸡和猪等畜禽。村干部形容大糯黑村的传统经济生活为"农牧混耕"，主要表现为"以农养牧"和"以牧促农"相结合的方式。在大糯黑村，农业耕种的庄稼中人不食用的部分可以为牲畜提供充足的饲料；与此同时，牲畜的粪便堆放在田地里，可以作为肥料帮助村民增产增收。很多村民房前屋后都有专门为牲畜搭建的棚子，他们饲养牲畜都是采取圈养的方式，包括山羊在内。当地的一位牧羊人，一年四季都去山上放羊，天气好的时候一天两趟，天气恶劣的时候也会尽量去一次，牧羊结束后他每天都会把山羊带回家关起来，这主要是为了积攒肥料。像他这样的农户，村里还有 10 多户。养羊也为他们带来了不错的经济效益，他们的羊群常年维持在 40 只的规模，每年都能够出售 4 只山羊，单只售价在四五千元，年收入近 2 万元。

5. 依托村庄文化特色发展旅游业

2003 年以来，大糯黑村开始发展旅游业。到 2019 年底，糯黑村共有 8 家农家乐，每年共接待 12 000 余人。但受限于游客数量、旅游淡旺季等的影响，一直持续正常开业的仅有 3 家。农家乐的旺季从每年的 3 月持续到 10 月，前来住宿的多为高校师生，散客一般很少在村内住宿，大多吃过农家饭后就会离开。每年暑假期间，农家乐生意都很好，这得益于云南大学、云南艺术学院、西南林学院等高校与大糯黑村的长期合作，也有一些新闻记者、电影电视工作者前来采风和实地拍摄。目前当地农家乐的收费标准在一人一天 100 元包食宿，低于一个旅游村通常的定价标准，因此，对于经营农家乐的村民来说，他们虽然能从中收益，但与其他村民并无较大的差异。2019 年，农家乐平均收益为 10 万元，人均收入为 2.5 万元，这和全村人均收入 1.8 万元相比差距并不算大。大糯黑村为了便于规范和管理本村的农家乐，成立了农家乐协会，协会的会长由其中一家农家乐的老板担任。协会统一制定了农家乐的菜价，饭菜都是"土八碗"，在此基础之上，每家也会根据能力添加一些特色菜。因为大糯黑村主打的是少数民族特色旅游，因此在游客用餐期间，农家乐也会进行歌舞表演，展示本民族的独特风情，增加游客的文化体验，所以农家乐彼此之间约定，如果其中一家有游客来，那么其他的将会视情况前去帮忙，为宾客唱歌敬酒。由于协会的统筹管理，村中的农家乐并不存在明显的竞争关系，大家定价和服务相当，且互相照应。

图9-10　调研期间住宿的农家乐

需要指出的是，尽管大糯黑村的旅游业近些年来逐渐兴起，但对于大糯黑村民来说，旅游辐射的效应多集中在本民族的文化保护和增强上，对于普通村民的经济并无特别大的提升。村干部告诉我们，大糯黑村民相比起周边其他村寨的村民，收入并无明显的突出，也就是说，旅游并未给大糯黑村民带来极大的经济效益。绝大多数农户还是以农业生产为其主要的收入来源，甚至连投身旅游业的农户也并未完全放弃自家的农业生产，淡季时他们也会兼顾自家的土地。尽管随着大糯黑村乡村旅游业的不断发展，村民收入水平也水涨船高，但不如说是他们在农业收入方面的增幅大过从旅游业中的获利。

独特的撒尼民族文化给了大糯黑村一条新的发展道路，依托于乡村的文化振兴，大糯黑村也实施了旅游振兴的道路。在传统与现代交织的进程中，对于绝大多数的少数民族村寨而言，在推动城镇化的过程中，无论是出于自发还是迫于压力，为适应城镇化进程中的生存环境都会或多或少地丧失掉本民族的文化特性。但对于大糯黑村来说，它无疑向我们展示了一条可行的路径：即将自身的传统文化与外界审美结合起来，走出一条自身适应的发展之路。大糯黑村的撒尼人并没有抛弃掉自身的文化底色，而是在其中寻找到了一种平衡，更由此延伸出了村庄新的生机与活力。

四、大糯黑村文化特色保护型乡村振兴实践的启示

在多方的支持和保护下，大糯黑村成了远近的"文化中心村"。每到

节日，周围其他撒尼村寨的村民都会自发前来大糯黑村参与当地举行的各类文化活动。我们曾经问过一位村民，请他客观评价一下，大糯黑村相比周围其他村庄来说到底属于什么水平。他反问："你问的是经济方面还是社会方面？"我们一瞬间才意识到，这些村民已经有了相当程度的文化自觉意识。他说："经济上，我们村子和其他村子相比并不占据很大的优势。大家都是一样地干农活，收入差距并不大。甚至我们村子在某些方面还处于劣势，比如我们要保护传统，所以不能盖新式的烤烟房，别的村子都用活动铁皮加电烤，烤出来的烟丝质量高，而我们只能用传统的石头烤烟房，影响了我们的效率和收益，但是没有办法，这是我们为了保护传统必须在经济上做出让步的选择。不过如果是指社会文化方面，那我们村子一定是第一，这是我很自信的地方。"

城镇化进程中的民族文化变迁是一个民族文化与现代文化、民族的传统性与现代性交互作用、相互调试的过程。对于绝大多数的少数民族村寨而言，在推动城镇化的过程中，无论是出于自发还是迫于压力，为适应城镇化进程中的生存环境都会或多或少地丧失掉本民族的文化特性。但对于糯黑村来说，它无疑向我们展示了一条可行的路径，如何对自身的传统文化进行保护和传承的同时还能走出一条自身适应的发展之路，其经验有以下五点。

（一）强化村规民约，促进乡村文化建设

《大糯黑村规民约》是根据《中华人民共和国村民委员会组织法》的有关规定和省市县精神，在县、镇党委的指导下，经过各村民的积极参与制定的一套旨在促进村民遵纪守法、团结友爱，以及促进经济发展、文化保护的文本。以维护村庄生态环境为例，大糯黑村通过不断完善村规民约的方式，制定了一系列的生态环境保护长效机制。一是制定村庄长效保洁机制，调动广大村民的主观能动性，规定每周六上午为大扫除时间，将村内道路划分至各农户，农户连同自家庭院卫生进行打扫，由各村小组进行督查。二是对村属山林进行封山，每年冬季指定一周为"找柴周"，允许农户捡山上的枯死树枝作烧柴，既有效保护了山林，又减小了防火压力。三是建立村内绿化苗木管养制度，将村内的绿化林木分至各农户，由农户负责绿化苗木的日常管护工作，年底进行检查，若发现有因管理不善枯死

的，由负责管理的农户进行补植补造。四是建立农户培训制度，内容包括种植、养殖、沼气利用、农作物喷药施肥、生物防治法等方面的内容。

其他有关村庄社会秩序、社会公共道德、村风民宿、村庄建设等方面的要求，也一一列入到村规民约当中。这些详尽具体的约法可行性很强。在大糯黑村村寨治理中，文化的力量非常强大，在这样一个村寨中，人们长期生活在一起，形成了一系列可行的、与自身文化相协调的行为规范，这些行为规范曾经在相当长的历史时期内很好地规范了人们的行为，维持了村寨的秩序，至今仍然具有生命力，如村寨中没有一户人打破"用石头建房"的规矩，自觉维护了石头寨的完整性。随着大糯黑村旅游业的逐步兴起，越来越多的外来人来到村内，对于本村的社会秩序和运作产生了一定的冲击。为了应对这种变化，大糯黑村不仅在餐饮、民宿等行业自发组织，建立了一套规章制度来避免恶性竞争，还设有专人，定时进行清洁打扫等工作，维持大糯黑村良好的生态环境。可以说，大糯黑村原本的乡村社会就有村规民约来进行乡村文化建设这样一套运行有效的机制，而这些年随着旅游业的兴起，外部人的进入对村庄造成了一些影响，但大糯黑村能够通过强化村规民约来进一步规范村民的行为，形成治理有效的局面。

（二）引入高校等智库资源，加强乡村民族文化保护

对于大糯黑村特色文化保护型乡村振兴道路的开辟，当地政府和村民发挥了很大的作用，但其中，来自高校等智库资源的作用也十分重要。大学等智库借助于"民族文化生态村建设项目""阿诗玛民族文化课堂"等，以学术嵌入和扶持的方式，在一个相对明确的时间段内，向作为试点的民族村寨社区集中输入相当程度的发展资源。换言之，来自高校等智库的专家学者是一批拥有文化资本的知识精英，他们实际上成了大糯黑村文化再造的规划师、设计师和"总导演"，对于大糯黑村的文化发展方向给予了相当明确的意见和帮助。这些外来知识群体对糯黑民族文化的保护和建构起到了关键性的作用，这种在村内实地开展的、将村民纳入其中的尝试性实践，能够引导村民认识到自身文化的重要性，从而带动群体习得和传承本民族文化。

（三）建立多元化农业生产，保障村民生计

受当地特殊的环境和气候制约，改革开放前，大糯黑村的农业生产主

要以荞麦和洋芋为主，不涉及经济作物，农业生产只以保障生存为目的。改革开放后，大糯黑村民种荞麦、玉米、洋芋和南瓜等，尽管村民土地得到了进一步的扩张，但是农业生产依旧没有得到质的提升。到了 20 世纪 90 年代，村民不再仅仅满足于解决家庭的温饱问题，而是开始力图将土地的产出实现利益的最大化，于是村民开始大量种植烤烟等经济作物，但烤烟种植面临着投入高、风险大、所需劳动力多的制约，也无法为大糯黑村民提供有效的生计保障。

自 2007 年起，由于村内道路交通的改善吸引了农业公司的进入，土地不再成为村民生存的唯一依靠，在租地也能够获得高额经济回报的驱使下，把土地租给公司或者外地人也得了一些村民的支持。从 2016 年开始，在当地政府的引导和支持下，大部分村民实行了多元化种植，村民收入有了较大幅度的稳定提升。2015 年全村人均收入在七八千元左右，到了 2019 年，全村人均收入就增长到了一万七八千元。至此，农业生产才真正成为能够支撑大糯黑村村民生计的稳定来源。

（四）基层组织分工明确，乡村治理有效

大糯黑村曾获得了"五好村党支部""基层党建示范点""昆明市文明村镇"等多个荣誉称号，其基层组织分工明确、工作有效的经验值得借鉴。大糯黑村党支部党员干部有 8 位，每个人都有 3 块具体负责的业务，类别包含乡村旅游发展、保护村容村貌、帮扶贫困家庭、稳定林业土地、搜集本村文化、财务监督管理、农业技术培训、拓宽市场渠道等。其中，以农业生产为例，又细化为辣椒种植、人参果种植、雪莲果种植等不同的经济作物，可根据市场变动来进行调节，从村庄整体层面来为村民进行农业生产提供指导。可以说，大糯黑村基层党组织的分工明确不仅大大地提升了工作效率，还有方向性、有针对性地对村民生产、生活起到调控和引导作用，让村庄治理更为有效。

大糯黑村村委会办公室每天都有人值守、工作。以农村改革为例，糯黑村村委会办公室的桌子上是整理好的一摞摞资料，年轻的工作人员都在电脑前忙碌。除此之外，大糯黑村的广播也是村庄治理的一部分。大糯黑村民小组每天都会进行广播，广播的内容十分丰富，从政策性文件到村庄事务、文化活动，都会以广播的形式告知村民。每到晚上 9 点多，村民们

会自觉听广播，然后讨论。这种方式不仅使村民对村庄治理有所了解，更让所有村民都参与到了村庄治理的过程中，形成了村民与基层村自治组织相互信任、互相协商的良好的互动关系。在大糯黑村"三委"的努力下，大糯黑村强化了领导机制，健全组织保证；推动大糯黑村的精神文明建设，组织村内"大三弦"活动夜、村内大清扫等活动，丰富了村民的生活，改善了村内环境，推进了大糯黑的文明村风村貌建设；开展农业讲座，不断加强公民道德建设，提高村民农业生产素质。

（五）多方合作进行文化特色保护，实现乡村振兴

大糯黑村的文化特色保护型乡村实践，既结合了大糯黑村"石头寨"的实际特点，对大糯黑村庄建设进行了科学规划和设计，做到了传承与保护的结合，又秉承着"修旧如旧"的建设原则，让村民在改善生活条件的同时也保护了村庄的传统文化和独特风情。纵观大糯黑村这些年的发展和建设，可以说，大糯黑村文化传承保护的经验非常值得借鉴。它的推动力主要来源于内部因素与外部力量两大块。

首先是政府引导，大糯黑村的非物质文化遗产保护和旅游开发受到了当地政府和有关部门的高度重视，通过项目扶持和资金注入的形式，对大糯黑村的基础设施建设和文化保护都起到了至关重要的作用，也为后续多方力量的介入打下了基础。其次是专家介入，来自大学的老师和学生纷纷来到大糯黑村，带进来了外部的审美、观念和视角，不断影响着当地的村民对其文化进行反思和保护。这些具备专业知识的专家学者还连同村民一起成立了本土文化学堂，以大众教育的方式，普及非物质文化遗产的知识和保护观念，为大糯黑村非物质文化遗产保护性旅游开发工作提供了诸多的建议和支持。再次是资本进入，旅游公司和农业公司的进入，为村庄发展旅游业和农耕生产助力良多。最后是社区参与，非物质文化发源于民间、流传于民间，必须依靠当地人自发的驱动力才能继续传承和保护，自地方政府和社会各界加大对糯黑村的支持和投资力度后，村委会领导积极响应，村民也踊跃参与，在众多项目中以投工投劳的形式支持村庄建设。在这个过程中，村民对于本民族文化的认识得到了进一步提升，促进了村民对于自身文化的重新认识和开发。

在政府、学者和外来人、资本以及村庄村民多方合作下，促成了大糯黑村由一个普通的传统农业村落向承载着撒尼文化的明星村"石头寨"的转变，这是外力和内力共同作用的结果。当然，外力只是引导和促使，真正发挥长久效力的当是村民的文化自觉意识被重新唤醒后的自主行动，但大糯黑村的案例向我们展示了一个传统民族村落通过多方主体的互动来进行文化特色保护并最终实现乡村振兴的可能。

图 9-11　糯黑村博物馆里陈列的手绘村庄全貌

第十章

回归绿水青山：
甸头村的生态保护型乡村振兴实践

传统上，经济发展与环境保护之间存在一定的张力，过去的甸头村同样掉进了这两者之间的二元悖论。村民早年的百合花种植和粗放型的烟草种植虽然使经济得以迅速发展，但也带来了严重的环境污染问题。位于昆明市水源保护区内的甸头村，在国家乡村振兴的战略背景下，通过发展生态友好型农业经济，利用水源保护区的生态优势，开发并建成了湿地生态公园，在环境保护的基础上实现了经济可持续发展。甸头村围绕"绿水青山就是金山银山"理念的发展模式，为生态保护型乡村振兴的实践提供了重要的参考。

一、甸头村概况

甸头村位于云南省昆明市盘龙区北部，距昆明市区 54 公里，隶属于阿子营街道，属于松华坝水源保护区，面积约 8.75 平方公里，海拔 2 130～2 280 米，年平均气温 12.7℃，日照 1 794.4 小时，无霜期 200 天，正常年降雨量 1 100 毫米。甸头村东临牧羊村委会郫子冲村，南临石槽村，西临大麦冲村，北临阿达龙村。甸头村委会下辖 7 个自然村：甸头村（包括甸上和甸下 2 个村小组）、小冲、段家营、下走马场、上走马场、格基冲和大刺栎树；下设 8 个村民小组。甸头村委会有农户 381 户，人口 1 556人，下设党支部 8 个，党员 98 名。其中，甸头自然村面积约 4 平方公里，有农户 170 户，总人口 700 人，全村年人均纯收入 4 000 元，耕地面积

704 亩，林地面积 3 515.7 亩，主要河流牧羊河由北向南贯穿，流经 4 公里；沣源路与村级公路相通，交通较为便利。

为打造生态友好型农业经济，甸头村围绕"绿水青山就是金山银山"的绿色发展理念探索生态保护型乡村振兴的实践。甸头村一方面利用水源保护区的生态区位优势，建设湿地生态公园，发展生态旅游经济，打造嵌入式客房经济；另一方面发展可持续的生态农业经济，包括禁止规模化种植花卉、发展生态林和林下经济以及规范化烟草种植经济等措施。总之，甸头村的乡村振兴实践使其摆脱了过去经济发展与环境污染之间的困境，走上了可持续发展道路。

二、甸头村的发展变迁

（一）甸头村的由来

根据当地村民回忆，甸头村村民最早是在清朝时期从大理南迁而来。村中现有遗留墓碑当中最早的是纪念生于清光绪四年（1878 年）和六年（1880 年）的李氏父母，由此可以推断出甸头村的起源大致在光绪或咸丰年间。甸头村主要包括苏姓和李姓两个家族，村民以汉族为主。村子靠近水源（牧羊河），土地肥沃，村民主要以务农为主。甸头村的村名"甸头"的由来，有村民说是因地处牧羊河源头而得名"甸头"；另有一说法是，过去山里的村民经常上山砍柴烧炭，然后拉到昆明城去卖，再换回衣服和粮食，由此有了一条进城的山路。路过的商人也会沿着此路赶马拉货去昆明城，甸头便成为一个供人休息的驿站，这样甸头的村名逐渐流传开来。现在甸头村的上走马场和下走马场 2 个村民小组原同为一个地名，在古代称为"跑马场"，商人们经常骑马路过这里，到甸头村去休息。后来人们觉得骑马经过有高高在上的感觉，对当地村民不礼貌，因而每当商人经过此地时都会下马牵着走，"跑马场"也就改成了现在的"走马场"。比较而言，由驿站而得名的说法相对可信。因为甸头村距离黄龙潭水库还有约 6 公里的距离，沿河还有其他村庄且均有人居住。可见，沿河而居的村民前往昆明途中在甸头驿站歇脚的说法更加合理。总之，甸头村和其他大多数村一样，倚水而生，由水而名。

图 10 - 1　村中遗留最早的墓碑（李氏）

（二）甸头村的历史沿革

甸头村拥有光荣的革命历史，村委会在管辖与隶属关系上经过多次调整与变革，逐渐发展为今天的村委会管辖结构。中华人民共和国成立以后，甸头村经历了多次发展与变迁。1950 年嵩明县临时人民政府成立，现在的铁冲、牧羊、甸头 3 个村委会划归哮狮乡领导，隶属邵甸区。1950 年 8 月，现在的甸头、阿达龙、岩峰哨 3 个村委会合为甸头小乡，隶属邵甸区。1954 年撤销甸头小乡，合并牧羊建大乡，称核桃大乡，隶属邵甸区。1958 年 1 月撤销核桃大乡成立甸头管理区，隶属阿子营人民公社。1961 年 7 月将甸头管理区改为甸头生产大队，隶属牧羊人民公社。1963 年 3 月，将现在的甸头、阿达龙、岩峰哨 3 个村委会合并为阿达龙人民公社。1966 年 5 月，阿达龙公社分为甸头、阿达龙 2 个大队。1969 年 1 月，建立甸头大队革命委员会。1972 年 3 月，经上级批准将上走马场、下走马场、格基冲划分为 3 个生产队。1979 年 8 月，甸头大队革命委员会改称为甸头大队管理委员会。1984 年 4 月，区乡政府体制改革将甸头生产大队管理委员会更名为甸头乡人民政府。1987 年 12 月，撤销甸头小乡，改称甸头办事处，并成立甸头办事处党总支委员会，隶属阿子营乡。2000 年 11 月，将甸头办事处改为甸头村民委员会。2009 年 8 月 1 日，嵩明县滇源、阿子营行政区划调整划至盘龙区管辖，甸头村也因此划拨到了盘龙区。由此可见，甸头村委会的历史变迁过程同样能够折射出我国行政体制的改革与调整。

（三）甸头村委会建制变迁

甸头村委会领导集体是将政府与村民密切联结起来的纽带，也是协调双方关系的重要枢纽。甸头村委会领导集体有非常辉煌的历史，会议室挂着满满的各类锦旗和奖状，其中包括先进基层党组织、创先争优基层党建工作示范点、社会治安综合治理达标单位、"两基"工作先进办事处、优秀妇女之家、林业工作先进集体、有线电视管理工作先进集体、计划生育工作先进集体、烤烟生产工作先进集体、农村社会养老保险工作先进集体、殡葬改革工作先进集体、水费粮征收工作第一名、农业税入库工作第三名等众多荣誉。由此可见，村委会领导集体过去在工作的各个方面认真落实上级政策指示，积极帮助老百姓排忧解难，各项工作表现优异。

图 10-2 各类锦旗和奖状挂满了会议室墙

根据表 10-1 甸头村委会机构沿革和主要领导更迭可以发现，甸头村委会领导更新过程基本上是相对稳定的结构变迁，在组织结构内的人员更替与流动确保了领导集体的稳定过渡，因此村委会新的领导集体基本能继承上一届的执政理念与风格，这有助于村庄治理的稳定与发展。我们调研时村委书记和主任均由苏术旗担任，他曾经在 1992—1995 年担任村主任，1996—2007 年担任村委书记，自 2007 年开始一人兼两职，挑起了书记和主任的重担，主持全村各项工作，挂钩甸头上村小组，是村中非常有权威的领导。他一方面积极向上级争取各类建设资金，为村庄发展做出了重大贡献；另一方面他在村集体中的领导权威在言谈之间都可以感受得到，深得其他村委会领导的爱戴与拥护。党总支副书记王正留曾经在1999—2007年期间担任村主任，并于2007年开始担任副书记，主要负责党建、民兵工作，协助书记抓好工作，并挂钩下走马场小组；村委会副主任韩金德在2000—2016年期间一直担任文书工作，现在主要负责统计、社保、民政等工作，协助主任工作，挂钩小冲村小组；监委主任柳发金负责村务、账务、财政等监督工作，挂钩大刺栎树小组；妇女主任刘美仙负责村妇女计划生育、卫生工作，挂钩大刺栎树小组；党总支委员苏加红负责村青年团员和宣传工作，挂钩格基冲村小组；党总支委员曾发祥负责纪检、烤烟工作，挂钩上走马场小组；村"两委"委员陈帮云负责土地、环保、调解等工作，挂钩甸头下村小组；村"两委"委员王艳飞负责组织、民兵工作，挂钩段家营小组。

表 10-1 甸头村委会机构沿革和主要领导更迭

村级机构及时间	所辖自然村	职务	姓名	任职起止时间
(1951.9—1954.4) 甸头小乡	现在的甸头、阿达龙、岩峰哨 3 个村委会	乡长	袁登云	1951.9—1954.4
		秘书	汪俊芝	1951.9—1954.4
(1958.1—1961.7) 甸头管理区	现在的 8 个村小组	书记	陶现彩	1958.1—1961.7
		主任	李文早	1958.1—1961.7
		总会计	苏炳昌	1958.1—1961.7
(1961.7—1962.12) 甸头生产大队	现在的 8 个村小组	书记	夏成荣	1961.7—1962.12
		大队长	李文早	1961.7—1962.12
		文书	苏炳昌	1961.7—1962.12
(1966.5—1968.12) 甸头大队	现在的 8 个村小组	书记	赵玉周	1966.5—1968.12
		大队长	李明灿	1966.5—1968.12
		文书	李文学	1966.5—1968.12
(1969.1—1973.2) 甸头大队革委会	现在的 8 个村小组	书记	赵玉周	1969.1—1973.2
		主任	李明灿	1969.1—1973.2
		文书	李文学	1969.1—1971.7
		文书	舒开吉	1971.8—1973.2

（续）

村级机构及时间	所辖自然村	职务	姓名	任职起止时间
（1973.2—1976.10） 甸头大队革委会	现在的8个村小组	书记	赵玉周	1973.2—1976.10
		大队长	李加荣	1973.2—1976.10
		文书	李明灿	1973.2—1976.10
（1976.11—1984.3） 甸头大队	小冲、段家营、甸头上队、甸头下队、上走马场、下走马场、格基冲、大刺栎树8个生产队	书记	赵玉周	1976.11—1978.7
		大队长	李加荣	1976.11—1978.7
		文书	李明灿	1976.11—1978.7
		书记	李明灿	1978.7—1984.3
		大队长	赵玉周	1978.7—1984.3
		文书	柳发富	1978.7—1984.3
（1984.4—1987.10） 甸头乡人民政府	小冲村、段家营、甸头上村、甸头下村、上走马场、下走马场、格基冲、大刺栎树8个村委会	书记	王文兴	1984.4—1987.10
		乡长	李加荣	1984.4—1987.10
		文书	柳发富	1984.4—1987.10
（1987.11—2000.11） 甸头办事处	小冲村、段家营、甸头上村、甸头下村、上走马场、下走马场、格基冲、大刺栎树8个村委会	书记	王文兴	1987.11—1989.4
		主任	李加荣	1987.11—1989.4
		文书	柳发富	1987.11—1989.4
		书记	李加荣	1989.5—1992.5
		主任	赵维富	1989.5—1992.5
		文书	柳发富	1989.5—1992.5
		书记	李加荣	1992.5—1995.12
		主任	苏术旗	1992.5—1995.12
		文书	柳发富	1992.5—1995.12
（1996.1—2000.11） 甸头办事处	小冲村、段家营、甸头上村、甸头下村、上走马场、下走马场、格基冲、大刺栎树8个村委会	书记	苏术旗	1996.1—1999.7
		主任	苏术飞	1996.1—1999.7
		文书	柳发富	1996.1—1999.7
		书记	苏术旗	1999.7—2000.11
		主任	王正留	1999.7—2000.11
		文书	柳发富	1999.7—2000.11
（2000.11—2007.4） 甸头村民委员会	小冲村、段家营、甸头上村、甸头下村、上走马场、下走马场、格基冲、大刺栎树8个村小组	书记	苏术旗	2000.11—2007.4
		主任	王正留	2000.11—2007.4
		文书	韩金德	2000.11—2007.4

（续）

村级机构及时间	所辖自然村	职务	姓名	任职起止时间
（2007.4—2016.5）甸头村民委员会	小冲村、段家营、甸头上村、甸头下村、上走马场、下走马场、格基冲、大刺栎树8个村小组	书记、主任	苏术旗	2007.4—2016.5
		副书记	王正留	2007.4—2016.5
		文书	韩金德	2007.4—2016.5

甸头村的历史发展折射出了中国农村行政体制的变迁过程，独特之处在于其村委会的辖区与领导结构为甸头村村民与政府之间的沟通奠定了良好的基础，这是甸头村能保持传统发展延续的基本线索，也是其探索乡村振兴的组织基础。总之，村委会领导集体对甸头村的乡村振兴实践具有重要意义。

三、甸头村的乡村振兴之路

甸头村的乡村振兴逐渐走出了生态保护型的发展模式，实现了对过去经济发展与环境保护之间矛盾的平衡，践行了"绿水青山就是金山银山"的发展理念。其乡村振兴之路主要体现在以下三个方面：全力打造生态宜居美丽乡村、发展生态农业经济以及相应的综合社区治理。

（一）全力打造生态宜居美丽乡村

甸头村在五年之内实现了从基础设施落后的村庄向生态宜居美丽乡村的转型，为生态保护型乡村振兴树立了典型样板。甸头村委会充分利用国家政策和昆明市水源保护区政策，积极向各级政府争取资金，极大地改善了村里的基础设施、村容村貌。具体表现为：所有进村和村内道路都已硬化，路面宽度3～5米，其中沥青路面5 000多平方米，安装道路安全围栏800米；所有农户实现了清洁自来水入户，水质达标率100%；有安全稳固的住房，全部使用清洁能源，卫生厕所普及率90%以上，有安全可靠的生产生活用电。农户家的大门头都有围墙和铺贴青瓦，且房屋外立面做了美化，道路两边墙体做了彩绘，彩绘内容以党风廉政建设、扶贫攻坚、文化长廊、法制长廊、精神文明建设、新农村建设、扫黑除恶宣传等为主。村内卫生院、敬老院等社会服务机构完备，建有综合文化活动中心1个，占地220多平方米；村民活动小广场1个，约3 600多平方米。村内有1座污水处理能力为10立方米/天的污水处理站和1座污水处理能力为40立方米/天的污水处理站，2座污水处理站对村内年产污水5 640吨的处理率为100%。甸头村美丽的村容村貌得到了政府的大力支持，主要包括一事一议财政奖补美丽乡村项目和云南省美丽乡村建设项目，此外村委会领导也积极筹集相应的配套资金，发挥了关键的作用。

图10-3　甸头村文化活动广场与村民休闲园

1. 申请国家一事一议财政奖补美丽乡村项目

党的十八大以来，中央从中国特色社会主义事业总体布局和全面建设小康社会的战略高度，作出了统筹城乡经济社会发展的重大决策，出台了一系列推进城乡基本公共服务均等化的政策措施，对"三农"的投入大幅度增加，对农村基础设施建设的支持力度不断加大，村级公益事业建设取得了积极进展。国家规定村级兴办集体公益事业所需资金，实行一事一议筹资筹劳，由村民大会民主讨论决定，实行村务公开、村民监督、上限控

图10-4　甸头村生态湿地公园

制和上级审计。各试点省份和地区按照中央要求，结合实际，大胆探索，勇于实践，创造了许多好的经验，为进一步扩大试点奠定了基础，提供了借鉴。在新农村建设规划指导下，以"一事一议"财政奖补机制为支点，撬动涉农专项资金集中使用，实现公共资源有效整合，推进新农村建设。

在此政策背景下，2014年，阿子营街道申报了甸头村民委员会甸头村作为昆明市村级公益事业建设一事一议财政奖补美丽乡村项目。甸头村美丽乡村规划由此申请到了2 504 200元的一事一议财政奖补资金，加上其他的资金共计302.5万元，其他资金包括村民筹资21 000元、村集体投入98 000元、整合的其他财政资金269 800元，以及村民投工投劳2 200个，以劳折资132 000元，在全村范围内进行基础设施、村容美化、村庄亮化、村民休闲活动场所建设。具体建设内容包括：道路硬化（硬化村内道路6条，共计长2 440米、宽3米，解决全村及周边群众1 500人的出行难问题）；人畜饮水工程（安装各种规格管道10 090米，解决全村人畜饮水困难问题）；亮化工程（安装太阳能路灯80盏，在全村进村道路、主干道、支干道两旁的安装路灯，解决全村夜间道路难行问题）；村民休闲园建设（新建村民休闲园3处，解决村民没有休闲场地问题）；村容美化（美化进村和村内道路两旁路肩、路埂，解决甸头村道路两旁杂草丛生、垃圾遍地的状况）；植树绿化（道路两旁种植绿化树500株，绿化草坪300平方米）；多功能文化活动场所（占地3 500平方米，板房建设700平方米，建公厕1座，配健身器材1套，配公益设施活动器材，绿化500平方米。为甸头村及周边群众1 500人提供休闲娱乐、文艺演出等集体活动的场所。为村民提供红白喜事办理处）。该项目于2015年结项，大大改善了甸头村村民的生活条件。后续的一事一议财政奖补美丽乡村项目包括：2017年甸头上村环境卫生整治项目，建设栈道200米、湿地4 000平方米、休闲凉亭1座并安装路灯20盏等。2018年的甸头上村环境卫生整治及甸头下村环境卫生整治两个项目，主要建设了观景台1个及周围场地硬化；新建青石板步道600米；种植荷花5 000平方米，种植小叶杜鹃5 000株、1米直径大叶黄杨球100株、无刺枸骨球200株，建牡丹园1个，种植了牡丹花600株、芍药花200株、茶梅100株、茶花160株、亚麻 200 株、鸢尾 500 株等，同时在牡丹园建设石磨展区及农村文化娱乐区，主要有石磨、碾砣、磨担秋、皮挑秋以及四人秋等，供村民休闲娱乐健身用；建有 2 个农耕文化展览馆，主要展示过去农村的生产工具和生活用品。

2. 落实昆明市水源保护区政策

为配合国家乡村振兴战略和保护昆明市区的饮用水源，云南省政府和盘龙区政府以实际行动大力支持甸头村的基础设施建设、村容村貌及环境卫生整治、健身及文体娱乐设施建设。2015 年甸头上村实施了云南省美丽乡村项目建设，该项目 2016 年 3 月动工，2016 年 9 月竣工，共投入资金 300 万余元，建设了宽 8 米、长 12 米、古朴大气的风雨桥，建成占地 500 多平方米的人工湖公园 1 个，建设湿地 2 000 平方米，建成水车 4 个、村民休闲凉亭 2 个、青石板步道 1 000 多米，铺设人畜饮水管道 3 100 米，修复硬化道路 2 000 多平方米，安装风电混合太阳能路灯 83 盏，为村民的大门头、围墙铺贴青瓦，建设了 56 米文化长廊，同时在村内道路两旁种植绿化树木 300 株，极大地美化了村内环境。2016 年实施了区级示范村建设：该项目 2016 年 9 月动工，2017 年 4 月竣工，分为集体建设部分和农户建设部分：①集体建设部分包括沥青路面 5 000 多平方米、综合文化活动中心 220 多平方米、村民休闲栈道 320 米、青石板步道 170 米、休闲凉亭 2 个、湿地 3 000 多平方米，共投入资金 180 多万元。②农户建设部分包括为全村 7 户农户 21 人建设了安全稳固的住房，危房改造人均补助 1.5 万元；对全村 122 户农户房屋进行平改坡，每户补助 15 000 元；外立面美化每户最高补助 4 500 元；为有需要的 65 户建设了标准化畜厩，每户补助 6 000 元，农户建设部分共投入资金 265 万元。2018 年实施了段家营美丽乡村建设，该项目 2018 年 11 月动工，2019 年 5 月竣工，投入资金 300 万元，主要建设项目为：新建栈道 1 100 多米、步道 320 米；对村内房屋外立面进行美化；对道路两边墙体进行彩绘，彩绘内容以精神文明建设及生产生活需要为主；建设 34 米村民休闲长廊；为村民的大门头、围墙铺贴青瓦；建设凉亭 4 个、6 米直径水车 1 个，建设水上栈道 60 米、水上舞台 200 多平方米、12 米跨度拱桥一座；建设道路安全围栏 800 米；安装太阳能路灯 40 盏，安装步道、栈道路灯 55 盏。

图 10 - 5　甸头村墙体彩绘与大门头修缮

3. 村委会领导的积极努力

甸头村委会领导集体对美丽乡村建设规划的指导思想是：从实际、实用的角度出发，解决村民最关心的、最迫切需要解决的问题，站在跨越发展的高度，为甸头村的未来做出规划，为村民的生产发展奠定基础，为村民生活、业余文化水平不断提高提供保障。村委会领导积极向各级政府争取资金，包括在 2014 年村级公益事业建设一事一议财政奖补美丽乡村项目中，为其争取了配套的资金 52.08 万元；2016 年在村集体资金十分紧张的情况下，号召村民筹资 50 多万元对村内道路两边的墙体进行彩绘。村集体领导还负责对项目实施工程的质量进行把关，对其全程进行监督管理，项目验收后负责配套相应的管理措施和日常维护，使得项目效益最大化。此外，村委会领导集体在政府项目中的优异表现为此后的项目申请奠定了重要的基础，是上级政府继续支持甸头村美丽项目建设项目的重要考虑因素。

甸头村发生巨大变迁的重要动因之一就是村委会领导集体在过去的优异表现，这使得各级政府选择了甸头村作为国家乡村振兴战略和水源保护区美丽乡村示范的试点，加大了对其基础设施的改善与建设力度。而甸头村委会在争取配套资金和质量管理、日常维护中的优异表现得到了上级政府的肯定，进而使政府再次加大投资建设的力度。可见，村委会与上级政府之间的良性互动和正向反馈是甸头村发生重大变迁的主要动因。

（二）发展生态农业经济

甸头村一直以来是以农业产业为主导的村庄，经济收入以种植业为主，主要种植玉米、小麦等粮食作物及烤烟、花卉、蔬菜、雪莲果等经济作物。2017年村经济总体实现收入2 034.2万元，农民人均纯收入12 826元。在建设生态宜居美丽乡村的过程中，甸头村的农业生产也逐渐调整为生态农业经济，具体表现为：

1. 落实禁花政策

为落实水源地保护政策，甸头村于2017年实施了禁花政策，从此具有高收入特征的百合花种植逐渐退出甸头村。事实上，在1997—2017年期间，甸头村是著名的百合花之乡，供应了昆明三分之二花卉市场的百合花。百合花种植作为甸头村的支柱产业之一，最初是由在台湾千卉公司工作过的村民将百合花引入村里种植，由此开启了长达20年的百合花种植历史。早期的百合花种子是需要从荷兰进口的，平均每株需要5~8元，而大棚建设也需要大额投资，每个大棚可以栽种1万株左右，因此，种植百合花的投资是相对昂贵的，规模化种植至少需要投资10万元，是比较大的投资。当时村里种烤烟的年收入也就七八千元左右，因此大多数选择种植百合花的农户需要贷款，而银行只能提供三五千元的贷款，所以农户需要去分笔贷款才能尽可能地凑出成本。村民S最早种植百合花只有2亩，由于经验不足，选择了在冬季种植，所以收益不是很好。2000年前后有一年遭遇霜降灾害，亏损达到了10万元左右，后来逐渐夏季栽种，收益开始增加。目前村里的大户一定程度上是在种植百合花时期积累的资本，在百合花种植期间村民S最大的种植规模达到了每年70亩左右，他是村里种植百合花的大户和典型代表。据他所讲种植百合虽然收益比烤烟要好，但和种植烤烟相比具有较高的市场风险，即价格不稳定。百合花一般成束出售，每束10支，平均价格为40~50元/束，最高价格可以达到的180元/束，行情好的年份常是每束100元以上，2005年是价格低潮，价格仅为4~8元/

图10-6　村民讲述百合花种植的历史

束，亏损较为严重。后来由于政府逐渐加大水源地保护的力度，百合花种植因使用较多的农药和化肥在 2017 年禁花政策执行后便退出了甸头村的种植历史。全村 20 多户百合花种植户搬迁到其他地区，也有一些农户选择就此"退休"或"转行"，昔日的百合之乡也就不复存在了。

如果说百合花的种植是甸头村在改革开放后融入城市化的一种方式，那么毫无疑问这种通过市场机制与外界的沟通交流是非常关键的，即使存在价格波动也会带来丰厚的收益，这种联系是其实现经济发展和现代化的路径之一。这期间村里人逐渐睁眼看世界，越来越多的学龄孩子去乡镇或市区读书，越来越多的年轻人选择外出务工，和中国大多数农村发展的情况基本相同，这也造就了今天甸头村"空巢村"的年龄结构特征。不过百合花种植虽然带来了经济的迅速发展，但由于使用较多的化肥和农药给生态环境造成了严重污染，造成了经济发展与生态保护之间的失衡，不仅对甸头村的可持续发展造成了严重影响，而且对昆明市的水源安全造成了严重威胁。因此，甸头村在打造生态保护型乡村振兴的过程中首先就对百合花种植进行产业调整，全面实施禁花政策，杜绝因百合花种植使用大量化肥对水源保护区的安全威胁。

2. 严格控制烟草种植

在建设生态宜居美丽乡村的过程中，甸头村对烟草种植进行了严格的控制与管理。多年以来，烟草种植一直是甸头村主要的农业产业，当地种植烟草的历史可以一直追溯到人民公社时期，是村民的重要收入来源之一。由于城市化的影响，近年来烟草种植产业有所萎缩，在种植百合花期间出现被替代的现象，但仍然是村民的重要收入来源。在对烟草种植的严格管控方面，由于烟草种植本身在一定程度上排斥了市场机制，因此烟草产业链上的烟草公司、村委会和烟农之间的相互关系确保了烟草种植的生态保护和质量把控。每年烟草公司委托村委会与烟农签订烤烟生产工作协议、育苗协议等，以此来对烟农生产过程进行全过程的质量控制与把关，具体包括：①连片种植，连片区内禁止种植其他农作物；②百分之百的膜下移栽；③禁止零散育苗；④禁止在田间地块装营养袋育烟苗；⑤认真做好烤烟的中耕管理及病虫防治，按规定时间进行烤烟优化，清除无效底脚叶和尖叶。事实上，在此之前烟草公司会委托村委会根据烟农往年的种植表现进行合同量分配，以最终烤烟的重量为计量单位。例如 2019 年村民 W 的合同量为 1 764 千克，如果其最终生产并交给烟站足够的合同量算是完成合同，如果不足合同量，往后可能会削减他的合同量；如果他生产超过合同量，烟站则拒绝收合同量之外多余的烤烟。正是在这种严格的管理机制下，村委会往往会协调村民之间的烟草生产量，进行私下交易，把你家多出来的烤烟量以较低价格卖给他家，以完成合同量。如果私下协调无法成功，则面临着来年削减合同量或者需将多余的烤烟自己处理。与此同时，烟草公司为了照顾烟农的利益，将烟草根据烘烤程度和质量分为五个等级，一等每千克 40 元、二等 35 元、三等 30 元，价格以此类推逐渐降低。这种可观的收益背后是烟草公司对烟农生产的全程监控与管理。每年种植期间，烟农从烟草公司买回烟苗，进行膜下移栽，并按照要求进行连片种植，使用烟草公司规定的化肥、农药进行日常田间管理，烟草公司会根据种植面积提供对应量的肥料。具体操作是由村委会与烟农对接，进行各类通知和培训等，但是烟草公司经常会派人进行田间管理和检查，如发现问题会及时处理。在落实水源保护区政策的过程中，烟草公司逐渐开始为烟农提供农家肥，并严格控制化肥和农药的使用量。

图 10-7　膜下种植烟草　　　　　图 10-8　漫山遍野地种植烟草

甸头村的烟草种植收入占据全村主导地位，年总收入达到 800 万元左右。2019 年甸头村烟草种植面积共 106.7 公顷，总产量 238 吨。而且烟草种植的收入是可以预期的，在烟草公司、村委会和烟农的三方共同努力下，大家以完成合同量为年收入的目标。实际操作中，以 30 亩的合同量为例，往往种植 35 亩左右可以完成目标，年底的收入在签订合同的时候就基本能预期判断，而整个生产过程是确定可控的。30 亩地的烟草种植年收入可达到 10 万元左右，平均每亩的纯收益达到 3 000～4 000 元之间。此外，为了实现烟草种植的收益可控和减少村委会工作量，甸头村曾经尝试过建立烟草合作社来协调烟草公司与烟农之间的工作，一方面协调烟草公司加强对烟农生产过程的管理与控制，另一方面代表烟农利益，协调烟农之间的合同量与种植量之间的差补盈转。但是由于合作社可能造成暗箱操作、引起烟农的不信任，所以后来该计划被取消。总之，甸头村的烟草种植生产管理模式在一定意义上是排斥市场机制的逻辑，村委会的协调、烟草公司对烟农的补贴和烟草价格的高利润一定程度上消解了烟农对控制的不适，类似于计划经济的管理模式降低了烟农生产与收成之间的不确定性。目前来看，烟农与烟草公司对接、村委会协调的模式是受到广大烟农的肯定与认可的。在严格控制化肥和农药的趋势下，烟草种植仍然是甸头村的重要经济收入来源之一，是其主导性产业之一，也是经济发展与生态保护相结合的特色产业之一。

3. 探索农业特色产业

在禁养、禁牧、禁花、控菜等政策落实的背景下，甸头村逐渐开始探索特色农业产业，包括永久性生态林带、经济林果种植和无规模化的畜禽养殖。甸头村过去产业结构单一，传统农业产业比重大，农村经济收入以种植业为主，经济发展严重滞后，农民收入水平相对较低，早年属贫困山区。2017 年，村经济总体实现收入 2 034.2 万元，农民人均纯收入 12 826 元，主要收入来源为种植业，主要种植玉米、小麦等粮食作物及烤烟、花卉、蔬菜、雪莲果等经济作物。近年来，因松华坝饮用水源保护的需要，牧羊河沿岸等区域实施了大规模生态林带建设和退耕还林还草工程，区域内粮食种植面积逐渐减少，目前正在计划大力发展核桃种植特色产业，家庭散养以猪、鸡、羊为主。

以 2019 年甸头村的各类数据来看，谷物种植面积为 151.9 公顷，平均单产 2.7 吨，共计 413.1 吨，其中小麦 13.3 公顷，平均单产 0.9 吨，共计 12 吨；玉米 73.4 公顷，平均单产 4.6 吨，共计 340 吨；其他谷物（主要为大麦）种植 65.2 公顷，平均单产 0.9 吨，共计 61.1 吨。豆类种植 35.1 公顷，平均单产 1.3 吨，共计 45 吨，其中最主要的蚕豆种植 10.2 公顷，平均单产 1.6 吨，共计 16 吨。薯类（马铃薯）共种植 11.9 公顷，平均单产 3.2 吨，共计 38.1 吨。瓜果蔬菜种植面积为 63.4 公顷，平均单产 28.7 吨，共计 1 818 吨。此外，还有约 0.6 公顷的苹果园。林业方面，甸头村有约 1 公顷的核桃种植面积。畜牧业生产方面，2019 年全村水牛存栏 68 头，出栏 13 头，牛肉产量约为 1.5 吨；猪存栏 114 头，出栏 52 头，猪肉产量 12.8 吨；山羊存栏 379 只，出栏 10 只，羊肉产量 1 吨；鸡存栏 650 只，出栏肉用鸡 800 只，产量 1.9 吨，畜牧业的各种肉类总产量为 17.2 吨。由此可以看出，甸头村的农业经济逐渐呈现出多元化的发展趋势，具有特色的农业生态经济逐渐成形。

随着生态保护政策的推进，甸头村的农业产业以烟草种植和瓜果蔬菜为主导，畜牧业等仅占很小的比重且逐年减少，以满足村民日常饮食需要为主要目的，并不作为创造收入的主要部分。随着禁养、禁牧、禁花、控菜等政策的推进，甸头村农业产业的发展在面临规模限制的同时会逐渐转型升级为生态友好型的农业产业，比如烟草种植使用农家肥、发展林果经济等。

（三）综合社区治理

在甸头村的乡村振兴实践中，基础设施的建设与完善是前提，生态农业经济的转型与发展是关键，而与之对应的综合社区治理是生态保护型乡村振兴的重要保障。其中"两委"各成员分工明确和"五级治理、十户联保"的村规民约是甸头村综合社区治理实践的主要表现形式，保障了乡村振兴投入资源的后续发展，为村庄的治理有效奠定了基础。

1. "两委"成员责任分工明确

在社区治理方面，甸头村的"两委"共 9 人负责七大类的 19 个岗位：政治思想类（政策法规宣传岗、远程教育播放岗、民意收集反馈岗）；农村社会稳定类（信访调解责任岗、社会治安维护岗、安全生产监督岗）；精神文明类（文明新风倡导岗、文体娱乐实践岗）；社会经济

图 10-9　村委会大门

发展类（烤烟生产发展岗、村规民约监督执行岗、工程质量监督岗）；农村经济发展类（产业发展示范岗、科技致富示范岗、扶贫帮困责任岗）；生态环境保护类（类护林防火监督岗、环卫保洁监督岗、河道保洁监督岗）；农村公共事务类（计划生育保健岗、"三公开"监督岗）。甸头村党组织设置情况方面，共有支部党员 100 名，配有组织、宣传、纪检委员，设民兵、共青团、妇委会、治保、调解等组织；配有为民服务站、社会保障服务站、新农村指导员、大学生村官、林业员、农科员、卫生员、土地管理员、计划生育宣传员、畜牧兽医员等。其下设 8 个党支部，分别是：小冲党支部，共 19 名党员；段家营党支部，共 16 名党员；甸下党支部，共 19 名党员；甸上党支部，共 15 名党员；下走马场党支部，共 8 名党员；上走马场党支部，共 7 名党员；格基冲党支部，共 9 名党员；大刺栎树党支部，共 7 名党员。

2. "五级治理、十户联保"

甸头村从 2014 年 11 月开始实行"五级治理、十户联保"工作，即将全村居住相邻的 10～19 户划分为一个联保小组，全村共设立联保小组 19 个，户数最多的一个联保小组由 19 户组成，户数最少的一个联保小组由 10 户组成，各联保小组村民直接推选出本联保组的十户长，联保组内的村民实行治安联控、卫生联保、困难互帮、发展联促。结合"五级治理、十户联保"工作的开展，甸头村委会从 2014 年起在全村开展最清洁户、清洁户评选工作，根据全村实际情况制定出评选标准，实行百分制考核，考评分在 80 分以上的为最清洁户，60 分至 80 分的为清洁户，60 分以下为不清洁户。村委会每年组织全体村组干部、村民代表、十户长在全村范围内进村入户，全面地进行评选，对评选出的最清洁户、清洁户在大门口显眼位置悬挂相应的最清洁户、清洁户标示牌，同时进行物质表彰，每年对评选出的最清洁户表彰洗涤剂 1 桶、毛巾 2 块、扫帚 2 把、垃圾铲 1 个、拖把 1 把；每年对评选出的清洁户表彰毛巾 2 块、扫帚 2 把、垃圾铲 1 个、拖把 1 把。随着最清洁户、清洁户评选工作的开展，村民为了争取最清洁户这个荣誉，自觉主动做好了环境卫生工作，环境卫生整治已成为全体村民长期的工作，村民的卫生意识提高了，全村的人居环境质量进一步改善。"五级治理、十户联保"工作的开展，使全村社会治安稳定，困难互助帮扶情况更好，环境卫生明显改善，村容村貌有了很大的提高。甸头村"五级治理、十户联保"工作得到了各级政府的认可，获得了"盘龙区 2017 年社区治理创新社区自治及民生服务类示范项目"荣誉称号。

　　环境卫生治理方面，甸头村对所有保洁员实行责任上岗，要求每天全时段对责任区进行全面保洁，村组随时组织督察，对督察出的问题在环境卫生曝光台进行公开曝光；保洁员工作由村民直接参与一月一测评，测评分不达标的立即解聘。在《村规民约》中明确规定，对污染环境卫生的行为给予相应的处罚。法治建设方面，建设有法治长廊，宣传与村民生产生活息息相关的法律、法规知识，主要宣传内容是保护环境、保护水源、保护森林、家庭团结、邻里互助、尊老爱幼等方面的知识，通过宣传让村民了解到，在日常工作、生活中什么是违法的不能做、什么是道德正义应该发扬光大，在不知不觉中树立法制观、道德观和正义感。文化宣传方面，为了提高村民文化知识，村内建设了 56 米长的文化长廊，主要用于宣传"五级治理、十户联保"工作、文明生活、各种廉政建设知识，以及各种科学技术，提高村民对科学技术的认识。文体活动方面，建有篮球场 1 块、乒乓球桌 2 张，有各种健身器材，同时建设有舞台 1 个；有老年文艺队 1 支、青年文艺队 1 支、篮球队 2 支，文艺队每晚都进行自娱自乐的表演，各种喜庆节日还进行演出比赛丰富村民的文体生活；此外，还有综合文服务中心 1 个，建筑面积 220 多平方米，设有老年活动中心、电子阅览室、农家书屋、妇女之家、儿童之家、健康社区服务站等，为村民提供各种文化活动的阵地。

图 10 - 10　甸头村"五级治理、十户联保"宣传栏

甸头村通过打造生态宜居美丽乡村、发展生态农业经济和综合社区治理等方式摸索出来的生态保护型乡村振兴实践，已经取得了初步成效。在阿子营街道甚至是盘龙区，甸头村已经成为远近闻名的村庄，成为昆明市内短期旅游的选择之一。但是，目前甸头村取得的初步成绩是通过积极引入政府投资以及与烟站之间的合作实现的，该模式配合综合社区治理具有一定的可持续发展特性，但缺乏一定的内生动力。为此，在今后的乡村振兴实践当中，甸头村的工作主要包括两个方面：第一，继续协调村民和烟草公司之间的关系，将烟草种植这一主导产业继续发展下去。之前的烟草合作社虽然失败，但烟草种植在村民收入中的高比例决定了他们将会继续探索新型高效的合作模式。当前的烟草公司虽然在一定程度上将农民保护在市场风险之内，并给予了重要的补贴以及合适的生态友好政策，但是烟草公司对烟农生产全过程的控制以及双方不对等的权力关系引起了部分农民的不适，这种不满短期内可以通过经济收益得以消解，可长期来讲需要一定的协调机制。而烟草种植的生态友好转型可能成为烟草公司与村民之间矛盾转化的契机。第二，宜居的美丽乡村的前期基础设施建设基本完成，但是美好的世外桃源如何创造经济收益是重要的问题。甸头村委会初步拟定会继续招商引资，或许会引入专业的旅游开发管理公司来运营，以每年一定的价钱承包出去，将旅游纳入集体经济为村民创造收益。这样一方面可以引进先进的管理运营经验弥补村委会有关方面经验不足的缺陷，另一方面引进专业企业可以促进政企合作，将甸头村作为生态旅游乡村纳入昆明市的生态旅游市场当中，实现资源的最佳配置和在竞争中保持发展的生命力。对于村民来说，宜居的美丽乡村创造的经济收益相对不足，反而是生态环境的美化、水源地保护政策在一定程度上阻碍了经济的发展，尤其是2017年被终止的百合花种植。不过目前甸头村家家户户均已建成的美丽乡村别墅和较高收益的烤烟经济在一定程度上平衡了这一矛盾。对于村民来说，如果引入专业的旅游管理公司接手甸头村的生态旅游的模式，一方面将会继续打造嵌入式的民宿，让每家每户在现有的别墅基础上增设客房来满足城市游客的住宿需求；另一方面也会发展乡村旅游餐饮等配套经济。当前村中已经有4户人家向上级申请开农家乐，正在等待批示同意，不过由于严格的生态保护政策，农家乐的餐饮经济规模将会不可避免地受到限制。此外，据村委会领导估计，生态旅游产业发展起来将会带动一部分人返乡就业，其规模将会达到 100 人左右，外出务工人员的回流率达到 20%。总之，甸头村的未来已经有了一个好的开始，村内美丽的生态环境和现代化的房屋使之已经具备了对美好未来想象的基础和资本，美好未来在政府、村委会和村民的共同努力下将会逐步实现。

四、甸头村乡村振兴的经验与启示

甸头村的迅速变化是在国家乡村振兴战略推进当中实现的，其相对成功的模式可以总结为政府引导、企业推动、村民参与的乡村旅游和特色农业的复合型发展模式，为其他地区的乡村振兴提供了可供借鉴的经验与启示。

（一）突破区位规制，大胆创新实践

乡村振兴战略下的美丽乡村建设必须要"两手抓"：一是加强乡村的生态保护，二是促进乡村的经济发展。然而在两者的关系方面，理论上或者长期来看是辩证统一的关系，因为经济发展为生态保护提供了资金保障和技术支持，生态保护又保证了经济的可持续发展，两者是相互依存互为因果的关系[①]。2017 年中央农村工作会议也明确指出 2020 年、2035 年、2050 年分"三步走"实施乡村振兴战略的目标任务的路线图，路线图从长期规划的角度统一了经济发展与生态保护之间的协同关系。然而，从位于昆明水源保护区的阿子营街道和滇源街道的实践来看，经济发展与生态保护之间的协同关系有些失衡。经济发展与生态保护之间的矛盾体现为高收入的百合花种植因过量使用化肥和农药对生态环境造成严重污染，导致2017 年实施禁花政策后村民收入开始下降，而对烟草种植的规范化管理同样限制了烟草产量，以至于村民选择种植超出合同量一定比例的烟草或村民间协调以完成合同指标。这种在经济发展与生态保护之间的协调与平衡，是村民在经济发展与生态保护矛盾之间的探索性实践。然而，从政府或者大多数人的角度来讲，甸头村的生态保护是第一位的。阿子营街道办事处某工作人员表示："松华坝水库地处昆明市北部，是昆明将近 800 万

---

① 徐越，司言武，肖也佳，等 . 生态保护与经济发展的协调性研究——以温州市鳌江流域为例[J]. 特区经济，2013（12）：172 - 174.

人的重要饮水源，保护松华坝水源是昆明政府重要任务。处于松华坝水库上游的阿子营街道和滇源街道范围内不允许有工业生产的工厂、不允许养殖、不允许放牧，甚至连农业种植都进行了严格控制，这是没有办法的办法。牺牲两个街道约七八万村民的经济发展，来保障昆明 800 万人的饮水问题，这笔账很容易算，而且谁都可以算。所以这两个街道的经济发展只能向生态保护妥协，或者在生态保护中摸索出合适的经济发展方式……"

图 10-11　饮水水源保护区标识牌

根据我们在调研过程中的观察也的确如此，阿子营街道所见之处不是国家水源一级保护区就是二级保护区，没有看到工业企业，所到之处只有破旧的景象与淳朴的村民。可见，为了保护松华坝水库水源，他们的确为此牺牲了很多发展的利益，生活在美好的自然环境却没有较好的经济收入水平。相比之下，甸头村与其他地方完全不同，放眼望去崭新的三层小洋楼到处都是，与之前破旧的土木结构房错落有致，显示着这里的变化也就是最新的事情。这种传统与现代的交错与美丽的湿地公园、农耕文化园、休闲栈道相得益彰，可以说甸头村是经济发展与生态保护协同发展的真实案例。虽然这些基础设施的改善都是由各级政府投资建设，但在可预见的未来，甸头村将会紧密围绕绿水青山发展可持续的生态保护型农业经济。甸头村成功地跳出了区位的限制，创新性地发挥了村集体的能动性，通过引进外部政府资源等方式发展生态可持续经济，不仅摆脱了经济发展与生态保护之间的矛盾，而且为阿子营街道和滇源街道的其他村庄转型与发展提供了很好的样板。

（二）经济发展与生态保护的协同发展模式

甸头村经济发展与生态保护协同发展的复合模式的主要特征是：政府引导、企业推动、村民参与的乡村旅游和特色农业发展。当前，各级政府已经陆续投资甸头村的基础设施建设 1 000 万元左右；同时政府为贯彻水源保护区政策，与村委会共同加大产业结构调整力度，积极寻求政企合作，大力发展经济果林种植，并结合农改林工程，引入企业发展中草药、苗木种植。甸头村作为人居示范村，加之过去村委会领导的优异表现，预计今后各级政府将会继续加大对甸头村的投入，尤其是在招商引资方面。不过就目前来看，企业参与还相对不足，因为基础设施刚修建好，旅游产业是委托承包给旅游开发企业还是村委会成立相应的组织来运营还没有决定，作为集体经济的乡村旅游发展的股权量化工作也还没有展开，而且在集体经济的运营方面，甸头村的经验相对不足，只有农改林之后每年补贴的 40 万元收入属于集体经济。因此，企业的参与和引进暂时还在计划当中，有且仅有烟草公司和甸头村乡村旅游经济的发展逻辑存在一定的产业特征，无法简单地跨产业复制。

　　不过甸头村委会领导的规划已经在运筹，政府推动的中草药和苗木种植企业也逐渐加入。在乡村旅游发展的趋势当中，必然会促进乡村小微企业的发展，比如农家乐或民宿等，以及具有个人特征的直播经济都有可能成为新的发展方向。村民参与是乡村旅游产业发展的核心，一方面乡村振兴战略是以农民为中心的，是为了维护农民和农村的权益，确保发展利益

图 10-12　甸头村旅游规划

留村哺农；另一方面，只有农民参与其中才能可持续发展。当前甸头村的村民参与是在政府的政策鼓励和补贴下，纷纷将旧房子置换为新房，在湿地公园等基础设施项目建设中积极参与，砌成一砖一瓦；烤烟经济的发展更是需要村民的密切合作。总之，甸头村当前和今后的经济发展与生态保护的协同发展模式将会以政府引导、企业推动和村民参与为主要特征，主导的生态保护型产业将主要包括乡村旅游和多元化的生态农业经济。

（三）村委会领导集体与中坚农民的积极互动

在甸头村的乡村振兴实践中，村委会领导集体和中坚农民发挥了重要的作用。如前文所述，长期以来优异的表现使得村委会领导集体不仅成为村民与政府之间很好的沟通桥梁，而且使得甸头村成为政府选择示范项目建设的优先选择。村委会办公室满墙的各类奖项与锦旗和甸头村所实施的昆明市村级公益事业建设一事一议财政奖补美丽乡村项目、云南省美丽乡村项目、盘龙区示范村项目等之间有着密切的关系。正是由于村委会领导集体认真落实上级政府的各项政策，政府才将甸头村作为美丽乡村建设的示范地。从目前各类项目实施推进来看，村委会领导集体对政府各类投资项目的落实积极到位，不仅负责对项目实施工程的质量把关，进行全程的监督管理，还在项目验收后配套相应的管理措施和日常维护，使得项目效益最大化。此外，村委会领导集体也积极为政府示范项目筹集配套资金，比如2014年在一事一议财政奖补美丽乡村项目中，争取了52.08万的配套资金；2016年号召村民筹资50多万元对村内道路两边的墙体进行彩绘。因此，村委会领导集体在甸头村的乡村振兴实践中发挥了关键的作

图 10 - 13　调研小组在甸头村访谈

用，同样无论是今后引进专业的旅游开发管理公司，还是村委会对湿地公园进行自我管理运营，又或是在村民与烟草公司之间的协调，村委会领导集体都将继续发挥积极作用，其对甸头村生态保护型乡村振兴实践模式的长期可持续发展意义重大。

　　中坚农民是甸头村发展的关键力量。村委会领导集体内部成员的年龄主要分布在 40～60 岁之间，以中年人为主，他们还有另一个身份是普通村民，或种植烟草或运营农家乐等。甸头村和其他中西部地区农村有相似性，具有一定的"空巢村"特征。"空巢村"除了我们比较广泛关注的留守老人与儿童的现象之外，还有一部分农户家庭因为不能或不愿进城而全家留村。全家留村，尤其是青壮年劳动力留村，仅靠种自家承包土地的收入是无法获得基本的农村体面生活的，因此他们想方设法地扩大农业经营规模，获得各种农村获利机会。大量农民进城会给留村的居民若干农村获利机会，这些留守农村的青壮年劳动力就可能通过扩大农业经营规模或捕获农村获利机会而有不低于外出务工的收入，这些农民就成为"中坚农民"。越来越多的农民进城，就留下越来越多的获利机会以滋养农村的新"中农"[①]。同样，甸头村留下的中坚农民少则种植外出务工子女的留村耕地，多则承包其他外出务工村民的土地，在种植规模上进行扩大，以获得较高的务农收入，这点尤其体现在烟草种植经济当中。村委会领导成员本身就是中坚农民的一分子，能够在一定程度上代表中坚农民的利益，在年底烟草公司向村民收购烤烟的过程中，村委会领导积极帮助中坚农民协调各家的实际生产量信息，通过差补盈转的方式满足年初的合同量，最大限度地维护烟农的收益。中坚农民与村委会领导成员在农业经济生产方面的耦合利益关系，使得彼此关系较为密切，这也是甸头村综合治理相对有效的重要原因之一。

---

　　① 贺雪峰.关于实施乡村振兴战略的几个问题［J］.南京农业大学学报（社会科学版），2018，18（3）：19-26，152.

第十一章

"新村民"的村庄：
大墨雨村乡村发展

　　雨花社区的大墨雨村是一个有 300 多年历史的彝族村寨，这里生活的村民世代以农耕为主，过着自给自足的生活。2015 年，第一位"新村民"经人介绍来到了棋盘山麓的大墨雨村，在此处陆续租下了 3 个老宅和 1.33 公顷的山林果园，成立麗日永续生活中心，开始了永续生活的实践、教育与体验。而其到来陆续吸引了许多志趣相投的艺术、设计、学术界的"文化精英"来到大墨雨定居，逐渐形成了以第一户"新村民"为中心的"新村民圈"，发展了大墨雨村的乡村旅游，也吸引了更多外地人来到大墨雨租房，使得大墨雨村逐渐变成了一个"新村民的村庄"。新村民作为带头人，一方面积极带动乡村发展，与老村民进行融合，共同振兴乡村；但另一方面，随着新村民群体本身的异质性逐渐增大，如何调和新老村民之间的关系对传统乡村治理提出了新的挑战。

一、大墨雨村概况

　　大墨雨村是隶属于昆明市西山区团结街道雨花社区的一个村民小组，地处昆明西郊 12 公里，地理坐标为东经 102°43′、北纬 25°07′，位于雨花社区中部。大墨雨是一个有 300 多年历史的彝族村寨，"墨雨"是彝语的译音，"墨"是竹子，而"雨"是林，"大墨雨"即是"大片竹林"的意思。大墨雨村民小组占地面积 9 平方公里，占社区总面积的 36%；总户数 275 户，总人口 850 人，占雨花社区总人口的 36.83%，其中彝族人口占95.4％，村民们具有彝族典型的热情、朴实、勤劳、乐观的精神。大墨雨村水源优质，四季气候温暖适宜，优势明显，平均海拔2 100米，属北亚热带半湿润季风气候，年降雨量800～1 100毫米，年平均气温13.2℃，极端天气较少，最高气温31℃，最低气温零下8℃，无霜期为170～180天，年平均日照时长多达2 200小时，背靠棋盘山，有天然的种植优势。大墨雨村总耕地面积940亩，占社区总耕地面积的36.35％，社区以山地为主；主要经济来源是农业种植、外出务工及农家乐等小型个体经营，人均年收入约为9 618元。

大墨雨村村民长期以来一直以农业种植和外出打工为主要收入来源，特别是在1999年之后的很长一段时间，全村有80％的农户都从事了运输业，完成了初步的资本积累。2015年，原云南大学教师李婷婷经人介绍来到大墨雨，租下了大墨雨3栋老屋来实践她"永续农业"的理想，并建造民宿开始对外营业。之后，李婷婷的朋友们和其他向往安静田园生活的人们陆续来到大墨雨，租下这里的老屋并改建成自己喜欢的样子在这里定居。这些人中有精于手工的设计师，有经验丰富的咖啡师，有知名建筑师和艺术家，也有想践行"永续生活"理念的生态学者。到如今，大墨雨村已经有80％的闲置宅基地被租用并改造，100余户新村民入驻大墨雨，而老村民则选择将房子逐渐移出老村改在公路两边建房，这使得大墨雨村逐渐变成一个"新村民的村庄"。

二、大墨雨村历史变迁

(一) 村庄人口

大墨雨是一个有300多年历史的彝族村寨，据村内的老人描述，大墨雨村的先人是几百年前从大理逃难搬迁而来，选择大墨雨村是因为其位于大山深处，适合避世，自此，大墨雨村村民世代居住于此，再无迁徙。大墨雨村是一个自然村，村民以李、能、熊、张姓为主，1976年以前从4个小队划分成7个小生产队，1976年以后，每个小队又分成2个组，直到1983年包产到户才取消。由于以前出村只有一条非常狭窄的路，所以直到20世纪八九十年代才有村民开始外出打工。

截至2020年初的统计数据显示，大墨雨村原住总人口约为850人，其中彝族人口数占到全村人口数的95%以上。大墨雨村的原住村民除了嫁入的媳妇和上门的女婿以外，基本上都是土生土长的大墨雨村人，因大墨雨村户籍涉及相关赔偿款、拆迁款等的利益分配，所以大墨雨村老村民很少有人将户口外迁。除去村民外出求学、打工、婚嫁等，大墨雨村人口流动的产生主要源于100余名新村民的入驻。2015年第一户新村民的到来在一定程度上打破了村里的宁静，后续越来越多的外来人进入村子，甚至有人用老村民和新村民的说法将村庄的人口进行了二分，使得这个村子变得不同。

（二）村庄核心经济活动与村民收入

大墨雨村的经济活动主要分为三个阶段，即1999年之前、1999年至2017年、2017年至今。在这三个阶段中，村庄的核心经济活动分别为果蔬种植、砂石运输、房屋租赁。

大墨雨村水源优质，四季气候温暖适宜，背靠棋盘山，有天然的种植优势。20世纪50年代，大墨雨村村内的果蔬主要由村民零散地种在田头地角，且品种多为本地品种；到了1964年，在"农业学大寨"运动的号召下，大墨雨村开始建设专门的果园，当时的资金以生产队自筹为主，政府给予适当补助。改革开放后，大墨雨村开始贯彻并落实中央"林木谁种谁有"即个人所造果林允许继承政策，果蔬生产也逐步转为农户经营模式。据大墨雨村现任支部书记回忆：当时村内约有60多户村民都从事果蔬种植的生产，村民家中的小车都是供果蔬运输使用，经常有村外人来村内收购果蔬，常常供不应求。

从1999年开始，当时的团结乡（镇）陆续开设了几十个砂厂，大墨雨村的主要经济活动从果蔬种植转向了砂石运输，这为大墨雨村村民奠定了初步的资本积累。村民最初受雇于运输公司统一开展拉砂活动，到后来逐渐变为个人接私活拉砂，到2000年左右村内80%的住户家中都购置了渣土车，甚至有的家庭会购置2~3辆渣土车，一车砂石从龙潭拉到昆明每次大概能挣得200~300元，这一阶段的人均年收入能达到2万~3万元。2012年，因生态保护，团结街道的砂厂逐步关停，砂石运输行业也渐渐不再盛行，村里人大多选择将渣土车变卖另寻其他打工的出路，甚至也有人重操起往日里的果蔬种植业。

从 2015 年开始，老屋出租逐渐成为大墨雨村村民的又一大主要经济收入来源，一次性付清的交易方式使大墨雨村村民可以在短期内获得大量资本积累。2015 年，第一户来到大墨雨村的新村民以 5 万元的价格获得了村内一处老宅 20 年的使用权，并耗时 2 年将其装修成为工作坊。由于这位新村民个人的影响力加之大墨雨村自身环境的幽静，从 2017 年开始，有大批外来人员涌入村内租赁老屋。到 2019 年 4 月左右，大墨雨村的租户已经不局限于新村民的社会关系圈，有许多昆明人因看中这里的环境而在此置办房产以便度假使用。租房市场的蓬勃发展使得大墨雨村村民对于建房热情极大，早年政府征地的补偿款让他们足以在村内建更多的房子，这也导致了大墨雨村内违建乱建现象严重。现在大墨雨村内的房屋年出租价格已由 5 年前的 2 500 元涨至 12 000 元左右。房屋交易和由房屋交易衍生而来的行为影响着当地村民的生计方式，自 2017 年以来，随着村内老屋装修需求的增多，许多村民都成了装修队的一员，工资为男性 200 元/天、女性 150 元/天，按日结算。

值得一提的是，随着 2019 年底村口昆楚 2 号高速公路的开工，大墨雨村又有村民购回渣土车重拾砂石运输业，村里的渣土车数量从开工之前的几辆急剧上升到 40～50 辆，将砂石从安宁、富民拉到工地每趟可以挣得 600～800 元左右，尽管规定每人每天只能拉 2 趟，但从事砂石运输的村民日收入也能破千元。现任村支书预计，村民在施工结束后又会将渣土车卖掉，重新外出打工或者回家务农，由此可见，砂石运输业的收入具有高度的不稳定性。

（三）村庄文化

大墨雨村的老村民依然保留有彝族传统的民族特色，但受到现代化因素的影响，有部分彝族文化传统已逐渐消逝或被简化。村内的彝族语言得到了很好的传承，老村民之间的交流以彝族话为主，他们会有意识地教授与引导子孙辈使用彝族语言，希望能保留下他们民族的语言，同时村内除了 80 岁以上的老年人外，老村民也都可以流利地使用普通话。彝族传统服饰常见于村内中老年人的日常穿戴中，村内年轻男女则只会在喜庆重要的日子穿戴传统服饰，其余时间他们还是主要穿着休闲装等轻便服饰。装点彝族传统服饰所使用的刺绣也多是村内的老年人手工绣制而成，老村民的刺绣多数是为了自用，但自从游客和新村民进入后，他们的手工刺绣产品也开始对外售卖。火把节是大墨雨村彝族以往最隆重盛大的传统节日，村民为祈求六畜兴旺、五谷丰登而手持火把在田间载歌载舞。火把节活动曾在"破四旧"时期经历了"沉默期"，改革开放以后火把节活动重新恢复，但活动形式也相对比较简单，且参加的多是年纪较大的村民。

图 11-1　村民穿着和制作彝族传统服饰

大墨雨村内目前无小学和幼儿园，仅有 1 家由新村民开办于 2019 年 7 月投入运营的社区学习中心——"墨雨村学"。村内老小学在 2013 年左右搬迁之后，大墨雨村的村民多数选择将孩子送去离村约 1.5 公里的希望小学就读。2014 年在村庄附近又增开了民营性质的贝贝幼儿园，但由于园长的个人原因，幼儿园目前处于歇业状态。"墨雨村学"由新村民建立，于 2019 年 7 月底投入运营，旨在为农村社区提供生活教育和终身学习，提供学前教育、森林教育等课程，但尚不具有幼儿园培训资质，只是小型的社区学习中心，目前的学员主要为新老村民的孩子以及受课程吸引从昆明市区通勤而来的孩子。

(四) 村庄治理

大墨雨村隶属于西山区团结街道雨花社区，大墨雨村民小组目前共有 4 位村组干部，分别为组长李杰先、书记李石寸、副组长张长玖、副组长兼会计苏绍海。村中还有一个自行成立的"老年协会"，办公室也设于村民小组办公区域内，协会成员为村中老人，主要负责节日时期的彝族歌舞节目、打扫公厕、村间道路及广场周边卫生清理，相关费用由村民小组承担。同时，如有需要，村委会会以雇工的形式出资雇人按工时打扫村内的卫生。村内的其他公共设施如水库、停车场也都有专人管理。由于大墨雨村地处棋盘山国家森林公园，因而森林防火和防治石漠化成了大墨雨村委会的主要任务之一。社区一共聘请了4名森林防火监督员，这些森林消防员也同时担负着监督村民不砍树、开荒、挖地、烧山的任务。

大墨雨村及其所在的雨花社区曾期望依托于新村民的入驻引流，更好地规划大墨雨村。社区曾在2019年向上级申报了需要高达2 000多万元资金的美丽乡村建设规划，规划内容包括民宿改造、果园采摘、村庄集市、生态步道等多方位立体内容，并已出资接洽相关单位设计《大墨雨村美丽乡村建设规划书》，但最终只实际获批100万元，用于建设村学旁边的水渠和凉亭景观，且截至2020年6月该景观的建设仍处于施工过程中，整体规划已经流产。

三、大墨雨的乡村发展历程

总体而言，大墨雨村的整体发展可以按照新村民介入村庄的深浅程度而分为三个阶段：2015年之前，2015—2018年以及2018年至今。在2015年以前，大墨雨村主要以本地居民为主，其主要生产生活围绕农业种植与外出务工，此时新村民还未进入村庄；2015年后，首位新村民李婷婷进入，并随之带来许多新村民逐渐入驻大墨雨村，并在2015—2018年这个阶段逐步形成了新村民与老村民的二分化；从2018年底开始，随着大墨雨村逐渐为众人所知，新村民的入驻不再局限于以李婷婷为核心的关系网，反而吸引了很多昆明本地人来大墨雨进行租房，但同时也逐渐滋生出各种新老村民之间的矛盾。

（一）2015年前：老村民的宜居

大墨雨村拥有良好的光热条件，且村民世代以农耕为主，因此村民从20世纪50年代开始种植果蔬，一般种在田头地角，品种也多是本地品种。到1964年时，国家鼓励"农业学大寨"，要求各生产队建果园，水果生产有所发展，大墨雨村也就此拥有了专门的果园，当时的资金以生产队自筹为主，政府给予适当补助。到改革开放后，农村开始贯彻中央政策"林木谁种谁有"，个人所造果林允许继承，因此水果生产也逐步从单纯的个体种植模式转为农户经营。至今大墨雨村民仍保有这一形式，国家也对村民农业种植进行补助，村庄中部分村民自主经营，通过自产自卖的方式，在昆明和团结街道的农贸市场进行售卖。

除传统农业种植之外，从 1999 年开始，大墨雨村的主要经济来源很大一部分也来自运输。当时在团结乡（镇）有几十个砂厂，开始是村民受雇于公司来进行拉砂，到后来逐渐改为私人拉砂。据村干部回忆，村中之前有 80％ 的农户从事运输业。在 1999 年左右时，村中的大货车数量在 20～30 辆左右，当时运输车从龙潭开到昆明大概 200～300 元/次，人均的年收入能达到 2 万～3 万元。到 2000 年以后，随着村民逐渐意识到运输业的利润空间，村里 80％ 的农户开始购入大货车，甚至有的农户一家就有 2～3 辆。但是随着 2012 年砂厂的逐步关停，拉砂的行业也渐渐不再盛行。村里人也大多渐渐把大货车变卖换成拉蔬菜的小面包车，开始重拾蔬菜种植业或者另寻其他打工的出路。

（二）2015—2018 年：新村民的初入

大墨雨村有很多保留完好的民居古宅，老房子大多有几百年的历史，也有一些是 20 世纪六七十年代盖的土木结构的老屋。到 20 世纪八九十年代左右，村里开始大批兴建砖房，普遍是在不拆老屋的基础上，在其他个人承包地上盖房，而原有的老房子即使有倒塌的危险也留在原地不动，因此至今仍有很多保存完好。2015 年 7 月 1 日，原云南大学教师李婷婷辞去教职，希望追寻自己对于"永续农业"的理想。在全中国辗转多地寻找宜居之所后，她来到了棋盘山麓的大墨雨村，看中了村口处的一栋老宅。由于之前大墨雨村深居山林之间，少有外人进入，在李婷婷之前村民较少进行关于房屋的租赁活动，且老宅一般由几家人共同居住，产权的划分往往根据房间而非整栋老宅，因此产权不明晰成了老屋出租的障碍。在区委宣传部的某位同志介绍下，李婷婷与该栋老宅的其中一位年轻户主熊某取得联系，并拜托他与其叔伯从中调解，希望获得该房 20 年的使用权。最终，在熊某的帮助下，她成功以 5 万元的总价、2 500 元/年的单价取得了现在的"丽日"的 20 年使用权。尽管老宅保留相对完整，但仍需要相当程度的修整。她采用了众筹的方式来完成这项工作，一项"包吃包住"的活动吸引了德国、法国、美国以及国内北、上、广、深的 50 多名设计师，大家为这些老房子按照永续农业的概念进行设计、打造。由于永续农业这种课程在国际上一周的价格高达五六千元，因此难得的实践机会吸引了大量年轻人，而这也是大墨雨首次在短时间内涌入如此之多的外来人。

随着房屋的逐渐成形，李婷婷依靠"麗日"老宅中的菜地、民宿、土窑等持续吸引大批对于"朴门永续"感兴趣的年轻人。许多人因为李婷婷在"麗日"开设的"朴门永续工作坊"，加之自己也有找一处僻静村落居住的需求，所以纷纷来到大墨雨租房。因此，大墨雨村逐渐形成了以李婷婷为中心的"新村民圈"。这批新村民中不乏艺术、设计、学术界的"文化精英"，选择在此享受半农半 X 的生活①，即在发展小规模农业满足基本生存需求的同时，发挥自己的专长，从事自己热爱的理想工作，与社会建立积极的联系。这批新村民往往具备较好的经济基础和文化素质，在尊重地方特色的基础上创新性地将"城市思维"带到传统的自然村落。有人与"麗日"合作开展朴门系列工作坊，将朴门文化的传播与个人收益相结合；有人自费建立满足个人爱好的手工工作间、咖啡厅、为新村民和游客提供落脚点的有偿共享空间以及为传播传统文化而设立的非物质文化遗产展示台；有人创办乡村村学，将其为农村社区提供生活教育和终身学习空间的想法诉诸实践；有人不仅仅租用老房，还向村民租种山地，发展小规模农业，不但在住宅内开辟食材花园种植区为住客提供零化肥、农药的有机蔬菜，还租种村中的山林果园用来作为"食物森林"② 实验基地，种植了 70 多棵 8 个种类的果树，还间种了马铃薯、玉米、萝卜、苜蓿和各类豆子，旨在以可持续方式为社区提供多样化食物，探索人与自然和谐相处的农业发展道路。

（三）2018 年至今：新村民异质性的增强

由于以李婷婷为中心的新村民自身普遍具有很强的影响力，所以随着早期经营者将大墨雨乡村旅游的资讯通过新媒体不断向外传播，大墨雨乡村旅游吸引了越来越多的投资者及旅游者的关注，前后共有来自全

---

① 1995 年来自日本的盐见直纪从作家兼翻译家星川淳的著作中受到了"半农半著"生活方式的启发，创造性地提出了"半农半 X"的理念，其中"X"指的是上天赋予的才能。

② 食物森林是经过向大自然学习设计且刻意低度维护管理的生态系统，具有丰富的生物多样性以及高生产力，兼具生产食物、心灵疗愈、生态教育等功能。

国和日本、法国等国家的近 100 位新村民进入到大墨雨乡村旅游的开发中，新村民在大墨雨村各自租下 1～10 处不等的传统院落，或自住或进行商业开发。截至 2018 年底，大墨雨村乡村旅游接待人数约 10 万人，且旅游者平均花费超千元，成功打造了"丽日""墨雨暄""饮光""蔓山遍野"等文化旅游品牌，拥有品牌精品民宿 25 家左右，可提供 500 余张床位，每家民宿都可以提供餐饮服务，并有木工、咖啡、制皂手工体验工坊 5 家左右，其乡村旅游接待能力逐步增强，是乡村旅游小而精的代表。

2018 年底，大批外来人员开始涌入大墨雨进行投资租房。此时，大墨雨的租户已经不仅仅局限于以李婷婷及其朋友为中心的圈子了，有许多昆明人因为看中了这里而选择在环境优美的乡下为自己置办房产。相对于李婷婷他们几乎清一色租住老屋的选择，2019 年以来的租户在选择上更多元：老屋有，砖房也有。昆明来的租户觉得，"我们刚开始也是这样的想法（认为老屋更有特色），全拿（租）的是老房子，太麻烦了！如果是砖房的话，瓷砖还可以敲掉重抹，它的土基结构你是不用动的，你要租的话一定不要错过，可以省很多钱。老房子的装修费用太高了，我们还不是把它全部拆掉以后，拿砖去盖，现在我们弄完了发现其实不用老房子，主要还是靠软装"。相对于李婷婷等第一批新村民融入村庄和"半农半 X"的生活方式，2018 年底开始进入的新村民则更多只是为了获得房屋的使用权，但本身并不长期在此居住。如位于村民小组旁边的一栋砖房在 2019 年时以 1 万元/年的价格出租，租期为 20 年，户主将 20 万元房款一次性付清，村民提到，这个房子大概建了 6～7 年，外来的租户没有对房子做过任何改动，只是单纯的租下房子，但他们从未见过租户来此居住过，这栋房子成了空房。其实不仅是这一栋，村内被租下但是仍然处于闲置状态的房屋其实还有很多。许多外来租户经过各种人介绍来到大墨雨，不经由任何中介直接与村民进行协商、租房，但是在租下之后，新村民却仿佛并不着急入住，而是一直将房屋闲置。2018 年中下旬开始大批量涌入的新租户显然干扰了租房市场的平稳发展，导致大墨雨的村民们对于建房热情极大。社区工作人员表示："老村民看到利益了，之前反对的人也一窝蜂地开始出租。反正（只租）20 年，钱生钱嘛，谁不愿意呢？老百

姓看不长远，如果是自家的地，建砖房就 40 万～50 万元，本来他自己有
一点积蓄，20 年后房子也还是他的，等于他只出了一半的钱就盖成了一
栋房子，谁不愿意呢？他盖这个房子就是为了租的。"于是到 2020 年，短
短三四年的时间，大墨雨村的租房价格翻了一番。2020 年 6 月，村中有
一栋房子一半是土房一半是砖房，原来想对外租 16 000 元/年，来了好多
人看却没有人租，于是现在就把价格改成 12 000 元/年。另一栋房子也是
一半土房一半砖房的结构，开口便是 11 000 元/年，一次性租期 10～
20 年。外来人日益增长的租房需求使得村民开始漫天要价，村中的交易
往往是以私下形式完成，租地的价格要 10 000 元/亩，租房子 20 000 元/
年，比村中的常规价格整整高出一倍之多。

图 11-2 村庄中随处可见的"老屋出租"

房屋交易和由房屋交易衍生而来的行为同样影响着村民的生计方式。
自 2017 年以来，随着村内老屋装修的需求提高，许多村民成了装修队的
一员。村庄中随处可见张贴的小广告，以及在老屋的断壁残垣上歪歪扭扭
地刻着：树脂瓦、彩钢瓦。这是因为过去的老房子为了走烟会在瓦间留有
缝隙，但是对新村民来讲透风过于寒冷，因此新的租户会要求先把瓦揭下
来打磨，上一层板做防水，再上瓦，甚至还要多加一个保温层以保证室内
温度。这样繁杂的工作自然给了村民以打工的空间，不过实际上雇工的分
工并不是那么明确，而且从几次访谈对比来看，从 2017 年到现在雇工价
格也没有太大变动，都是男性 200 元/天、女性 150 元/天，一天 8 个
小时。

图 11-3　老屋墙上的装修广告

四、大墨雨村乡村振兴的经验与启示

（一）积极利用已有资源，以新村民作为带头人

由于大墨雨村以李婷婷为首的第一批新村民普遍文化水平较高且具有较强的个人宣传能力和影响力，希望在保护村庄原貌基础上满足个人诉求，在村庄生活中也积极融入，因而往往起到了带头人的作用，力所能及地鼓励村庄发展建设。尽管新村民因为没有村内户籍而无法参与村内选举、直接参与村内的事务，但大墨雨村内一些活动的进行也少不了这些新村民的指导。比如：第一，新村民带领老村民共同搭建别具一格的村集，提出"以物易物，相互交换"理念，强调不同于传统市集以金钱作为交易筹码的方式，呼吁村民关注可持续发展；第二，提供垃圾分类箱，建议自备餐具和购物袋，不使用和提供一次性用具；第三，利用地方资源作为产品原料来源，工艺品为手工制作，食用品多为无添加的有机产品；第四，新老村民共同参与活动，使现代可持续理念与传统彝族文化交相辉映。其中村集不仅是新村民、老村民、甚至城市游客商品交易的场所，而且日益成为可持续观念传播和影响的平台。村集不仅由新村民提供智力支持，也由社区和小组干部共同支持。干部们经常会和新村民在一起讨论，新老村民之间也会在每一次村集活动后开经验探讨会。尽管村集项目有了新村民的宣传和参与协助，但还是因为一些人力原因导致该项目只开展了两年就搁置了。"后来慢慢地（不办了），确实是太累了，我们社区和小组干部周末很多时候还是要加班的，防洪防汛、护林防火还有突发事件等事情太多

了，确实是太累了。我们也不是全脱产的，种树啊、种果树啊还是要做的，虽然干劲十足但是还是累的，所以就慢慢搁置了。"

除此之外，新村民也创造性地设立了无人看管的社区仓库，将其作为二手物品及特色产品流转地以及推动垃圾分类的场所，以期通过这种方式传播可持续的思想，潜移默化地影响村民的消费行为和生活方式。

在教育方面，新村民自发出资建立传播可持续观念、传承彝族文化和促进新老村民融合交流的"墨雨村学"。拥有传统教学、美术教育、自然教育、木工、建筑设计等背景的新村民和熟知彝族语言文字、风俗、工艺以及传统仪式的老村民将共同为新老村民及其孩子提供多元化课程。不同于钢筋水泥土的城市学校，"墨雨村学"面向社区公共活动场所，建立了自然与教育的有机联系。

（二）重视古村落保护，为乡村振兴留有"把手"

大墨雨能够获得许多新村民喜爱的原因主要有两方面，一方面是由于其地理环境优越，背靠棋盘山，村内有水库，青山绿水，适宜生活；另一方面也是因为村中有许多仍然保存完好的老宅。大墨雨村普遍是在不拆老屋的基础上，在其他个人承包地上盖房，而原有的老房子即使有倒塌的危险也留在原地不动，因此至今仍有很多保存完好。受现代生活方式和观念的影响，很多老村民早就搬离了传统老宅，而多年废弃的老宅经过风吹雨打已经杂草丛生，但很多仍屹立不倒。在新村民眼里，这些似乎没有任何价值的破败老房子连接着过去与未来、传统与现代，承载着大墨雨村几百年来的文化历史。新村民就地取材，在原有结构的基础上进行修缮改造，保留传统建筑外貌和底蕴的同时加入生态功能，提升其居住体验和审美价值，延续了百年老宅的生命力。也有一些精于手工艺的新村民回收利用老房的木材，进行加工制作，让百年老木重获新生。

（三）村规民约的设置，新村民与老村民之间的调和

大墨雨村的原住村民除了嫁入的媳妇和上门的女婿以外，基本上都是土生土长的大墨雨村人，因为大墨雨户籍涉及相关赔偿款、拆迁款等的利益分配，所以大墨雨村老村民很少有人将户口外迁。直到2015年李婷婷的到来在一定程度上打破了村里的宁静，后续越来越多的外来人进入村子，甚至用老村民和新村民的说法将村庄的人口进行了二分，使得这个村

子变得不同，首先面对的即是新村民与老村民之间的调和。新村民的进入不可避免地对村庄原有的社会关系和行为方式产生了一定的影响，而且因为新村民本身的异质性比较大，有些新村民是以"避世"的心态来此居住，而有一些新村民则带着商业倾向性而来，因此对于不同的群体应有不同的分析和判断。但总结而言，其中关键一方面在于新村民自己对于村庄的归属感和真诚度，以及参与村庄事务的积极性，另一方面在于老村民对于新村民的接纳程度。

由于大墨雨村里大多数都是没有出过远门、比较淳朴的村民，因此2015年李婷婷的到来让许多村民包括村民小组干部都充满了防备心理，村民小组干部直接在会议上质问相关村民"你带来的这些人是不是传销组织的，是不是邪教组织的"，但使得新进入的村民与老村民和谐相处的关键，是李婷婷的为人处世渐渐获得了村里人的认可，部分小组干部也很支持她的想法。"村子里（的房子）后来她又租了2处，她能扎下根、能住下去是（因为）她的为人处世，（她）在村子里还是深得民心（的），我们还有部分小组干部都很支持（她）。"

还有新村民在大墨雨村内建立了"墨雨村学"，提供儿童教育，逐渐在村内打造出了口碑，他们认为村民之间的口口相传是村学得到老村民信任的原因，而新村民也在这一过程中逐渐融入乡村。大墨雨村的村支书今年也把孙女送来村学上学，她认为要支持自己村内的村学发展，新村民也表示在村内有什么困难与需求也会电话联系书记。"面对城市人群宣传主要是通过公众号，但村子里的人很少会有看公众号的，更多的是口口相传，在这里更多的是看口碑，去年我们村学的孩子只有5个（含我自己的孩子），今年就陆续有老村民的孩子过来入学，都是要看到一些效果，看到一些其他人的评价。"同时，村学也提供女性进修相关课程，帮助有一定家庭压力和亲密关系压力的女性疏解，虽然他们对本村的老村民是没有收费的，但是老村民会给他们人情上的回馈，比如给村学送一些自种的菜、亲手制作的绣花鞋，以表示感谢。而新村民们也曾一同出资准备"千人宴"来宴请老村民，感谢老村民的接纳。

新村民对老村民的态度大致可以分为三类：第一种是抱有与其融合生活的态度，希望能保留和延续大墨雨村村民生活的方式。第二种是对和老村民的关系不过分期待的，有新村民表示大墨雨村的安静和老村民对自己的不关注是吸引她当时选择大墨雨村的主要原因。第三种是仍然觉得这个地方穷和落后，并对老村民的一些行为表示难以理解的。有的新村民对老村民疯狂建房、粗制滥造的行为表示不解："他们老村民会有这个村我有多少栋房子、我就多有钱的思想，也不在家里建厕所。这几年搞建设都搞疯了，搞了新渠，说是制造景观，但是破坏了生态。"

而老村民对新村民的态度大致也可以分为三类：第一种是与新村民积极互动并建立了良好的互动关系。这一类的村民一般情况下是因为租房的原因而与新村民产生了互动，老村民也逐渐接受了李婷婷等人所崇尚的"朴门永续"的理念，并且改变了原先的生活方式。"我现在养鸡、养鱼、种果树，我也慢慢学习着，自己种的和养的东西吃着比较放心。之前是能买得到就买，买不到就自己种；现在是自己能种能养的就自己养，实在不行了就买。"还有一部分老村民继续与新村民产生了雇佣关系，因而利益牵扯更为密切。"我觉得（新村民进入）挺好的，以前我们家主要是种菜，还会出去打点零工，现在我在村里的民宿帮忙，离家近，方便照顾孩子，也可以赚些钱。我们村子里很多人都想找这样的工作，但现在不需要这么多人。"第二类则是对新村民的进入毫无感觉，或者并不公开表达自己的感受，比如有些老村民表示"他们与我有什么关系，平时也不交流，有啥可交流的"。第三类则是对新村民的进入表示不满，"这两年来我们这旅游、租房的人多了，村里面应该检查这些来租房的人的身份，确定没有坏人，不然外面来的人多了会感觉没有以前安全。大部分来旅游的人都挺好的，但有的人会随便进到家里来，进来之前也不打招呼，比较反感"。

（四）直面问题，关注新村民对乡村治理的挑战

随着大量新村民涌入大墨雨，新村民的到来对传统乡村治理也提出了挑战。这些挑战存在于老村民与新村民的融合，但更多也体现在基本的村庄管理，特别是面对大墨雨的疯狂建房热潮，以及后续的村庄旅游发展规划。大墨雨的村民一方面需要进行房屋的再建，另一方面则是因为之前蜂拥而来的租房需求使得他们对于建房更有趋向性和动力。于是在2020年初，因为疫情和昆楚2号线征地的问题，大墨雨的村民开始疯狂抢建。尽管村干部一再开会强调不准乱盖乱建，但是疫情的隔离期显然给村民提供

了良好的抢建装修时间。除了以"抢建"的方式来争取补偿款之外，很多村民也选择在公共区域旁建房。一进村就可以看到在村广场和景观道旁边都有正在建设的房屋，而这样的地点在村干部的眼里也是"不可取的"。"说了不能建也没办法，广场那边的房子拆过一次了，但是拆了以后第二家又来建，来来回回的后来也没办法。第二家建了以后第一家又来闹，反反复复的，（工作）真是做不下去了。只要我们公家一动工，他（老村民）的房子立刻就建到那里。比如村学旁边我们挖了一条小河，我们一动工，村民立马就在旁边那里修房子……有一部分人是看大墨雨发展前景好，房子以后租得出去，或者他想做点小生意，因为我们本来想把那一圈搞成一个小集市，但是现在村里盖了那么多房子我们也没办法。"而就村干部而言，征地的补偿款显然给了村民以更大的经济支持，使得他们能短时间内建房以备之后的出租。老村民们也因新村民的入驻和随之而来的旅游业的前景而希望在此以自己的房屋作抵押来分一杯羹。

根据 2020 年大墨雨村所属的雨花社区针对"全国乡村旅游重点村"的申报数据来看，截至 2019 年，大墨雨全村年接待旅游人次已达 10.3 万人，已经算是小有名气的旅游村了。从村民到村民小组以及社区都是把大墨雨当作旅游村来畅想的，但是很明显，村内的基础设施并没有配套完善，在 2020 年更是因为在进村主干道上修缮的昆楚 2 号线的施工而使得进村道路更加的不平整，同时，垃圾的处理、公厕的卫生条件以及旅游风景区的规划等都没有成型。

大墨雨村及其所在的雨花社区也曾期望依托 2017 年以来新村民的入驻来更好地规划大墨雨村。社区曾在 2019 年申报了 2 000 多万元的资金用于美丽乡村建设规划，但最终只批下来 100 万元，用于建设村学旁边的水渠和凉亭景观，且截至 2020 年 6 月仍在施工过程中。

大墨雨的村干部对于未来的乡村规划仍保有忧虑，"觉得大墨雨现在是乱成一锅粥。"老村民无休无止地建房，不管新村民出于什么目的，不管什么人拿钱租房，老村民都不管不问不顾，只要给钱就租，不管什么人。尽管现在发展热闹，但从治理层面而言并不是良性发展，是恶性循环。2018 年底大量涌入租房的新村民让老村民看到了利益，之前反对的人也一窝蜂地开始出租。第一批新村民也向村干部反映过有很多的田地、很好的位置被占了。村干部也表示，"本来很多地是不能动的，结果全部盖了砖房，这里也弄那里也弄，就像城市里面的那个小广告一样。我们感觉那一栋栋房子就像一个个小广告贴在墙上，相当的不雅观。原来多么宁静的小山村，村里又有一群志同道合的人，但越来越多不同的人进来了，房子越来越乱。可那是他们自己的地，我们也没法管，我们也没有执法权，而且如果过分引导他们还反过来怨我们"。

不光是老村民，第一批新村民们对于村庄的发展也并不算很满意，包括对老村民不断盖房然后出租的行为和社区因为申报美丽乡村而设计修建的水渠景观。"他们（老村民）可能一辈子只有这样一次的机会获得这么多钱（指外租老房子一次性获得的钱），所以他们自然会觉得要好好把握住机会。然后新村民群里有几百人，很多人都（互相）不认识，各式各样的人都有，有些人不做事还反过来抱怨，（有）挺多（这样的人）。新村民的异质性增强，也并不是开始的核心圈了。（村里）这几年搞建设都搞疯了，搞了新渠，说是制造景观，但是破坏了生态，非常不和谐。"

老村民对村庄未来的发展并没有透露出非常大的期盼，也有人说等着之后要在村里开面向散客营业的餐厅，但是具体怎么做、在哪儿，却都还没有定论。新村民已经有人先行一步，租下了沿街连排的几栋老宅，想修成连街商铺的样子，做成小吃街。未来的大墨雨村变成什么样子，他们都还存留着未知的期待。

第十二章

"下山"：
山后村的易地搬迁

随着易地扶贫搬迁政策的逐步推进，为避免长久以来山体地质灾害的潜在威胁，山后村部分村民告别老村土宅搬入小海新村。搬迁农户尝试调整生活生产方式，促成村庄的二次变迁与发展。区别于早期的村民主动务工探索，由于易地搬迁后居住空间与生产空间的改变，呈现出倒逼生计模式改变的特点。同时，搬迁后的农户面临自谋生计的现实困境，缺乏稳定、有效、长期的就业政策支持。村民生活适应和稳定就业问题成为后搬迁时期山后村亟待解决的关键难题。

一、山后村概况

山后村隶属于昆明市寻甸县塘子街道钟灵社区，位于寻甸县东部，距离县城 16 公里。山后村坐落在钟灵山脚，是一个传统的苗族村落，村民基本全部为苗族，村内居民分 3 个小组共 56 户人，其中一组的地理条件稍好，二组和三组处在钟灵山更深处的滑坡带，房屋后的山坡曾发生过多次小规模滑坡并将防火巡山的道路冲毁。山后村的耕地、住房在山谷中依次排开，村内地势陡峭，四周的山体不少呈接近垂直状，曾经有村民在放羊时坠落身亡。为了避免山体地质灾害的潜在威胁，2017 年寻甸县将山后村二组、三组的全部和一组部分村民共计 33 户、114 人搬迁到距离山后村 8 公里外的小海村陆良地，建起了"小海新村"，现在山后村只剩下 23 户人。搬迁户在山后村的房屋被推倒，不允许再重建。为了方便村民搬家和今后回村种地，政府拓宽延伸了原先只修到一组的进村路，并简单地用石子铺垫，过去二组和三组的道路只能通行牛车，而目前能够通行摩托车和农用三轮车。

图 12-1　山后村搬迁新址"小海新村"

二、山后村的发展变迁

（一）山后村的由来

寻甸县的苗族主要从贵州迁入，自称"阿卯"，系大花苗支系。山后村的苗族自然也来自贵州，据传是当年为了躲避山贼从贵州一路迁移到云南寻甸，最后定居在距离山后村不远的地方。村民朱天国说他的姥姥是最早一批抵达山后村的人，他告诉我们，山后村的原址比今天要靠近公路一些，后来因为原址有部队驻扎而搬迁，部队首长同意村民可以继续将祖坟安置在原址，因此现在每年节日还有村民会进部队祭奠。搬迁之后逐渐有更多人流落至此并定居下来，最终在钟灵山脚下形成了3块聚集地。

（二）山后村的交通

山村的日子是平静的，远离中心地区，加上少数民族语言不通，所以中华人民共和国成立以后的一系列政治运动在山后村并没有掀起什么波澜。一直到分田到户以后，村里因为经济分化逐渐开始有人口流动，山后村才逐渐和外界社会联系在一起。过去交通十分不便，村里人去一趟塘子街道要早上8点出门，晚上6点才能到家，更不必说寻甸县城。在2010年左右，生活条件变好以后村中很多家庭购买了摩托车和三轮车，取代了牛马车，加之在 2014 年左右从 248 国道到山后村的泥路完成硬化，这才结束了山后村靠天出行的局面。

（三）山后村的苗族文化

山后村长期与世隔绝，苗族文化保存得较为完整，通过对山后村村史馆的观看和对村落内老人的走访闲谈可知，苗族传统文化始终深深地镌刻在山后村的村史与生活中。直至包产到户后，山后村与外界的交流才逐渐增多。随着老村农户的易地搬迁，一些传统的苗族元素也开始逐渐地消失，传统文化的留存与继承也呈现出明显的年龄结构差异。

1. 苗衣苗食

在山后村调研的几日，由于村内房屋两两相对、十分齐整，我们时常会遇到一些穿着苗族传统服饰的年轻姑娘或阿姨老奶三两一伙地闲坐门前、互唠家常。前两日我们还难免拘谨，随着对各家各户熟门熟路，也渐渐成为这些阿姨们闲聊的忠实听众。每每谈到最引人注目的苗族服饰时，这些姑娘、阿姨总是滔滔不绝。年龄较大的阿姨们告诉我们，过去自己会穿苗族传统的裙子，但是因为很重，干活不太方便，加之有些阿姨生病，所以就不穿了。她们的女儿平时也不穿，但在重大的节日和活动还是会穿传统的服饰，织造衣服的手艺目前还是在自己家中传承下来。现在的苗族传统服饰早已不像过去，不管是具体的技艺手法还是选材用料都和以前有很大的区别。在选材用料上，以前的苗衣往往是自己种大麻，自纺自织，衣服都能自给自足；但是现在，很多人的衣服往往都是棉麻混合甚至是全棉制作而成。很多青年人会选择去苗族聚落内寻找技艺精熟的人代做，不仅仅是因为一些年轻人的制作技巧比较差，也是因为往往一套合适的苗衣制作需要 3 个月的时间，对于年轻人来说，她们也不愿花费这么多的时间和精力。而年轻的苗族姑娘对于手工制作苗衣也有她们自己的想法：在小时候，会觉得苗衣非常好看，也会有浓厚的兴趣去学习苗衣的制作，到成年之后，平常生活中的简单服饰更多还是倾向于自己制作，毕竟一整套苗衣的代做费用还是很贵的。但是对于结婚出嫁所需的百褶裙还是更加倾向于寻找手工非常好的老年人来购买。她们其实并不像老人们所说的不愿意学习这门手艺，只是她们最感兴趣的修改衣服的手艺技巧甚至很多老年人也不会了。而且因为禁止种植大麻，导致制作这类服饰所需的传统原料很难获得，渐渐地手工制作的最传统的苗族服饰在村落内逐渐消失，她们认为这是一个普遍的现象，并不只是发生在她们的村落。

图 12-2　山后村苗族的传统服饰

作为传统的苗族村落，尽管一些苗衣的传统技艺逐渐遗失，但是传统习俗继承较为完整。在山后村，苗衣的穿着不仅有着性别之分，对于女性而言，已婚与未婚穿着差异也非常大。未婚女子一般上身穿大襟短衣，下身穿各种百褶裙，少数年轻的妇女加穿棉鞋布裤，脚缠绑腿。而已婚女子多挽锥形发髻于头顶，多喜木梳发卡。在村内一些阿姨会把头发缠绕着盘起来，然后插入铁叉定型（苗语：带周居居），最后用绳子在头发周围缠绕以固定，标志着妇女"结婚有小孩"，但她们的女儿已经不遵照这项习俗。总体而言，苗族服饰的特点主要表现在头饰、花衣裳、百褶裙、花围腰、绑腿等服饰上。男人的头饰往往比较简单，多为黑色、青色的包头布，表示"戴孝"。妇女的往往比较复杂，分为已婚与未婚两种头饰，未婚为高髻，表示自然大方；已婚为矮髻，显得高贵、华丽、威严。花衣裳的穿着要求较少，男女皆可。而百褶裙是苗族妇女的盛装，是苗族历史的真切写照，也代表着苗族人民百折不挠的精神。百褶裙上的黄布条代表黄河，红布条代表长江，记录着苗族部族曾生活在长江与黄河流域；裙上的菱形图案与交叉线条，代表苗族人生活在平原与交叉的道路；花边表示城池与疆域。百褶裙的工艺非常复杂，曾是每个苗族妇女的必修课，也是过去检验苗族妇女心灵手巧的标准之一。最后，谈到苗族服饰，不得不提到绑腿，这也是苗族人民十分具有代表性的特点之一，十分容易让人联想到其与生产活动有着密切的相关性，它代表着苗族人勤劳、勇敢的性格，是长期迁徙与狩猎为生的象征。据说苗族为蚩尤部落后人，绑腿是为了在与炎帝的斗争中时刻准备战斗，是为了纪念这段历史而形成的服饰特征。但是在调研过程中我们发现，目前山后的苗族村民多以穿着百褶裙为主，其他的民族服饰特征并不明显，有些据他们而言已经逐步被取代。这些不免与21世纪以来村民多外出务工有关，越来越多的现代工艺正在进入村内，逐步取代更为传统、费力、费时的苗衣制作。

而在饮食文化中，山后村的苗族部落并未保存有过多的苗族特征。调研中我们有幸叨扰了村民小组长家，感受了山后村的饮食风俗，其中最为有特点的应该是苞谷饭，是将苞谷粒磨成苞谷渣，然后根据人数取适量苞谷渣清洗后上锅蒸，随后冷却后洒水再蒸制成。近年随着生活条件的好转，苞谷饭不再作为困难时期度日的一种饮食选择，而是逐渐成为山后村苗族聚落的独特饮食。在与多位村中老人的访谈中我们了解到，山后村苗族比较习惯安逸恬静的生活节奏，村中男性多爱饮酒，酒文化也是这个小苗族聚落中较有特点的茶余饭后的闲谈之姿。

2. "权权房"到"集体白房"

由于山后村刚刚经历了易地扶贫搬迁，村落也一分为二，部分一组村民仍生活在老村主村，而33户居于具有潜在地质灾害威胁地域的村民全部搬迁至小海新村。搬迁前后村内的房屋也呈现出众多的差异。在过去，住房主要是以土坯房、茅草房或是十分简陋的"权权房"为主。住房建材用料也经历了草房、土房、空心砖房和砖房四个阶段。最简易的草房的屋顶是由茅草覆盖，墙体则是由木头搭建，土封边而成；传统的土房的结构屋顶是用瓦片覆盖，墙体依旧是由土构成；随后出现的空心砖房墙体多是空心砖建成，屋顶是石棉瓦；砖房则是经历了红砖建成和钢筋水泥建成，也是目前很多山后村居民房屋的搭建用料与建构方式。

目前，在长久以来的政策帮扶下，山后村苗族村寨村民的房屋居住条件已经发生了巨大的改变。在1 000余万元的项目投资后，小海新村33套全新的安居房投入使用，每套105平方米；新村内还安装了太阳能路灯，为村民的安全出行与夜间生活提供更多亮化保证；其次，新村内还统一修建有集中养殖区域，设有村内公用垃圾房以及公厕、健身器材、村级活动室等基础设施。尽管新村有一些设施存在利用开发不足，村民休闲娱乐等相关基础设施建设也仍需改进，但其相较于老村的居住条件已经发生翻天覆地的改变，村民也在逐渐告别过去传统的生活生产方式，适应新村内更加现代化的人居环境。

图 12-3　山后村房屋修建的风格变迁

3. 婚丧礼节

山后村的苗族聚落在婚姻生活上过去有着非常重的民族观念，但现在已经出现部分苗族村民与其他民族通婚。村内一位汉族儿媳认为现在的苗族婚姻观念相较于过去已经开放很多，她认为："现在苗汉或者是苗族与其他民族通婚出现较少主要还是因为语言障碍。"她嫁入苗族村落后，各方面都比较适应，无论是饮食还是住宿环境，但是在语言上，由于村民多讲苗语，语言障碍成为日常生活中进行邻里家人之间沟通的最大障碍。传统的苗族婚礼中有订婚、过礼、娶亲、回门等习俗，但是由于外出务工比例的提升，传统婚姻流程也在不断适应现代生活节奏做出简化调整。一般苗族娶亲时，不论远近，男方一般都会在女方家住一夜，第二天离开时，女方舅舅会带头举行必要的盛大仪式，娘家会送牛、猪、鸡等，叫"姑娘牛""姑娘羊"，但是现在女方陪嫁一般会像汉族一样用家具代替牛羊，在仪式完成后，女方的宾客会唱《送客歌》送新郎、新娘上路。在婚礼中最大的变化可能就是礼金多少的变化，张翠兰阿姨谈道："嫁女儿需要准备的东西没啥变化，只是数量上有了变化，过去穷，大家准备的东西都少，互相之间不会笑话，但是现在拿得少会被人看不起，七八年前嫁女儿开始出现冰箱、电视，去年开始则需要准备小汽车。"

在调研过程中，调研组还发现2家上门女婿家庭，其中一家的陆慧芳分享到："家中只有姐妹2个，姐姐远嫁到别的村落，父母无人照料，所以选择招亲（也就是上门女婿）。但是家中基本都还是丈夫做主，家中父母由丈夫与自己一同赡养。"目前村内的2个招亲家庭主要都是因为家中缺乏男丁，以招亲顶门、预防养老为目的而进行的招亲。男方来到女方家中后，也基本不会再与之前家庭有过多联系，在村中大家普遍认为这只是一种形式，并不会有实际身份地位的差异，对于招亲女婿往往也不会带有歧视的色彩与目光。

本村苗族的丧葬文化比较简朴，与喜宴相似，一般有红白两事村内会集中帮忙。整体的丧葬流程主要包括洗身、装棺、出殡、下葬四个步骤。一是洗身，一般本村老人病重的时候，家人会守在身边，直至老人过世以后，家人要为去世的人穿上用生麻布做成的新衣，加一块生麻布盖住亡人的脸，并用麻腰带缠腰。这是由于相传，麻衣、麻布片、麻腰带是亡人在阴间报道的凭证。此外，家人还会请村内长者遗孀织一双草鞋穿上，据说亡人到了阴间要走很久、很长的路，穿上草鞋更加方便。二是装棺，是指出殡前要进行装棺。寓意为人与树木一样，都是顺势长。三是出殡，出殡前会寻找领路人指路念经，寓意帮亡人寻路，顺利到达阴间。四是下葬。苗族的坟墓过去多为东西向，头朝东、脚朝西，寓意为苗人来自东方，只有死后头向东方，才能魂归故土；而现在一般依照山势而建。随着近年殡葬改革的推行，越来越多的村内老者去世后选择以火葬的方式进行安葬。而原先的村内墓地一般是就近选山、依山而建，因此，走在前往山后村的道路两旁的山丘之上，往往能看到很多的苗族坟碑，相对于整齐有序的烟叶种植，零次散落的坟墓显得有些特立独行。每当看到这些，便像看到传统的苗族山后村落融入现代文明生活时的挣扎与交融。随着殡葬改革，这些传统的苗族坟墓也成为留在历史中的传统文明。

而谈及本村的节日文化时，村中无论是妇孺老人还是青壮年劳力，都会不约而同地提到"花山节"这个苗族最为盛大的节日，其地位甚至超过传统的苗年。苗族的"花山节"（亦称为踩花山）在农历五月初五，是最盛行、最隆重的传统节日，但往往为了避开农忙时节，也会选择其他时间。一般在节日期间，各个村落部族的苗族民众会穿着盛装出行。对于外地苗族同胞，本地苗族同胞会设置"拦门酒"用来表示欢迎的含义，并旨在尽到地主之谊。"花山节"的节日庆祝方式与流程有很多种，有跳芦笙舞、拉手风琴、射弩以及斗牛等活动。时至今日，山后村"花山节"已经逐渐演变为整个塘子街道的重要节日，很多其他民族也会前来感受这里浓重的节日氛围。在山后广场，每年还会举办"摸鱼节"，这是整个塘子街道共同的欢庆节日，每年基本都于可以在水稻田中摸鱼的时节举行。据村内老人与塘子人所言，节日这天的县道会堵得水泄不通，很多非常远的村落与其他街道的人都会从十里八乡赶来一同热闹。因此，山后村的苗族特色节日也与汉族和其他民族文化产生了很多交融与演化，而很多最为传统的苗族文化其实也得到了非常好的宣扬与推广。此外，由于本村的苗族受到外传基督教的影响，所以村内有一部分人信仰基督文化，导致在一些家庭的婚丧节日中也会遵循西礼，时常还会过"感恩节""圣诞节""复活节"等节日。

4. 苗文苗医逐渐消失

在多日的访谈中，每每谈及苗族文字，村内老人的回应多是一种惋惜的叹息。村中年轻人普遍只会说苗语，苗文既不认识也不会写，这项传统文化正在苗族逐渐汉化的今天走向没落与消逝。很多受访者都表示：自己会唱苗族的歌曲，但子女只会一点，相比较起来待在家的年轻人会得多一点；苗族文字以前老人会教，村里现在会写的比较多的只有张正友，其他人只会一点；自己的孩子们都不会写，自己会说，但是不认识字。村中苗族文字的消逝一定程度上与包产到户以后就不再办苗语学校有关，所以村里人不认识苗文，文书现在也没有保留了（相当于苗文的课本）。

而谈到苗医这一具有神秘色彩的独特职业，张有发村民小组长有很多个人感触。我们在调研最后一日与其的闲谈中才了解到，他可以算得上本村的苗医，自小便对很多中草药相熟，这都源于他的父亲本身是村子最后一代苗医，小时候他常与父亲相伴上山采药、试药。但是对于下一代苗医，他谈到已经找不到后继者，也不愿让自己的儿子接班。因为采药、尝药与配药皆有毒性，尽管苗医在很多独特的病症上有独特的疗效，但危险系数也非常高。因此村内的苗医正面临着消失的危险与困境。

图 12-4　苗医的传统用药

（四）山后村的经济发展变迁

山后村在历史上是一个非常典型的中国传统农村，十分闭塞、基本与世隔绝。村民们靠山吃山，捡拾蘑菇、挖草药，放羊、放牛，埋头在土地中讨生活。最早山后村与外界物资交换依靠打猎，后来禁止打猎以后就转向挖草药。但以农业为主的山后村村民生活主要还是依靠着自己的土地，每个人拥有的土地多少、土地所处位置决定了村民的生活水平。包产到户以后村里逐渐出现贫富差距，最初的差距体现在三个组中，一组相比于二组和三组的经济条件更好一些，因为一组的土地比较集中且平坦，而二组和三组的土地较少、地理位置更深入山中、土地倾斜程度大、粮食产量很低。在分田到户以前，村里没有外出打工的人，直到分田到户以后生活水平出现差异了，才有人开始外出在周围的砂厂、采石厂做散工。随着人口增多后分家带来的土地分散，山后村在最近20～30年间形成了以土地占有面积和所处位置为基础的贫富差距。土地多的人能有多余的粮食开展养殖业，因为虽然山后村背靠钟灵山有大片的山地可供放牧，但如果牲畜不吃粮食就不会长肉，甚至会饿死，所以土地多的人能够养许多的羊换钱，而土地少的人则只能养几只羊，除了少数用来吃以外更主要的作用是收集羊粪补充地力。这些地少的人需要通过挖草药换钱维持生活，在山后村，家家户户过去都会上山采药。

2000 年，村里的朱老师家买了村里第一台电视。以前村里只有收音机，早期没通电时还只能用干电池收听。有电视以后，每天晚上村里人都在朱老师家看电视，虽然朱老师人很好，也主动邀请村里人去，但是去的次数多了村里人还是挺不好意思

图 12-5 老村的传统农业生产

的，所以逐渐其他人也就开始省钱买电视。张秀枝 2002 年的时候攒够钱买了自家的电视，后来又去借钱买了洗衣机。张秀枝是张有发的妹妹，也是村里最早去外省打工的人。2004 年的时候她之所以出去打工是因为自己丈夫家只有 1.5 亩的坡地，粮食产量极低，往年都主要依靠挖草药为生，一年的收入大概 2 000～3 000 元，但经过数十年一轮又一轮的挖掘，钟灵山的草药基本被挖光，所以她们一家不得不外出谋生。从这个时候起，村里一部分人开始逐渐外出务工，一部分人仍然留在村中从事农业。

张秀枝是村里第一个去外省务工的人，但不是第一个出远门并长期在外务工的人。我们采访时正在家照顾父母的朱天国确信，自己 1999 年和张正友大哥家的儿子去昆明打工时，村里还没有人出过远门。朱天国的堂姐夫在昆明某茶厂当小组长，于是朱天国的第一份工作便是进茶厂做了一名茶厂工人。他在茶厂干了 3 年，每月工资 600 元，每年过年回家时都会有人问他茶厂的待遇怎么样、活好不好干，在了解到一些情况以后村里就有其他人自己去昆明找活。在他之后，2002 年左右原村民小组长张正友因为汉话说得好就跑出门去修铁路，在之后的十几年中村里有不少人受他的带动去到铁路工地。2004 年时张秀枝的一位亲戚告诉她浙江义乌有家印刷厂正在招人，按照她的话说是"不挑人"，只要有力气，即使没文化也可以。于是张秀枝和丈夫就收拾东西去往浙江在这家印刷厂工作至今，这家印刷厂的待遇并不算好，甚至和其他行业公司比

起来较差，但之所以一家人现在连儿子也过来工作，她认为究其原因是这家工厂从老板到管理人员都非常尊重、包容、愿意耐心教导他们这些少数民族出来的人，在访谈过程中她多次强调这一理由。他们一家在外打工是非常节约的，刚出去工作时张秀枝觉得挣钱不容易，有时候甚至会饿着肚子去上班。后来她的领导和工友常常劝她该吃该喝，对自己好一点，不要过于节省，现在张秀枝认为自己变得比以前更大方、更舍得花钱了，不过她说自己现在买得最贵的衣服也就 40～50 元一件，对于朋友们买 200～300 元一件的衣服始终是觉得不划算。2005 年底回家过年时，有村里人也问她在外边打工怎么样，她还是介绍说"工资虽然低一点，但领导人很好，尊重我们"，所以 2006 年初就有 10 多位山后村的人和她一起去浙江。

2006 年，在家待了好长一段时间的朱明国参加了寻甸县劳务局专为文化程度不高的少数民族组织的外出务工团，前往深圳一家皮鞋厂干活，每个月工资 1 100～1 200 元，他在这家厂一共做了 4 年。那时候每年他要给家里寄 8 000～10 000 元，过年的时候留下 1 000 元够自己花销就行，平时自己吃住都在厂里，每天穿着厂服也不需要买新衣服，2008 年他的工友买的手机都已经能上网用 QQ 和微博，他自己仍用的是一部只能接打电话发短信的老款手机。2010 年朱明国回山后村待了 1 年，这个时候村里好些年轻人开始去昆明打工。2011 年他再次回到深圳进入了一家电子厂，工资高了不少，尽管只在电子厂待了一年半便回了家，但朱明国在这期间发生的变化却是非常大的。在那期间他交了个湖南的女朋友，出去玩的时候女朋友希望他能换一个好一点的手机。这样出去有面子一些，于是他在 2012 年换购了一部新上市价格不菲的诺基亚智能手机。交了女朋友之后花钱的地方开始多了起来，要去各个景点、饭店和网吧等，他坦言那段时间有多少钱花多少钱，那年也就没有给家里寄钱，第二年带着最后两个月的 6 000～7 000 元工资回家，回家时买的机票，因为不想坐又慢又挤的火车。李明国认为，过去自己在深圳能存钱是因为放假不出门，老乡也大多有家庭，因此顶多偶尔放假聚餐吃一顿；而第二次去深圳他则学会了大手笔消费，这一习惯延续至今，现在他和张正友等老乡一起修铁路，其他人一个月只花 300～400 元，而自己要花 1 000 多元。

留在农村从事农业的人有的土地较多，通过种地养牲口就能有不错的收益。张绍才家在没有搬迁以前有 6 亩地，每年要养 60～70 头牛和羊（羊居多），每年仅靠卖牲口就有纯利润 2 万～3 万元。但是张绍才家老房子修得不好，现在的新房子内饰也很一般，按照村民小组长的说法，张绍才家之所以如此是因为他家"不会计划"，每年卖完羊以后得到的钱就在寻甸县、塘子街道这些地方花完了。和张绍才家相反，土地颇多的现任村民小组长张有发是个会精打细算过日子的人，他种地、养牲口、采草药、挖灵芝，通过自己的勤劳，在山后村给大儿子修了一层钢筋水泥房，搬迁以后又全款给两个儿子买了车，我们在山后村调研期间对他紧凑的活计安排多有感受。

一些土地较少的人往往是家庭成员分工，以兼业补贴家用。张翠兰今年 51 岁了，以前住在山后一组，20 多年前结婚以后她为了照顾家庭就一直在家没有外出。他们家只有 2.8 亩土地，所以在种地和养牲口的空闲时间她的丈夫会在近处打散工挣点零花钱，平时家里吃米用玉米换，吃肉是自己宰猪。还有的人仍然会在农闲季节坚守着每年进山采蘑菇、挖草药，张晓艳是个采蘑菇的能手，普通的人一年 2～3 个月的忙碌只能挣到 7 000～8 000 元，而她能挣 1 万～2 万元，她的丈夫也常年在山里挖草药。

到了 2013 年，平静的山村响起了新一代房屋建设的号角，当时距离张正友的长辈带动村里将住房从茅草屋转变成土木结构的瓦房已经过去了 20 多年。村里谁是第一个建设"第三代"房屋的人没能考证到，但 2013 年左右砖房陆陆续续地出现。这种房子总价一般在 9 万～10 万元，很多人修房子会借个 2 万～4 万元左右，房子修好一家人又继续出门打工还债。2015 年脱贫攻坚开始以后，政府提供了建档立卡户 5.1 万元、非建档立卡户 4 万元的新房建设款。

正是因为房子修好了，所以 2017 年搬迁时一些人舍不得自己的新房子不愿意搬迁。2017 年小海新村安置点建设完毕，33 户人搬进了新家。移民点的房子建筑面积 105 平方米，总共造价 11 万多元，如果一家有 5 个人及以上则不需要交钱，否则需要按照比例补钱。搬迁以后政府为每一户配套租了 2 亩地，租期 10 年；建设有牲畜圈 2 间和多个扶贫香瓜大棚。

在搬迁前2年，张翠兰家觉得没有钱花，必须要出去打工，所以她的丈夫和姑爷跟着张正友外出修铁路，自己和女儿则在家种地，2020年则因为疫情她和女儿担心姑爷的安全没让其出门。年纪较大的张翠兰觉得现在的100元和以前相比"不禁花"，她说：10年前自己可以用100元买很多的东西，但是现在每天有车开着来卖东西，孙子爱吃水果、果冻，一次买7～8元，一天要花20～30元。

新修的小海新村没有人气，走遍整个安置点，只有少数几户有人在家，村民小组长告诉我们，新村的人基本上都在外打工。山后村自从2012—2013年开始外出打工的人就多起来，但搬迁以后几乎全村人都出门务工，现在整个小海新村和山后老村都看不到什么人。我们很疑惑，走乡间小路，山后村和小海新村仅有10分钟左右的车程，为什么会对人口流动产生如此大的影响。村民小组长告诉我们，一是因为小海新村位置好一些，外地招工的老板会来，工作信息多，而在山后村很少有渠道了解工作信息，二是村里的年轻人原本就不喜欢从事农业，他们接触的环境不一样，更喜欢出去打工。和人少相对的是车多，新村大门口的小广场上停放着好几辆崭新的汽车，后来了解到这些车都是近2年才买的，在搬迁之前全村只有2家人买车，一家务工，另一家是朱老师家同样当教师的儿子，搬下山来以后则家家户户都买车。村民苏子龙认为大家买车有两方面的原因：一是现在门口每天都有车跑，看到以后羡慕自己也想买；二是现在很多人都要出去打工，有车方便。这些车很多都是分期购买，先交点钱就能开回家，像张有发那样全款给儿子买车的很少，大家争先买车还是有几分为了"面子"。2019年新年，小海新村很多人回家都开着车，引得一位在家的村民也告诉自己的儿子"学完驾照就给你买个车"，尽管他的儿子每天都在家和他一起务农。

和搬迁前一样，留守在村中的仍然是老人、妇女和儿童，他们在村中从事农业，搬迁后平时要在新旧两村之间折返。小海新村的地每户只有2亩，所以还是不能让老村的地抛荒，而且搬迁以后村民卖牲口获得的收入大大减少，因为在山下他们没有自己的山林，所以不能像过去那样每天到山里放牧，政府配套修的牲口圈太小，很难大规模地圈养，只够养两头猪吃肉。2019年，因为"非洲猪瘟"养殖户们损失不小，张翠兰家2头200

斤的肉猪、1头老母猪和几头
小猪都死了；像张绍才那样
过去的养殖大户现在也将养
殖规模缩减到了原来的1/3，
每天下午他只能赶着牲口沿
公路两旁吃草遛弯。而村民
小组长家因为大儿子没有搬
迁所以在山后村仍然有房子，
我们去参观时看到其母亲还
帮忙养着20只羊（每只可卖

图12-6 山后新村的家畜饲养

800～1 000 元）、5头牛（每头可卖上万元），他自己又在各处放置了40
多箱蜜蜂（一箱蜜蜂每年所产可卖200元左右），每年的收入非常可观。

对于留守在家的这些人而言，过去种地、养牲口和打散工是生活的三
点一线。但是现在村里少有年轻壮劳力，老人和妇女农忙时节都很难找到
个人帮忙，地里的收成有限，所以他们更希望通过村里相互换工完成播种
和收割，而不是花钱去请外人帮忙。虽然政府宣传"在小海新村旁建设了
香瓜种植大棚，有计划带动群众创业增收，保证贫困户有稳定收入"，预
期每年能有几个月雇佣村里的劳动力，且香瓜大棚招工价格为80～100元
/天，用工集中在种植和收获期，每年仅有2～3个月的忙碌，少的时候一
天招5人左右，多的时候一天能招18个人，但实际上香瓜基地只有第一

年在村里招了人，后来则因
为老板认为村里人的技术不
行便不再招工，而是从外地
引入工人。不过部分家庭又
将政府给的钱中的7 000元投
入香瓜基地参与分红，合同
规定每年返还其700元。

尽管年轻人都外出打工，
但他们的根却还在山后村和
小海新村，因为他们还离不

图12-7 搬迁后政府的香瓜扶贫产业

开赖以生存的土地。他们年老的父母在家中种着地，自己则年复一年地往返于工厂和家。谈起因打工与自己儿女分离的无奈时张秀枝不禁落泪，尽管现在他的儿子和侄子都随着她一起去印刷厂打工，但不多的积蓄定然是不能支撑一家人在浙江立足的，回家仍然是绝大多数山后村人的必然选择。

（五）山后村的乡村治理

山后村虽然叫"山后村"，但其并非一个具有完整建制的基层组织单位，它隶属于钟灵社区，是钟灵社区下辖的村民小组，而张有发是村民小组的小组长，但周围人都叫他"村长"，所以我们也就入乡随俗称他"村长大叔"。张有发是2012年左右由村民选举为小组长的，每月工资400元，他的前前任是辞职外出修铁路的张正友。在成为小组长以前，张有发是一位木匠，常常在农闲时节出去给别人打家具、做木工，应该说是有一门不错的手艺，但在当了小组长以后他就很少出门了，尤其是脱贫攻坚任务开始后，因为时常有各级领导来视察采访，必须要由他这个小组长接待，社区的干部告诉他不要出远门以免找不到人。

"各人自扫门前雪，莫管他人瓦上霜"是农村政治生活的写照，缺乏公共事务的农村少有"治理"的说法。在精准扶贫以前，上级政府对山后村的管理相对松散。精准扶贫开始以后，政府的影响逐渐加大，例如义务教育实行得更加严格。在过去，由于当地义务教育设置有学生流失比，只要学生在校人数达到比例，对于辍学的学生只需要做工作劝其返校而非强制要求，所以过去山后村的学生许多小学毕业以后就在家玩2年，等着满16岁便出门打工。而在精准扶贫以后，所有未成年村民必须要接受完整的义务教育，辍学的学生会由村干部到家做工作令其强制返校。

搬迁以后，村内居住空间更加紧密，公共空间增加，这必然为村民小组干部增加了一些工作。小海新村内的公共道路由社区指定的一位村内家庭困难者打扫，工资每月400元，每周打扫1次。村里的垃圾则由各家扔到指定位置，放满以后村民小组长张有发会开自家的三轮车将其拉到垃圾场。除此之外，张有发还负责管理村内用水，村里的水是用泵从深井提上来的，每吨收费3元，据张有发说，收的水费不够成本，他自己每个月还要添钱。

图 12 - 8　搬迁后村中的小学——钟灵小学

入住小海新村，村内开展过卫生评比活动，对各家庭卫生情况进行打分、排名、奖励。在调研过程中，虽然村内的苍蝇很多，但除个别家庭以外，基本每家周围都没有污水、垃圾等，对一些不讲卫生的家庭张有发也会去提醒。山后村不需要太多的治理，这里的人已经习惯了自理。与村委会打交道、处理公共事务都是村民小组长的职责。在山后村，张有发担任小组长应该说并不是为了 400 元/月的报酬或是"当官"，更多的是认为村里都是亲戚、熟人，大家信任自己，所以愿意在家待着搞农业而不是外出务工挣更多的钱。我们问他："为村里做事还要贴钱，没想过多收一些吗？"他说："都是亲戚朋友，吃点亏没关系，反正钱也不多。"张有发直到现在也不是党员，尽管社区、街道的领导多次要他入党，但都被他拒绝，他认为自己还不够入党的标准，现在在村里做些工作是他应该的。

三、山后村易地搬迁过程中的经验和启示

（一）现状思考

在我们调研时，山后村的易地扶贫搬迁项目已经告一段落，村民对于搬迁后的生活也已经适应了近 3 年的时间。在搬迁初期，很多年龄较大的村民普遍对于搬迁后的生活比较不适应，这种不适应也更多集中于家畜养殖、土地耕作、生活方式等方面。在家畜养殖方面，村民更倾向于老村地

广人稀、便于放牧的养殖模式，无论从养殖空间还是养殖成本来看，在老村生活期间，村民往往可以依据个人计划与生活需要规划自己的养殖规模。但搬迁后，由于公共养殖空间的规范，自由放养式的养殖模式一定程度上限制了他们的养殖规模，也间接影响个人家庭收入，对其生计也产生一定影响。在土地耕作方面，对村民而言搬迁后最大的挑战便是距离，特别是家与原先土地距离的增加，提高了他们耕作的时间成本，使整体土地管理难度增大，特别是对于一些出行不便、家中缺乏劳力的农户而言，搬迁反而使其土地出现部分荒废，难以实现有效管理。在生活方式方面，对于一些习惯在老村生活的老人而言，他们普遍认为老村的生活空间更大，生活环境更加舒适，邻里之间的距离更加贴近；搬迁后的初期，他们并不适应高墙院落和整齐划一的房屋规划格局，这也加深了他们对于老村自由散落的房屋分布、惬意自然的生活环境的怀念。面对这些搬迁后生活、生产的不适应性，其中一些问题时至今日依旧深深困扰着这些农户。

相较于这些上了年纪、习惯老村生活的村民，村中年轻人在访谈交流中却不时地反映出对于搬迁项目的认可。对于不同年龄段的青壮年而言，其对搬迁生活的渴望程度存在些许差异，促使他们向往搬迁的原因也存在一些不同。绝大多数的适龄劳动青年在搬迁项目推行之初便较为积极，对于塘子街道、钟灵社区以及山后村内部的动员接受较快。据他们所言，愿意开始新的生活主要是由于无论在交通、生活购物还是孩子的教育上，搬迁地都更加便利。更为重要的是，近年来村子里兴起打工热潮，新居在公共空间上更为平整，能充分满足个人买车、停车的需求，还能为集体外出务工提供更为便利的交通条件和务工信息交互平台。而对于村中更为年轻的青少年而言，相较于老村房屋，搬迁地可以更加方便地牵引网络，同时，便捷的交通为他们进行互联网络购物提供了良好的基础设施条件，每天定时定点的小商品车辆与贩卖蔬果的车辆使得生活物资选择多样化，与同龄人接触得也更加频繁。因此，对于他们而言，易地搬迁的过程更像是实现他们融入现代生活理想的过程。

尽管由于年龄差异，不同年龄段的人对于搬迁后生活的评价大相径庭，但是两者在某些方面达成了出人意料的默契。这样的默契主要集中在以下几个方面：一是对于更多房屋生活空间的需求，村中绝大多数家庭人口众多，但是新村实际房屋面积并不能充分满足农户需求，目前渴望加盖二层的意愿在农户中普遍存在。二是很多村民（甚至一些青壮年村民）表现出了对于老村生活的怀念，特别是对于老村美丽的生活环境的向往，这也侧面反映出目前新村的公共空间建设与美化程度仍存在严重不足。三是村民普遍对现在的产业帮扶现状难以满足，特别是对于香瓜基地提供的就业帮扶政策存在普遍的困惑，其岗位不仅缺乏稳定性，甚至现在基本不招收本地村民打零工，这反映出目前就业与生计保障成为村民迁下山后最为直接的困难所在。

（二）未来的展望

山后村作为一个非常典型的传统苗族村落，在长达数十年甚至近百年的时光内与世无争，并未受到外部世界的过多关注与影响，始终保持着较为传统的生活生产方式。直至改革开放后，受惠于土地政策的变化，山后村才尝试适应并接受现代生活；到21世纪，村民才逐渐克服故土难离的思想，尝试外出务工，保守而贫苦的村庄中也逐渐出现第一批创业、务工致富的优秀村民。对于这样一个纯正的少数部族村落而言，这些人也成为撬动村民主动接触现代生活与外部世界的直接动因，通过口口相传的务工体验使全新的生产生活理念在村中引发热议、为村子注入生机，打破了山后村这一泊平静多年的湖面。

而在扶贫政策推行以来，山后村因为实际生活环境与地质原因享受到了扶贫政策的红利，成了易地搬迁扶贫政策的实际受惠者。凭借政府的资源与力量，这个保守的村落正在上演第二次的变化与发展。相对于改革开放后村庄的自我适应与探索，这次的蜕变似乎来得更加迅速、剧烈，却又相对和谐、全面。不同于之前的外出务工的浅尝辄止，山后村呈现出居住场所与生活空间的改变倒逼其生产生活方式改变的特点，从以"盘地"为家庭支柱到现在适龄青壮年以务工为谋生主要手段和家庭收入的主要来源，这个村庄正在政策的支撑与保护下，以较小的代价进行生计转型。尽管在生活方式与生活空间上村民仍存在一些争议，但据我们与村民的交谈汇总不难发现，绝大多数难题的深层原因依旧是搬迁后生产生活的困难所导致的。对于现在的山后村而言，村内生计多为自行谋取，村民更希望街道、社区政府能对于村庄下一步的发展有着更加清晰、明确的规划，特别是对村庄支柱产业的设计与对传统"盘地"农业生产中相关问题的解决。

对于政府政策而言，"下山"的初衷是真正从农户的切身利益进行考量，但对于山后村的村民而言，"下山"并不只是简单的房屋搬迁，而是改变祖辈对于"山上"生活的适应，搬迁前的生活不仅是一种生活方式，更是一种百年来"盘地"文化的延续。对于他们而言，"盘地"是根，是生活切实有望的重要支撑，"下山"之路并不只是房屋位置的变化，而是村民的重新寻根之旅。也正如李克强总理批示所言，要"统筹脱贫攻坚各类资金资源，切实加大对已搬迁群众的后续扶持力度，全力推进产业培育、就业帮扶、社区融入等各项工作"。以山后村为例，"搬得出"问题已基本高效完成，但是否"稳得住""能致富""能融入"，进而形成具有村庄特色的搬迁后的新支柱产业与生计支持，激发村庄发展的内生动力，才是山后村当前亟待解决与影响未来持续发展的关键难题。

第十三章

农民进城上楼：
对门山的易地扶贫搬迁实践

为了摆脱"一方水土养不活一方人"的困境，东川区在 2017 年至 2018 年完成了对全区 31 230 名生活在自然环境恶劣地区的民众的易地搬迁安置工作。政府在城区周边建设了三个大型安置点——洗尾嘎二期、起嘎和对门山，共安置了 29 877 人。从农村进入城市对移民而言不仅意味着农民到市民的身份转变，更意味着其生活发生了全方位的变化，他们需要重新组织家庭的生计策略、重新构建自己的社会关系网络以及重新适应一种新的生活方式，但剧烈的变化和较弱的适应能力让不少移民的生活逐渐陷入困境，影响着搬迁方案的效果和新社区的可持续发展。对于政府而言，凭空出现的 3 万名新市民则对其治理能力提出了严峻考验，在有限的保障资源供应背景下，如何让他们搬得出来又住得下去是当前政府最重要的工作。

一、对门山安置点的概况

云南省昆明市东川区易地搬迁对门山集中安置点位于铜都街道祥和社区，项目共占地 103 亩，项目总投资 8.5 亿元，安置了铜都街道、汤丹镇、因民镇和舍块乡 4 个乡镇（街道）的 2 322 户 9 483 人，其中建档立卡 1 389 户 5 815 人，同步搬迁 933 户 3 668 人，已全部搬迁入住。

东川区本轮易地搬迁房屋置换标准为每人 20 平方米，所以人口数不同的家庭得到的房屋补偿面积是不一样的。安置地房屋的建筑面积根据补偿标准设置了从 20～120 平方米的多个不同类别。为保证房屋分配公平，房屋分配时首先根据家庭人口数分组，随后在每一组进行两次抽签，第一次抽签决定第二次抽签的顺序，第二次抽签决定房屋号码，通过一次分组、两次抽签的分配方法，涉及 5 个乡镇的近 3 万人被随机分布在 3 个安置点中。过去以聚落的地理位置为依据的区划方式被改变，当前的划分方式将过去在地理上相邻的村民分散在不同的小区甚至是不同的社区，因此原有的以村为单位的生产和生活空间秩序被打破。为了便于管理，3 个安置点成立了 4 个社区，其中对门山安置点成立了铜源社区，和另外两个社区（铜晖、铜润）一起归属东川区移民新区管理。

二、对门山安置点的社会经济发展

（一）对门山安置点的社区治理

新社区的管理工作实行居民委员会和村民委员会并行的"两轨制"。原有的村委会建制继续运行，这是因为刚搬迁时一方面脱贫攻坚任务尚未结束，所有与扶贫相关的工作仍然由村委会负责，各村委会在社区内配备有办公室驻点办公；另一方面村民还是习惯向原村委会寻求帮助。在村委会以外，通过社区提名，每栋楼的居民民主选举产生本楼的 2 名管理员——"组长"和"楼栋长"，负责本栋楼的管理工作。例如组长负责包括本栋楼的"五星家庭评比"、帮助困难家庭申请临时救助、向社区转递材料办理低保以及停水停电以后联系物管解决等工作。以三栋楼为一组再形成一个"楼栋委员会"，每个委员会有委员 5 人，负责监察楼栋管理工作。组长、楼栋长以及楼栋委员会的人员大多是吸收过去行政村中愿意继续工作的村支书、村主任和村民小组长担任。由于实行"两轨制"，这些干部因此有两重身份，一是村委会干部，二是社区干部，他们同时承担两边的工作，所以时常有工作兼顾不过来的问题。干部们的工资待遇取村和社区中薪酬高者，例如王新华是原村的村民小组长，现在当选所在楼组长，由于村和社区的待遇相同，所以他现在的工资与过去一样，仍然是每月 300 元。

现在村委会负责的工作主要是户口迁移和一些原乡镇派发的任务，而一些和户籍挂钩的工作则按照城市户口和农村户口划分，城市户口归居委会处理，农村户口归村委会处理。移民新区管理委员会的王书记认为两套班子治理社区的状态至少会延续 5 年，主要有两个原因，一是村民有惯性，遇事喜欢去找村干部，不习惯到社区；二是社区干部不了解村民的具体情况，许多工作不能正常开展。这两个原因形成了以下目前社区管理工作的两个特点：

一是自下而上的工作只能通过组长解决。为了脱贫攻成果验收完毕后社区内的管理工作能够顺利交接，社区一直在规训村民习惯社区的管理体系。所谓的自下而上是指每栋楼的居民有任何需要社区解决的事都必须通过本栋楼的组长传递。组长王新华通过举例说明社区的规训方式：本栋楼所有需要和上一级打交道的事情必须通过我进行，有的人习惯去找原村的干部办理事情，当原村干部收到申请时需要将这个人转给我，由我帮其办理；如果我们村的人找我办理事情也是一样的流程，我必须将其转给他所在楼的组长，我自己是没有办法为他办理事情的。为什么经过民主选举、社区张榜公示宣传以后部分居民仍然不适应通过新设立的组长办理事情？王新华认为主要是部分年龄大一点的人不会使用微信等工具，现在他们每栋楼都建立了微信群，社区有安排就在群里通知，有问题可以通过微信联系他，因为组长是没有固定办公地点的，基本上属于"兼业"，比如他平时在汤丹镇的矿山工作，年龄大一点的人找不到他就只能去原村委会寻求帮助。

二是自上而下的工作由社区主导、村委配合。由于过去的乡村是熟人社会，村干部对村民的情况知根知底，所以目前社区许多的事务必须有村委干部的配合。比如调研团队在新桥村办公室门口听到工作人员正在给村里的贫困户挨家挨户打电话，告诉某位村民"周五要开培训会，贫困户都需要来，你年龄太大就不用来了，但是要找个人来替你"，只有长期和这些人相处以后才可能知道并按照实际情况将某些任务变更实行。曾经的某村村支书彭顺云也告诉我们，社区中现在很多和老百姓打交道的工作都离不开村干部，因为社区干部不了解村里人的具体情况。比如说评低保，所有人跟社区申请低保都说自家现在生活困难，社区并不清楚这些人具体的家庭状况，只有原来一个村的人，才知道这家有多少人、都在从事什么工作、大致的收入水平、平时的生活情况。刘明惠是原因民镇大菁村就业信息员，现在是铜源社区就业信息员，当她工作中需要统计一些比较紧急的信息却联系不上人时，便只能先通过其原村的就业信息员联系对方亲属，再联系其本人收集资料。

（二）对门山安置点居民生计

1. 青壮年劳动力外出务工

2000年时东川区的人基本都以矿为生，自矿业经济衰败以后，当地农村的绝大多数劳动力便开始以外出务工为生。因为东川区内能提供的非农就业机会少，所以务工的主要去向还是区外。东川区区内工资2 000元左右，区外工资3 000元左右，去往沿海地区工资会更可观一些，但前往沿海省份工作的人较少，更多的人还是愿意在昆明周边工作，另有少数人会在贵州、四川等语言相近的省份务工。之所以出现这种现象是因为务工地农村劳动力的劳动素养不高，东川区农村劳动力过去主要从事矿产采集工作，对文化程度要求不高，在不菲的工作回报面前，许多人初中便辍学上矿挣钱，因此在矿厂倒闭以后他们由于文化水平低往往不符合工厂招工要求。当地劳动力更倾向于在东川区或者昆明市其他区县工作，例如不少人在呈贡区的冷库分拣蔬菜，相比于社区工厂的蔬菜分拣，在呈贡区工作的报酬和有效工作时长都会高不少。

对于这部分长期在外务工的人而言，搬迁对其个体的工作所产生的影响是非常小的，因为搬迁前后他们都未停止外出务工的脚步。但对于其所属的家庭而言，进城对家庭经济产生的负面影响却是巨大且难以在短时间内被缓解的。

2. 中老年人工作无门

一位曾经的村民小组长告诉我们说："搬迁下来以后村里20%~30%的人向村委会反映过找不到谋生的出路，抱怨不像以前在农村可以自己种点庄稼、养点牲口，这其中一半的人年龄在50岁以上"。

根据我们的了解，上述所指"50岁以上"的这部分生活遇到困难的人需要划分成两类讨论，第一类是50~60岁这部分处在法律规定的就业年龄内，具有一定劳动能力、就业意愿的人。这类人过去主要从事采矿业和农业，少有外出经历，现在难以就业主要是因为年龄。

根据我们从社区就业信息处工作人员了解到的信息，社区内目前劳动力就业的渠道有四个：一是自主就业，二是政府组织的招聘会，三是政府提供的公益岗位（下面简称公岗），四是政府通过提供政策优惠招商引资成立的企业所设置的专项岗位（下面简称专岗）。基于对劳动能力的担心，在来社区招工的企业中，省外的企业要求工人年龄在 46 岁以下，昆明的企业则要求工人年龄在 50 岁以下，所以 50～60 岁这部分人很难通过渠道一和渠道二就业。

政府提供的公岗分为两种，一种是社区内的保洁和门卫两项工作，主要针对家庭中因有需要被照顾的成员而不能外出的人，这种公岗 2019 年工资为 800 元/月，2020 年缩减为 500 元/月，每月工作总时长 96 个小时，可以分为 24 天、4 小时/天和 12 天、8 小时/天两种，前者主要是保洁员，后者主要是门卫。削减工资引起了公岗从业人员的不满，工资削减之初他们曾讨论过向政府反映抗议，但后来因为缺乏领头人遂作罢。社区工作人员认为削减工资一是为了减轻政府财政压力，本轮移民设置了将近 500 个公岗，通过削减工资，政府每个月能少支出 15 万元；二是为挤出一部分能在市场上找到更好工作的人，在工资削减以后有的保洁员会在上午下班以后再找一份工作，有的则辞去公岗另谋他路。另一种公岗是由昆明市政府向主城区经济发达地区摊派的，例如这些地区的环卫工必须为东川区保留部分名额。但总的来说，公岗的数量不多，且仅面向建档立卡户，所以难以覆盖所有有需求的人。

专岗目前从质量和数量上都很难达到需求。首先是工作质量，社区内的某就业信息员告诉我们只要家庭情况不是非常困难的都不会去电子元件组装厂和蔬菜分拣厂，因为工作非常辛苦，有人向她抱怨说"电子元件组装厂一天从早坐到晚，腰杆都坐断。"而且在我们调研的一周左右时间里，电子元件组装厂一直处于关闭状态。另一个蔬菜分拣厂与政府签订的协议规定其需要在 3 年里每年比上一年多提供 80 个岗位，3 年后每年稳定提供 240 个工作岗位，每个岗位的有效工作时长需要持续半年时间，每月最低工资 1 500 元。分拣中心负责人告诉我们，目前他正在东川区承包土地扩大蔬菜种植面积，并与其他蔬菜生产公司合作开展分拣工作，预计能在今后从薪酬和用工数量两项指标上超过政府的要求，但目前蔬菜分拣厂尽管在运营，每天招工人数却不多。应该说，目前东川区在安置点就近开办的社区工厂不足以为这部分在劳动力市场中缺乏竞争力的人提供合适的工作。

另一类是 60 岁以上的低龄老年人。农民没有退休的概念，在农村，60 岁以上的低龄老年人通过自己种点庄稼、养几头牲口就能达到不错的生活水准，每月 100 元左右的农村社会养老保险只是锦上添花，他们的老年生活受到土地和家庭两方面的支撑。但到了城市，被排挤出劳动力市场的他们成了完全的消费者，土地养老手段丧失，农村社会养老保险的保障水平面对城市的消费水平也只是杯水车薪，他们将只能依靠家庭养老。

尽管搬迁进城对于青壮年劳动力的工作影响甚微，但对于曾经依靠农业养老的这部分老年人而言确实产生了非常的影响，将他们从基本能自给自足的劳动者变成了完全的消费者。这一转变使得移民家庭的生活成本和生活压力变大，一个 4～5 口之家每月生活成本在 3 000 元左右，遇到如"非洲猪瘟"这样特殊的年头，有的访谈对象家庭每月的生活费要么较往年上涨 500～600 元，要么像某一访谈对象所说"基本把肉减掉，少吃肉"。

3. 家庭金融资本损失殆尽

按照生计框架的视角分析，东川区绝大多数移民家庭在城市重新组织自己生计的重要依靠主要包括人力资本和金融资本。但由于东川区此次搬迁政策的影响，不少移民家庭的金融资本已经耗尽。

本次易地搬迁产生的费用并非由政府完全承担，在城区安置的建档立卡贫困户和同步搬迁户需要以不同的标准缴纳一定的费用。如果为建档立卡贫困户，那每位家庭成员在享受每人 20 平方米的住房面积时需要向政府缴纳 3 000 元，每户合计最高不超过 10 000 元；如果为同步搬迁户，则每位家庭成员在享受每人 20 平方米的住房面积时需要向政府缴纳 14 000 元，缴款总额不设最大值限制。例如同样的五口之家，建档立卡贫困户需要缴纳 10 000 元，而同步搬迁户需要缴纳 7 万元。因为房间面积并不是恰好为整数，上下存在着 2～3 平方米的波动，这种情况下多出的面积住户需要按照每平方米 2 700 元的标准补缴，如果实际面积不足则由政府依此标准退款。事实上，按照每平方米 2 700 元的价格计算，同步搬迁户每人实际从政府处获得的住房面积只有 15 平方米。从 2018 年 12 月入住至我们调研时已经过去近 2 年的时间，但仍然有部分家庭未补齐所需缴纳的费用，对于部分按时缴齐的家庭也意味着其家庭金融资本的耗尽。

此外，本次搬迁在拆除村民原居住地的房屋时不予以任何形式的补偿，仅以城区房子的所有权交换。有部分在易地扶贫搬迁以前便在政府的补贴下花了不少钱修新房子的家庭因此拒绝在没有任何补偿的情况下拆除房屋，这部分人目前已经入住新房子，但针对旧房子的解决方案还在与政府协商。

（三）对门山安置点公共服务

目前社区的公共服务由移民新区牵头成立的物业公司负责，但现在物业公司由区政府出资托管，未实现市场化运作。因为过去的农村不存在物业服务，新居民们并没有为这些服务付费的意识，居民入住以后社区也曾经"吹过风"要收物业费和停车费，但在遭到比较强烈的反对后只能作罢。居民用水目前也尚未收费，陪我们入户调研的社区干部说是因为社区之前使用的计费装置不够灵敏，部分居民通过将水龙头开小达到"偷水"的目的，为了解决这一问题只能申请改用新水表完善计费装置，而现在产生的水费则全部由政府承担，大约 20 万元/月。

（四）对门山安置点的基础教育

东川区城区按照划片区的方式就近就学，现在城区内有 4 所小学，但各学校基本满员，无能力再容纳铜源社区的学生，所以区教育局将铜源社区内的所有小学生安排到城郊一所学校上学。学生们每天早上集合以后乘公交专线到学校，学校提供午餐，每天下午放学以后学生们再乘公交专线返家，最初每位学生每月需缴纳 10 元交通费，但后来该费用由区教育局承担。我们调研时城区内正在建设"五小"，2020 年底预计能够建成并投入使用，届时通过重新划分学区，铜源社区的学生将能够在最近的"三小"就学。由于城区的学校不提供住宿，社区内的一些无人照顾的学生成了真正的"留守儿童"，这些孩子的父母一般都在老家的矿厂工作，一般在星期六回家，星期天一早就返回矿山。由于无人照顾，孩子们每天放学回家以后的生活需要自理。

三、对门山安置点的问题与挑战

在评价易地搬迁的效果时我们常用"搬得出、留得下"为标准，现在东川区的 3 万多农民都上了楼，第一步"搬得出"可以说是圆满完成，接下来的重点工作便是要让他们"留得下"。

农民要在城市成功立足，一方面离不开其自身的努力，需要通过辛苦劳动换取幸福生活；另一方面也需要政府的帮助，因为通过搬迁上楼方式让农民进城加速了城市化的过程，很多人现在虽然进了城，但其自身和家庭并不具备在城市重新组织自己生活的能力，如果没有政府强有力的兜底帮扶，不少家庭的生活很可能会陷入更深层次的困境，逃离城市也可能会发生。根据上述思路本次调研的结果认为，新社区的未来发展可能会面临以下的一些挑战和问题，依据所涉及的责任大小，这些挑战和问题按照"政府"和"居民"两类主体划分。

目前，政府向社区投入了大量资金维持物业、用水等公共服务运转，政府愿意承担这部分资金有其政治考量。政府这部分费用一是为了减轻进城农民的经济压力，二是为了避免因为收款和农民发生冲突，以免在脱贫攻坚成果验收之前降低脱贫效果。通过脱贫攻坚成果验收是 2020 年地方政府工作的重心，这在最基础的社区规定中有所体现。尽管已经入住一年半，但大部分人家中的地板仍然是水泥地，稍好一点的家庭用贴纸做了简单的铺垫，不做永久性的装饰是因为当地政府禁止在脱贫攻坚结果验收完成前进行装修，这主要是为了防止有人资金不足留下装修"烂尾工程"，也不希望验收工作时"清水房"和"精装房"错乱分布。

地方政府的打算从长远来看将会产生一些隐患。目前社区内的公共服务并未按照市场化运营，如果脱贫攻坚成果通过验收以后政府不愿意继续为这些费用买单，而此时社区居民尚没有为公共服务买单的付费意识，未来政府会不会就收费与居民们产生冲突还有待验证。此外，政府不仅是在物业管理和用水等方面为社区提供了资金支持，还在包括公岗、蔬菜分拣基地等扶贫车间的优惠和其他一些事项上形成了地方财政的支出，以上这些扶持资金在 1 年多的时间里便已经发生了较大的缩减，那在将来地方政府会不会进一步缩减或是完全取消在这些方面的支出？如果政府拒绝继续支付或者减少投入都将会对移民现在的生活产生负面影响。

对于居民而言，能否成功在城市立足主要取决于家庭能否在"收入"和"支出"之间取得一个平衡。如前文所述，没有城市标准的养老金的农就忘了这一点，写作期间发了五次颈椎病，头晕、天旋地转、呕吐不止，十分难受。三是有一种莫名的紧张情绪经常袭扰我的写作。紧张自己的身体是否能支撑写完这本书。现在好了，书稿已完成，我感到空前的轻松。十几年对"资本"课题的思考、认识、体会终于成册，我完成了人生一项重大任务，十分欣慰。

关于本书的数据，一是企业数据凭记忆；二是数据来源于2021年4月以后的报纸或电视新闻或专题节目；三是政府部门公布的；四是有些是推算出来的，例如：资本与贷款比例，资产与企业增加值的比例等。数据如有误差之处请读者谅解。

书稿完成后的校对是我同村的一位退休干部肖掌珠女士。她一字一句地核对，修改病句，更改错别字，修正标点符号，付出了长时间的繁重劳动，倾注了辛劳和心血。我在这里深表谢意。

将原稿录入电脑，是我的外孙女邸湉和外孙女婿小阴完成的，他们也是最早阅读本书的读者。两个出国留学回来的大学生，对本书付出了辛勤的劳动，他们对本书的点赞，使我感到温暖，增添了信心和力量。

衷心感谢那些为写作本书提供方便的友人。

作　者

2022年11月于武汉

图书在版编目（CIP）数据

资本属性 / 李仁彪著 . —北京：中国农业出版社，
2023.11

ISBN 978-7-109-31555-6

Ⅰ.①资… Ⅱ.①李… Ⅲ.①中国经济－经济发展－
研究 Ⅳ.①F124

中国国家版本馆 CIP 数据核字（2023）第 231510 号

中国农业出版社出版

地址：北京市朝阳区麦子店街 18 号楼

邮编：100125

责任编辑：赵　刚

版式设计：王　晨　　责任校对：刘丽香

印刷：北京中兴印刷有限公司

版次：2023 年 11 月第 1 版

印次：2023 年 11 月北京第 1 次印刷

发行：新华书店北京发行所

开本：700mm×1000mm　1/16

印张：8

字数：103 千字

定价：48.00 元

村老年人是有较强的就业意愿和就业需求的，目前其中一部分家庭经济困难的人在社区内获得了公岗的帮助，还有部分人通过在社区工厂就业以补贴家用，所以公岗制度和社区工厂的平稳运行对于这部分人及其家庭的收入健康是非常重要的，但随着其中部分人的年龄增大将可能不再适合从事相关工作，这部分收入面临损失的风险。除此之外，公岗和社区工厂能提供的工作机会数量并不充分，在走访过程中我们了解到，需要工作的人数是大于现有工作供给数量的，这部分人的家庭经济状况虽然并未达到现行的贫困标准，但其经济状况仍是非常脆弱的，时刻有可能会因某些意外陷入贫困中，所以他们同样有很强的工作需求。这部分在目前既未被现有的帮扶政策瞄准也不能自主在市场中实现充分就业的家庭在之后将可能成为社区工作需要关注到的重点和难点。

经过 1 年多时间的适应，各个家庭的日常支出类型和总额基本稳定，即使伴随家庭生命周期的变化，支出可能会有所增减，但这种波动仍属于家庭能力的张力范围之内。就近而言，有可能会对移民家庭经济状况产生影响的是"房屋装修"。正如前文提到的，地方政府为保证脱贫攻坚的成果禁止移民点房屋进行深层次的装修，简单来说只允许购置一些家具和家电保证基本生活，但不能进行墙面粉刷和地板贴瓷砖等项目。脱贫攻坚成果通过验收后装修限制放开，社区内部分有所余力的家庭必然会开始着手进一步的装修，在相互比较的差异推动下，势必会使得经济条件稍差的人群向经济条件在其之上的人群进行模仿靠齐。而且移民点的社区与常规的城市社区不同，这里的人相互交往更为密切、社会互动更加频繁，因此相互比较的差异所能产生的强制力将会更强。这可能会导致社区内原本无装修计划的家庭进行装修，或是有装修计划的家庭推高预算，最终使其家庭的支出增大。

第十四章

结　语

中华人民共和国成立 70 多年来，昆明市认真执行中央、省关于"三农"各项决策部署，坚持巩固农业基础地位。昆明农村经济建设虽经历波折，但所取得的辉煌成就有目共睹，其农村经济面貌极大改善，呈现农业增效、农民增收的良好发展态势。特别是改革开放以后，以家庭联产承包责任制为突破口的农村改革，使农村生产力得到极大解放。改革开放后，昆明农业总产值从 1979 年的 3.41 亿元增长到 2020 年的 519.5 亿元，年均增长超过 5%。农村居民收入从 1978 年的 180.4 元增加到 2020 年的 17 719 元。近年来，昆明市精准扶贫也取得良好成效。昆明曾是全国为数不多的有 3 个以上国家扶贫开发工作重点县的省会城市之一。昆明市委、市政府坚持把脱贫攻坚作为最大政治任务、头等大事和第一民生工程，集中力量解决"两不愁三保障"突出问题，成效显著。截至 2019 年底，昆明市寻甸县、东川区和禄劝县 3 个贫困县全部摘帽，404 个贫困村全部出列，9.58 万户 35.05 万名建档立卡贫困人口全部脱贫，较全国目标提前一年解决了全市范围的区域性整体贫困，基本消除了绝对贫困。其中，寻甸县还于 2018 年获全国脱贫攻坚奖组织创新奖。近年来，昆明市乡村振兴战略稳步实施，农村经济蓬勃发展，形成蔬菜、花卉、中药材等高原特色现代化农业多元化发展的格局。

从总体上讲，尽管昆明是一座城市，但却是一个大城大村。在这样一个大城大村的体系中，除了昆明这样一个正在迅速发展的大城市以外，还有众多的城镇共同构成了昆明的"大城"。与此同时，昆明也是一个"大乡村"。昆明的乡村发展呈现出了三种主要的类型：一是与城市连接最为紧密的乡村，如官渡的季官社区、宜良的玉龙社区；二是以农业为主的乡村，如晋宁的鲁黑村等；三是贫困地区乡村，寻甸的山后村、东川的对门山相对而言属于较为落后的地区。这三种类型的乡村振兴面临的挑战有所不同，乡村振兴的路径也会有很大的差异。

一、昆明乡村振兴面临的挑战

乡村振兴的主要目标是实现乡村与城市的协调发展，尤其需要阻止乡村衰落。从调研的情况来看昆明市乡村振兴依然面临诸多挑战，其中主要包括五个方面的挑战。

（一）贫困落后地区是昆明乡村振兴的重点和难点

贫困地区的乡村振兴工作远比沿海和都市圈附近的乡村振兴工作要困难得多。从昆明的情况看，传统上较为贫困的地区虽然采了取易地搬迁等扶贫措施，对村庄的基础设施、环境卫生进行了很大程度的提升，但这些村庄的可持续发展仍然面临问题，如农民收入低、缺少支撑性产业、治理薄弱等，人才外流严重更加剧了其乡村振兴任务的艰巨性。

（二）乡村振兴仍然面临资金缺乏的问题

长期以来，乡村价值剩余通过不同的渠道流入到了工业和城市，造成了乡村自身发展的资金缺乏，并由此导致了乡村衰落，乡村衰落又导致了资金进一步外逃的恶性循环。农村资金外流主要包括两个方向：一个方向是从农村向城市的转移，这种资金转移在市级层面比较明显，即县域的资金向市区转移，用来支援城市建设；另一个方向是区域间的转移，即落后的地区向发达的地区转移。农村大量的资金外流给乡村振兴工作的推进带来了巨大的挑战。目前，在乡村振兴资金来源上，虽然国家财政直接拨款金额稳步增长，撬动社会资金的政策逐步推进，乡村振兴专项债刚刚起步，涉农机构涉农贷款数量快速增长，社会对涉农项目的投资增速，但是乡村资金来源依然存在着以下问题：政府优惠政策混乱无序；农村贷款系统不完善；农村金融机构跟不上乡村振兴步伐；社会投资与涉农项目信息不对称，等等。

（三）乡村产业发展仍面临升级难题

从本书案例可见，昆明乡村振兴的推动产业以农业产业与旅游产业新业态为主，但其发展仍面临着不少困难和问题。首先，产业发展质量和效益不高。很多乡村企业科技创新能力不强，特别是农产品加工创新能力不足，工艺水平较为落后，产品供给仍以大路货为主，优质绿色农产品占比较低；休闲旅游普遍存在同质化现象，缺乏精准化、中高端产品和服务，品牌溢价有限；乡村产业聚集度较低。其次，产业要素活力不足。乡村产业稳定的资金投入机制尚未建立，金融服务明显不足，土地出让金用于农业农村比例偏低；农村资源变资产的渠道尚未打通，阻碍了金融资本和社会资本进入乡村产业；农村土地空闲、低效、粗放利用和新产业新业态发展用地供给不足并存；农村人才缺乏，科技、经营等各类人才服务乡村产业的激励保障机制尚不健全。第三，产业链条较短。一产向后延伸不充分，多以供应原料为主，"从产地到餐桌"的链条不健全；二产链条两头不紧密，农产品精深加工不足，副产物综合利用程度低，农产品加工转化率较低；三产发育不足，农村生产生活服务能力不强；产业融合层次低，乡村价值功能开发不充分，农户和企业间的利益联结还不紧密。第四，产业基础设施仍然薄弱。一些农村供水、供电、供气条件差，道路、网络通信、仓储物流等设施未实现全覆盖；产地批发市场、产销对接、鲜活农产品直销网点等设施相对落后，物流经营成本高；农村垃圾收运和污水处理能力有限，先进技术要素向乡村扩散渗透力不强；乡村产业发展的环境保护条件和能力较弱，工业"三废"和城市生活垃圾等污染扩散的问题仍然突出。

（四）乡村振兴面临人才挑战

农村实用人才是指具有一定的知识或技能，为农村经济和科技、教育、卫生、文化等各项社会事业发展提供服务、作出贡献，起到示范带动作用的农村劳动者。当前我国部分农村大量年轻优质人力资源外流，农业的发展逐渐成为半耕半工的"老人农业"，农村的发展缺乏活力，亟须充分发挥农村实用人才的作用。在实施乡村振兴战略的过程中，关于农村实用人才仍然存在一定问题。首先，实用人才流失严重，乡村振兴人才缺乏。一方面，在长期二元体制下，城市的发展远优越于农村，因而发展拉力大于农村，使得农村青壮年劳动力大量外流，各类专业人才不断流失。另一方面，农村内生性的人才本身较少，且培养和管理机制尚处于起步阶段，农村实用人才的各项培训和配套的政策衔接不顺畅。其次，实用人才"各自为政"，乡村振兴带动力不足。当前我国农村实行的是家庭联产承包责任制，农户各自分散经营，由于农村实用人才的成长和统筹机制仍然不健全，实用人才在个体经营管理中表现优异，但是"各自为政"，集聚不足，不仅自身价值得不到最大程度实现，而且其集聚效应也发挥不充分，对全村的带动示范作用不足。再次，实用人才供需结构失调，乡村振兴步伐参差不齐。虽然农村有众多的农业工作者，人力资源丰富，却尚未转化为人力资本，农民的数量虽多，但由于各地对农民培训的内容和方法等都不同程度地存在着脱离农村实际的现象，因此不能转化为农民生产的能力。农村实用人才大多集中在种养业方面，而加工、经营、技术、金融、农村经纪人等其他类型人才严重不足，人才行业分布极不平衡。最后，主动性调动不足，乡村振兴活力不够。在城乡以及农业非农业之间显著的收入差距推动下，农民离开土地的愿望非常强烈。从外出和留守的结构来看，相对于留守农村的农民而言，转移出去的农民无疑是乡村精英，不仅年富力强，而且文化知识水平相对更高。选择留在农村种地的人员大多年老体弱，或是受家庭影响无法外出务工的青壮劳动力。因此，他们对未来的期望不高，在发展生产和经营发面的积极性不足。

（五）乡村振兴面临资产、资源价值化等诸多挑战

昆明在农村宅基地和生态资源价值化以及古村落保护等方面存在诸多挑战。昆明大多数乡村存在大量闲置资产，这些闲置资产存在着巨大的增值空间，但是在现有农村土地产权特别是宅基地产权法律政策的约束下，闲置资产的盘活步履艰难。实际上，闲置资产的类型很多，但我们对闲置资产的摸底调查工作落后，无法清晰界定产权。虽然中央对于土地流转以及闲置宅基地的盘活已经出台了更加宽松的政策，但是地方政府的配套政策尚未到位，使得闲置资产的盘活工作无法取得比较明显的突破。昆明乡村地区生态资源丰富，近几年各种农旅结合的项目不断增加，但是总体上依然存在着以政府投资为主的格局，在引入市场机制方面的创新不足。这既影响了"绿水青山"乡村的建设，也使得生态恢复和建设的发展后劲严重不足。引入市场和社会资源进入生态价值化的场域需要加速生态价值的评价以及市场化的机制探索。过去 10 多年，快速的城市化导致了乡村的衰落，大量的古村落、古民居以及文化遗产都存在失修甚至被破坏的情况，其主要原因在于古村落和古民居的修复依然在依靠政府的投入。引入社会和市场资本机制的工作在总体上并未形成创新的格局，这一方面与农村产权制度存在的约束相联系，另一方面也与这一领域相关实践的创新不足有直接的关系。

二、昆明乡村振兴的主要模式及特点

乡村振兴最大的目标是农民收入的提高、人居环境的改善、生态环境的保护、传统文化的传承以及有效的乡村治理。这是一个长期的历史过程，也是一个不断创新的过程。根据调研情况，昆明乡村振兴实践主要呈现出以下三种模式：

（一）都市驱动型乡村振兴

城市周边涌现出大量的乡村振兴实践样板，构成了有特色的都市驱动型乡村振兴的模式。该模式是由于这些乡村接近都市，直接受到了大都市的市场、资本和人才影响，其中大量资本、市场主体和先进人才进入乡村后彻底改造了乡村的人居环境、基础设施和社会福利，同时也有效地保护了传统的文化。而且这种类型的乡村基本上形成了城市型的社会管理和公共服务，包括文化、卫生、养老、教育等均达到了城市的水平。典型的都市驱动乡村振兴模式主要分布在大型都市、省会城市和经济发达地区的城市周边乡村，该模式的核心是土地与城市发展的带动，因此农业的作用很小，乡村人口的就业都已经实现城市化。这类模式是中国过去快速工业化、城市化所带动的乡村振兴的模式。例如昆明市官渡区的季官社区，2009 年官渡区政府率先在季官社区实施城中村改造项目，以居委会主任陈雁为核心的领导班子争取到了自主开发改造的试点机会，创新拆迁模式，先建后拆，分片区实施老村改造工程。在官渡街道和官渡古镇的城市效应辐射下，季官社区家家户户盖起了四层以上的楼房，自己家住一两层，其余用于出租，平均每户保守的出租收入也在 10 万元/年，为上楼的农民提供了生活的基本保障。与此同时，季官社区目前能提供的就业岗位超过 4 000 个，包括保洁员、绿化员、安保员、社区管理人员等，优先聘用原村民，完全能满足村民的就业需求。但是，能否将"季官模式"打造成为一种制度性模式、向社会输出经验、成为一个有价值的符号是值得进一步思考的问题。显然，都市驱动型乡村振兴模式主要依赖于城市化，推广到中国其他地区具有一定的局限性，只能是在城市经济圈辐射范围内的乡村发展的参考样板。

（二）产业驱动型乡村振兴

昆明市大多数依靠各类产业发展驱动的乡村振兴不是依靠与城市接近的地理优势，而是因地制宜地挖掘产业经济，大幅度提高农民收入，从而带动乡村基础设施、社会事业、人居环境的提升，并带动乡村事务等诸多方面的发展。该模式主要特点是结合本地优势资源发展特色产业，迎合市场需求，达到乡村可持续发展的目标。其中三产融合是这一模式的典型方式，通过农业与非农业特别是旅游文化产业的融合实现发展。比如五棵树村、观音山村等，就构建了以基础性产业农业为基础的多元复合型产业体系。

需要指出的是这种模式大多属于乡村旅游产业，代表了城市消费升级的趋势，显示了乡村振兴与城市化之间不可分割的联系。这一模式的优势是可以跨越发达地区和贫困地区之间的距离障碍，并且呈现出越是贫困地区发展潜力越大的特点。从某种意义上讲，产业驱动型乡村振兴尤其是特色农旅产业为代表的乡村振兴实践是产业扶贫中效果最佳的扶贫实践，也是脱贫攻坚与乡村振兴有机衔接最为有效的模式之一。

（三）治理驱动型乡村振兴

在昆明诸多乡村振兴的实践中，也呈现出有效的乡村治理的重要性，如季官社区的城市化治理模式、五棵树村的村企合一治理模式等。该模式在基层组织有效治理的基础上探索乡村振兴发展的出路，这一模式与前两种模式最大的区别是：乡村的经济发展已经达到了一定水平，同时集体经济发展较好。该模式通过集体经济的支撑和有效的乡村治理实现了乡村文明社会和文化保护等多方面的发展。

治理驱动型乡村振兴模式有良好的村庄（社区）治理水平，以党支部、村委会或新乡贤等为治理中心，由此形成有效的乡村治理秩序，成为乡村产业发展、社区稳定、文化传承与保护的基础。村民通过村规民约稳定地结合成共同体，以集体的形态发展乡村，从而实现乡村治理有效基础上的乡村振兴。

三、推动昆明市乡村振兴的具体建议

从中央到地方，各级政府都针对乡村振兴战略的推进出台了一系列政策措施，涉及资金投入、土地流转、产业发展、人才培养以及乡村治理等一系列乡村振兴所面临的关键性问题。与此同时，国家也已开始制定脱贫攻坚与乡村振兴的有机衔接政策。实际上，从昆明市乡村振兴面临的挑战以及实践模式来看，推动乡村振兴的关键要素在于资产盘活、产业附加值提升、人才培养及治理机制。因此，下面就从这几个方面提出昆明市未来如何推动乡村振兴的建议。

（一）建立农村集体资产核算盘活管理机制

在乡村振兴过程中，国家和社会向乡村投入巨大，已经形成了规模宏大的资产形态，如旅游设施、景观设施、生活设施和商业实施等，这些资产逐渐被纳入集体资产，将出现集体资产的管理问题。让集体资产增值，是提高农民资产性收益的重要来源。国有资产由国有资产管理体系进行管理，负责运营与增值，而农村集体资产是由村民委员会负责管理，但村民委员会大多均不具备管理和运营资产的能力。因此，建议成立类似国有资产管理委员会的机构来代行管理农村集体资产，负责管理和运营，收益归农村集体所有成员。

（二）加大生态补偿机制的创新

在乡村振兴过程中保护自然资源免于污染和破坏是生态文明建设的重要国策，这一举措将使全民受益，但也需要考虑生态服务补偿机制的创新和纳入贫困群体的生计可持续问题。对生态服务进行补偿的机制需要按照农民生计损失为基础进行核算，改进生态补偿的措施包括：第一，加强生态补偿的监管基础；第二，明确生态服务功能的权利和责任；第三，加强中央政府和地方政府的监测能力、执行能力和综合管理能力；第四，探索多元化的资金来源渠道，增加生态补偿资金支持的规模和可持续性；第五，通过持续的科学研究和试点，加强生态补偿的基础研究，更好地理解特定干预经济社会和环境的结果。此外，国际最佳实践也为中国生态补偿提供了重要的参考，比如私营部门投资环境的渠道、环境抵消（湿地银行）、集体行动基金/水基金、生态系统服务付费（PES）等。

（三）发展高附加值的乡村特色产业

乡村振兴的重要抓手是产业兴旺，目前乡村产业发展的主要问题是产业过于单一，附加价值较低，难以达到大幅度提升农民收入的效果。所以应该注意围绕特色产业、产品发展乡村特色产业，尤其是发展"一村一品"。建议把"一村一品"甚至"一户一品"作为乡村产业发展的重要措施。与此同时，要在乡村重视发展新业态产业，新业态产业附加价值较高，且由于其具有现代特点，能够吸引青年人就业。三产融合是新业态产业的重要形势，重点发展以一三产融合为特征的新业态，是乡村振兴衔接的重要内容。

（四）创新乡村人才培养机制

乡村振兴特别是与脱贫攻坚有机衔接的重要方面是人才问题。乡村振兴需要各种各样的人才，但从乡村经济发展角度来看，乡村经营人才的缺乏是乡村振兴的重要瓶颈。在城市中，一个企业或企业家都是通过在社会上招聘管理团队，从而实现企业发展。农村有各种类型的企业、合作社，但却无法招到管理人才，所以建议发起针对乡村高级经营人才的培养，主要是要创新机制，在薪酬、工作环境、生活条件等方面为城乡人才的逆向流动创造条件。

（五）建立与城市接轨的村庄事务管理机制

乡村振兴的重要问题是村庄事务管理薄弱，这些事务包括垃圾处理、厕所卫生、道路清洁等各种各样的公共事务，城市中这些是由市政服务提供，乡村内负责人则主要通过村规民约以及村民自愿确定，这是乡村事务管理的基础。但随着人员流动、经济发展，完全依靠传统方式管理村庄公共事务具有一定的局限性，因此建议在乡村建立与城市接轨的村庄事务管理的机制，将这一体系纳入乡村事务的体系中，达到治理有效的目的。

（六）吸引公益组织扎根乡村服务

乡村振兴中的突出问题是乡村治理、发展规划、资源管理等各个方面的能力不足。从长效机制建设的角度讲，应该动员全国公益组织进入乡村，在政府领导下开展乡村振兴工作。建议相关部门出台明确的鼓励性政策，对这些组织进行一定的补贴，使得他们能够扎根乡村，帮助乡村进行产业开发、人才培养和市场对接。